高职高专财经商贸类专业"互联网+"创新规划教材

ERP 财务管理系统实训教程

主　编　邵春玲
副主编　单　松　楼　源　俞　民
参　编　方励筠　虞晓莉　王　俊　胡源珍

机械工业出版社

《ERP 财务管理系统实训教程》以用友软件 ERP-U8V10.1 为操作平台，采用"项目导向任务驱动"的编写体系，以虚拟公司 2020 年 1 月的经济业务为背景，进销业务采用 13%及 9%增值税税率。全书分系统管理、基础信息设置、总账系统初始化及日常业务处理、应付款管理系统、应收款管理系统、薪资管理系统、固定资产系统、总账系统期末处理、UFO 报表系统共九个项目、37 个任务。

本书在纵向上是会计基础知识和计算机信息应用技术的综合运用，是对学生会计职业技能的提升；在横向上与会计职业规范、岗位实际环境、学生成才相对接。本书以会计软件功能模块为主线，以学生上机实践操作作为主导，"教学做一体、理实融合、赛教对接"，通过会计软件分岗位学习和综合操作训练，旨在培养学生职业技能和实际操作能力，形成技术应用能力和信息化素养。

本书适用于高职高专院校经济管理类专业会计信息化课程的教学，也可作为普通高等院校、成人培训机构财务会计及其他财经大类专业的教材使用，还可作为社会从业人员的自学用书。

图书在版编目（CIP）数据

ERP 财务管理系统实训教程/邵春玲主编．—北京：机械工业出版社，2019.8
高职高专财经商贸类专业"互联网+"创新规划教材
ISBN 978-7-111-63236-8

Ⅰ．①E… Ⅱ．①邵… Ⅲ．①财务软件—高等职业教育—教材 Ⅳ．①F232

中国版本图书馆 CIP 数据核字（2019）第 144306 号

机械工业出版社（北京市百万庄大街 22 号 邮政编码 100037）
策划编辑：孔文梅　　责任编辑：孔文梅　董宇佳
责任校对：梁　倩　　封面设计：鞠　杨
责任印制：张　博
三河市宏达印刷有限公司印刷
2019 年 9 月第 1 版第 1 次印刷
184mm×260mm・17 印张・397 千字
0 001—3 000 册
标准书号：ISBN 978-7-111-63236-8
定价：43.00 元

电话服务　　　　　　　网络服务
客服电话：010-88361066　机　工　官　网：www.cmpbook.com
　　　　　010-88379833　机　工　官　博：weibo.com/cmp1952
　　　　　010-68326294　金　书　网：www.golden-book.com
封底无防伪标均为盗版　机工教育服务网：www.cmpedu.com

前　言

　　财政部《会计改革与发展"十三五"规划纲要》（财会〔2016〕19号）文件明确提出"不断提高单位会计信息化水平，推动基层单位会计信息系统与业务系统的有机融合，推动会计工作从传统核算型向现代管理型转变"。2019年3月，国务院正式宣布将制造业等行业原有16%增值税税率降为13%，将交通运输、建筑、房地产等行业原有10%税率降为9%，保持6%一档税率不变，并确定了深化增值税改革措施。

　　国家信息化发展的整体战略、税制的深度改革，极大地推动了会计信息化发展。用友U8软件被广泛用于企事业单位会计信息化建设及高校财会信息化教学。本书以用友ERP-U8V10.1软件为基础，以基于过程的"项目导向、任务驱动"为编写体例，以虚拟公司2020年1月的经济业务为背景，进销业务增值税采用13%、9%新税率，全书设有系统管理、基础信息设置、总账系统初始化及日常业务处理、应付款管理系统、应收款管理系统、薪资管理系统、固定资产系统、总账系统期末处理、UFO报表系统共九个项目、37个任务。

　　本书根据教学需要，在项目任务前列明了包含知识目标和能力目标的学习目标、重点难点以及该项目的操作流程。项目任务中不同知识点分别设有任务资料、岗位说明、操作细则。重要知识点配有软件操作流程图、软件窗口截图、录屏二维码、温馨提示、课堂思考等内容。每个项目后附有问题与讨论，以巩固项目内容学习和实训效果。

　　本书的特色有：

1. 项目导向、任务驱动

　　本书为院校协同地方会计师事务所合作开发的校企教材，以工业企业的岗位技能为项目，以完成项目的典型工作过程为任务，以任务引领知识、技能和方法，突出实践，注重实操，强调必需的职业能力，兼顾企业和个人的发展需要，采用项目化任务为组织形式进行课程设计。本书涉及内容广泛，有机融入了行业运行和管理的规则、规范，衔接会计技能国赛赛项业务，满足社会对高技能人才的培养要求。

2. 结合新财税改制实例引入、教学做一体

　　每个项目以工业企业的真实案例为原型，引入最新财税改制报表新体系，调整增值税税率，打破高职教学理论与实践相分离的局面。以任务为核心，设置实训内容，便于做中学、学中做，体现"教、学、做"一体化。

3. 科学手段、图文并茂

　　本书采用二维码嵌入的科学手段，将操作演示视频上传到网络平台，学生通过扫描书中的二维码即可观看，便于学生预习和自学，做到课上课下随时学习。同时，书中对操作技能步骤配备清晰的流程图，动态和静态相结合，让学生更好地掌握技能训练要领。

本书是浙江省高等教育"十三五"第一批教学改革研究项目"高职会计教育信息化改革路径探索及实践"（jg20180719）、义乌工商职业技术学院"会计专业教学资源库"（2018zyk02）的阶段性成果，同时也是义乌工商职业技术学院校企合作开发教材（2017jc15），是会计信息化教学团队的建设成果。本书由义乌工商职业技术学院、金华职业技术学院、金华市盛业会计师事务所校内外教师合作编写。义乌工商职业技术学院邵春玲任主编，金华职业技术学院单松、义乌工商职业技术学院楼源、金华市盛业会计师事务所俞民任副主编，义乌工商职业技术学院方励筠、虞晓莉、王俊、胡源珍参与编写。具体的编写分工如下：项目一、项目五、项目九由邵春玲编写，项目二、项目六由楼源编写，项目三由虞晓莉编写，项目四由胡源珍编写，项目七由方励筠编写，项目八由王俊编写；所有项目数据由俞民提供并融合编写，单松承担了数据测试任务。本书在编写、教学资源配置过程中还得到用友新道股份有限公司屠明达以及会计专业学生余敬洋、肖瑶的大力支持和帮助，在此对大家表示衷心感谢。

为方便教学，本书配备电子课件等教学资源。凡选用本书作为教材的教师均可登录机械工业出版社教育服务网www.cmpedu.com下载。咨询电话：010-88379375；服务QQ：945379158。

由于会计信息化不断发展，编者的知识水平和社会实践有限，书中难免有错漏之处。恳请读者给予批评指正，以助未来修改和补充。

编　者

目　　录

前言

项目一　系统管理 1
　任务一　了解企业概况 2
　任务二　系统设置 3
　问题与讨论 11

项目二　基础信息设置 12
　任务一　启用系统 14
　任务二　设置机构人员档案 15
　任务三　设置客商信息 20
　任务四　设置存货信息 26
　任务五　设置财务信息 30
　任务六　设置收付结算 40
　任务七　设置单据 44
　任务八　设置数据权限控制 47
　问题与讨论 48

项目三　总账系统初始化及日常业务处理 49
　任务一　系统初始化 50
　任务二　日常凭证处理 58
　任务三　出纳处理 75
　问题与讨论 78

项目四　应付款管理系统 79
　任务一　系统初始化 80
　任务二　日常单据处理 87
　任务三　票据管理 106
　任务四　转账处理 109
　任务五　其他操作 113
　问题与讨论 117

项目五　应收款管理系统 118
　任务一　系统初始化 119
　任务二　日常单据处理 127
　任务三　票据管理 146

任务四　转账处理 *151*
　　任务五　坏账处理 *157*
　　任务六　其他操作 *160*
　　问题与讨论 *164*

项目六　薪资管理系统 *165*
　　任务一　系统初始化 *166*
　　任务二　设置薪资分摊 *178*
　　任务三　发放和上缴 *187*
　　任务四　结账及账表查询 *188*
　　问题与讨论 *192*

项目七　固定资产系统 *193*
　　任务一　系统初始化 *194*
　　任务二　固定资产增加业务处理 *207*
　　任务三　固定资产变动业务处理 *212*
　　任务四　固定资产期末处理 *214*
　　问题与讨论 *221*

项目八　总账系统期末处理 *222*
　　任务一　期末结转 *223*
　　任务二　期末对账与结账 *235*
　　问题与讨论 *238*

项目九　UFO报表系统 *239*
　　任务一　自定义报表设计 *240*
　　任务二　报表模板应用 *251*
　　任务三　自定义财务指标分析表 *257*
　　问题与讨论 *261*

附录　财务指标公式 *262*

参考文献 *264*

项目一

系统管理

学习目标

知识目标

1. 掌握用友 ERP-U8V10.1 系统管理的基本功能。
2. 掌握建立账套的操作流程。
3. 掌握用户或角色设置的方法。
4. 理解账套、用户和角色之间的内在逻辑关系。

能力目标

1. 能够建立、修改及备份账套。
2. 能够设置用户及相关权限分配。
3. 能够使用软件进行公司账套的初始化设置。

重点难点

建立账套、备份账套和设置用户权限。

操作流程

本项目操作流程如图 1-1 所示。

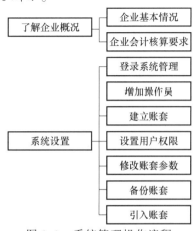

图 1-1 系统管理操作流程

任务一　了解企业概况

1．企业基本情况

（1）企业注册资料

企业注册名称：浙江天翼家居设备有限公司（简称天翼设备）。

企业注册地址及电话：杭州市江滨北路352号，0571-8866888。

企业统一社会信用代码：94003328233955436A。

企业邮箱地址：skywing@163.com。

企业注册资本：160万元。

企业法定代表人：陈义宁。

企业经营范围：挂梯、人字梯等的批发、零售。

（2）企业银行资料

基本存款账户：中国工商银行杭州江滨路支行，账号为2448790006224872218。

一般存款账户：中国工商银行杭州成江支行（人民币户），账号为2138674406782655342。

中国工商银行杭州成江支行（美元户），账号为2885326600763855663。

（3）企业税务资料

公司纳税登记号：330725872378012。

2．企业会计核算要求

（1）科目设置及辅助核算要求

日记账：库存现金、银行存款及其明细科目。

银行账：银行存款及其明细科目。

客户往来：应收票据、应收账款、预收账款。

供应商往来：应付票据、应付账款、预付账款。

个人往来：其他应收款。

数量核算：原材料、包装物明细科目。

部门核算：管理费用明细科目。

部门、项目核算：生产成本明细科目。

项目、数量核算：库存商品、主营业务收入、主营业务成本。

（2）会计凭证的基本规定

录入或生成"记账凭证"均由指定的会计人员操作，含库存现金和银行存款科目的记账凭证均需出纳签字。凭证类型采用记账凭证。对已记账的凭证进行修改时，只可采用红字冲销法。为保证财务与业务数据的一致性，能够在业务系统生成的记账凭证不得在总账系统直接录入，根据原始单据生成记账凭证时，除特殊规定外不采用合并制单。

（3）结算方式

企业采用的结算方式包括现金、支票、银行汇票、电汇等。收、付款业务由财务部门根据有关凭证进行处理。在系统中没有对应的结算方式时，其结算方式为"其他"。

（4）坏账准备的计提方法

企业除应收账款外，其他预付及应收款项不计提坏账准备。期末按应收账款余额百分比法计提坏账准备，提取比例为0.5%。

（5）固定资产业务处理

企业固定资产包括房屋及建筑物、机器设备、运输工具和办公设备，均为在用状态；采用平均年限法（一）按月计提折旧；同期增加多个固定资产时，采用合并制单。

（6）薪酬业务处理

企业按有关规定计算并缴纳职工的社会保险费和住房公积金，其中养老保险、医疗保险、失业保险、工伤保险、生育保险、住房公积金分别按缴存基数的20%、10%、3%、0.5%、0.85%、12%的比例计算；而由职工个人承担的基本养老保险、医疗保险、失业保险、住房公积金分别按缴存基数的8%、2%、1%、10%的比例计算。工会经费按薪酬总额的2%计提，职工教育经费按薪酬总额的2.5%计提。企业职工福利费按实际发生额列支，不按比例预提。

根据国家有关规定，企业代扣代缴个人所得税，其费用扣除标准为5 000元，附加费用为1 300元。个人所得税由企业代扣代缴，通过"应交税费"账户进行核算。

分摊职工薪酬时应勾选"合并科目相同、辅助项相同的分录"选项并制单。

（7）存货业务处理

公司存货主要包括挂梯、人字梯等成品。各类存货按照实际成本核算，采用永续盘存制；发出原材料的成本采用"移动加权平均法"计价，发出产成品的成本采用"全月平均法"计价。

（8）税费业务处理

企业为增值税一般纳税人，增值税税率为13%，按当期应交增值税的7%计提城市维护建设税、3%计提教育费附加和2%计提地方教育费附加；交通运输行业增值税税率为9%。企业所得税采用资产负债表债务法，资产、负债的账面价值与其计税基础一致，未产生暂时性差异，企业所得税的计税依据为应纳税所得额，税率为25%，按月预计，按季预缴，全年汇算清缴。

（9）损益类账户的结转

每月末将各损益类账户余额转入"本年利润"账户，结转时可统一生成一张记账凭证。

任务二　系　统　设　置

1．登录系统管理

▶ 任务资料

登录系统管理。

▶ 岗位说明

2020-01-01，操作员【admin】登录系统管理。

▶ 操作细则

执行【开始】｜【所有程序】｜【用友 U8V10.1】｜【系统服务】｜【系统管理】

命令,打开【系统管理】窗口。

执行【系统】|【注册】命令,打开【登录】对话框,如图 1-2 所示。填好账号信息后单击【登录】按钮,进入系统管理窗口。

图 1-2　系统管理【登录】对话框

> ⊃ 温馨提示
>
> ＊能够登录系统管理的主要有系统管理员(admin)、安全管理员(sadmin)、账套主管及管理员用户等几类操作员。
>
> ＊系统管理员负责整个系统的维护工作,包括账套的建立、引入和输出,以及角色、用户及其权限的设置;安全管理员可以执行安全策略、数据清除和还原等操作;账套主管可以执行账套的修改、账套库的建立及删除等操作。

2.增加操作员

▶ 任务资料

天翼设备系统管理的操作员、所属部门及操作权限如表 1-1 所示。

表 1-1　操作员、所属部门及操作权限

序号	姓名	所属部门	职务	操作权限
A01	学生姓名	总经理办公室	总经理	账套主管
W01	李红	财务部	财务经理	基本信息、查询凭证、账表
W02	汪奇	财务部	会计	① 总账:填制凭证、凭证整理、查询凭证、常用凭证、账表、期末 ② 应收款管理 ③ 应付款管理 ④ 固定资产 ⑤ 薪资管理
W03	李兰青	财务部	出纳	总账:出纳签字、出纳

注:学生姓名为实际操作学生的姓名。

知识学习

（1）角色管理

角色是指在企业管理中拥有某一类职能的组织，这个角色组织可以是实际的部门，也可以是由拥有一类职能的人构成的虚拟组织，如账套主管、出纳、仓管员等。完成角色设置后即可定义其权限。当用户归属某一角色后，就相应地拥有了该角色所具有的权限。

角色管理包含角色的增加、删除、修改等维护工作，只有系统管理员才有权限设置角色。

（2）用户管理

用户是指有权限登录系统，可对应用系统进行操作的人员，即通常意义上的【操作员】。每次注册或登录应用系统，都要进行用户身份的合法性检查。只有设置了具体的用户之后，才能进行相关的操作。

用户和角色的设置可以不分先后顺序，但对于自动传递权限而言，应该先设角色，再分配权限，最后进行用户设置。这样在设置用户的时候，只要将其定义为某种角色，该用户即可自动拥有该角色的权限。

一个角色可以拥有多个用户，一个用户也可以分属于多个不同的角色。

用户管理主要完成用户的增加、删除、修改等维护工作，只有系统管理员才有权限设置用户。

岗位说明

操作时间：2020-01-01，操作员【admin】登录系统管理，增加操作员。

操作细则

执行【权限】|【用户】命令，打开【用户管理】窗口。

单击【增加】按钮，打开【操作员详细情况】对话框，录入编号【A01】的相关信息，如图1-3所示。

增加操作员

图1-3 【操作员详细情况】对话框

单击【增加】按钮，保存该操作员信息。按表 1-1 给出的资料依次增加其他用户。全部设置完毕后，单击【取消】按钮退出该对话框。

> ◯ 温馨提示
>
> *只有系统管理员才有权限设置角色和用户。注意用户与角色的差异。
>
> *增加用户之前可先增加财务经理、会计、出纳等角色，在进行增加用户操作时即可直接勾选对应的角色；也可后期再增加角色，然后通过修改用户操作改选为相应角色。
>
> *用户启用后不能删除。如果用户因故离开原岗位，应在用户管理窗口中单击【修改】按钮，先取消该用户所对应的角色勾选，再单击【注销当前用户】按钮，则该用户无权再进入系统。

▶ 课堂思考

如何修改操作员密码？

3．建立账套

▶ 任务资料

天翼设备的企业基本信息如表 1-2 所示。

表 1-2 企业基本信息

项目	内容
账套号	101
账套名称	浙江天翼家居设备有限公司
启用会计期	2020 年 1 月
单位名称	浙江天翼家居设备有限公司
单位简称	天翼设备
单位地址	杭州市江滨北路 352 号
法人代表	陈义宁
邮编	310000
联系电话	0571-8866888
传真	0571-8866888
电子邮箱	skywing@163.com
公司纳税登记号	330725872378012
企业类型	工业企业
本位币	人民币
行业性质	2007 年新会计制度科目
账套主管	学生姓名
基础信息	需要对存货、客户、供应商进行分类；无外币核算业务
编码方案	科目编码级次：4222；客户分类编码级次：111；供应商分类编码级次：111；存货分类编码级次：111；部门编码级次：111；结算方式编码级次：11；收发类别编码：11；其他为默认
数据精度	2
启用模块	总账、应收款管理、应付款管理、薪资管理、固定资产
系统启用日期	2020-01-01

项目一 系统管理

岗位说明

操作时间：2020-01-01，操作员【admin】登录系统管理，建立账套。

建立账套

操作细则

执行【账套】|【建立】命令，打开【创建账套—建账方式】对话框，如图1-4所示。

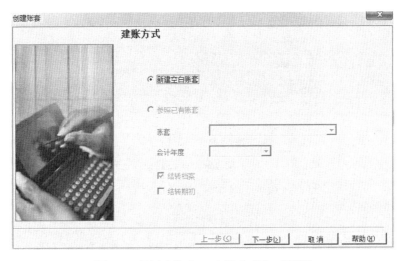

图1-4 【创建账套—建账方式】对话框

单击【下一步】按钮，打开【创建账套—账套信息】对话框，输入账套号、账套名称，启用会计期，其他项默认。

单击【下一步】按钮，打开【创建账套—单位信息】对话框，录入单位基本情况，其中单位名称为必输项。

单击【下一步】按钮，打开【创建账套—核算类型】对话框，企业类型：工业企业。账套主管：A01。其他项默认。

单击【下一步】按钮，打开【创建账套—基础信息】对话框，勾选企业相关信息。

单击【下一步】按钮，打开【创建账套—开始】对话框，单击【完成】，系统提示【可以创建账套了么？】，单击【是】，开始建账。

建账结束后，系统弹出【编码方案】对话框，如图1-5所示，按照资料修改相关编码级次，其他项默认。

单击【确定】，再单击【取消】按钮，进入【数据精度】对话框。默认系统预设的精度方案，单击【取消】按钮，系统提示【建账成功】和【现在进行系统启用的设置？】。

单击【是】，打开系统启用对话框，依次单击启用【总账】、【应收款管理】、【应付款管理】、【固定资产】、【薪资管理】，启用日期为2020-01-01。

结束建账过程，系统弹出【请进入企业应用平台进行业务操作】提示，单击【确认】按钮返回。

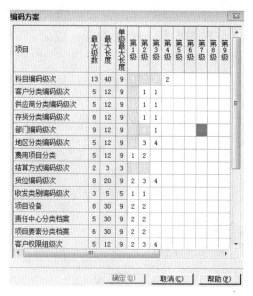

图 1-5 【编码方案】对话框

> ● 温馨提示
>
> *如果在图 1-4 的【账套】栏存在若干账套，且当前所创建的账套与已存账套包含相同的档案和某些期初数据，则可以选择【参照已有账套】方式建账。
>
> *只有系统管理员才有权创建新账套，只有账套主管才能使用【账套库】菜单。
>
> *新建账套号的编号，可输入任意一个三位数，但不能与系统中已存账套的编号重复。
>
> *建账时若勾选【按行业性质预置科目】，则系统将预置所属行业的总账科目，后期可到【企业应用平台】增加相关明细科目。
>
> *建账时如果在系统启用对话框中未勾选相应模块，则可以账套主管【A01】的身份到【企业应用平台】中再进行系统相应模块的启用。

4. 设置用户权限

▶ 任务资料

任务资料见表 1-1。

▶ 岗位说明

操作时间：2020-01-01，操作员【admin】登录系统管理，设置用户权限。

▶ 操作细则

执行【权限】|【权限】命令，打开【操作员权限】窗口，选择要设置权限的 101 账套及对应的年度区间（2020 年）。窗口左侧显示本账套内所有角色和用户名。选中某用户后，窗口右侧显示该用户在本账套中所具备的所有权限。

设置用户权限

选中操作员【W01 李红】，单击工具栏【修改】按钮，单击【+】，展开功能目录树，勾选具体功能项，单击【保存】按钮，如图 1-6 所示。

图1-6 【操作员权限】窗口

参照上述方法对操作员【W02】和【W03】进行授权。

> ➡ **温馨提示**
>
> *在用友ERP-U8V10.1软件应用系统中可以实现三个层次的权限管理：功能级权限管理、数据级权限管理和金额级权限管理。功能级权限在【系统管理】的【权限】中设置；数据级权限和金额级权限在【企业应用平台】|【系统服务】|【权限】中进行设置，且必须是在系统管理的功能级权限分配后才能进行。

5．修改账套参数

➡ **任务资料**

为101账套增加外币核算功能。

➡ **岗位说明**

操作时间：2020-01-01，操作员【A01】登录系统管理，修改账套参数。

➡ **操作细则**

执行【账套】|【修改】命令，打开【修改账套】对话框。

连续单击【下一步】，找到【修改账套—基础信息】界面，勾选【有无外币核算】前的复选框，单击【完成】，系统弹出提示【确认修改账套了么？】，单击【是】。

在后续弹出的【编码方案】、【数据精度】界面单击【取消】按钮。系统弹出【修改账套成功】提示，单击【确定】，完成账套的修改。

> ➡ **温馨提示**
>
> *账套完成后，账套主管可在系统管理中对账套信息进行修改，系统管理员无权修改账套。其中【编码方案】和【数据精度】也可到【企业应用平台】的【基础设置】|【基本信息】下修改。

➡ **课堂思考**

操作员【admin】是否有权限修改101账套的数据精度？

6. 备份账套

➡ 任务资料

将【101 浙江天翼家居设备有限公司】账套备份到【D:\学生姓名】文件夹中保存。

➡ 岗位说明

操作时间：2020-01-01，操作员【admin】登录系统管理，备份账套到指定路径。

备份账套

➡ 操作细则

在 D 盘中新建文件夹，并以学生姓名命名。

执行【账套】|【输出】命令，弹出【账套输出】对话框。选中需要输出的账套，在输出文件位置中选择【D:\学生姓名】文件夹，如图 1-7 所示。

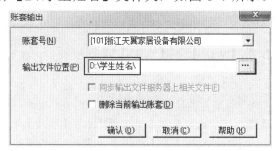

图 1-7 【账套输出】对话框

单击【确认】按钮，系统进行账套输出，等待弹出【输出成功】提示，单击【确认】即可。

> **⊃ 温馨提示**
>
> *只有系统管理员有权进行账套输出。
>
> *若输出时同时勾选【删除当前输出账号】，则在输出完成后，系统会确认【需要删除该账套吗？】，单击【是】即可删除该账套。
>
> *账套输出文件共有两个，即 UfErpAct.Lst 和 UFDATA.BAK 文件。

7. 引入账套

➡ 任务资料

将【101 浙江天翼】账套引入到系统默认路径。

➡ 岗位说明

操作时间：2020-01-01，操作员【admin】登录系统管理，引入账套。

➡ 操作细则

执行【账套】|【引入】命令，弹出【请选择账套备份文件】对话框。选中需要引入的账套，单击【确定】按钮。

系统自动引入账套数据，弹出【请选择账套引入的目录】对话框，目标地址为系统默认路径，单击【确认】按钮。

等待系统提示【账套引入!】，单击【确认】按钮。

◐ 温馨提示

*只有系统管理员有权进行账套引入。

*引入前需要确保 UfErpAct.Lst 和 UFDATA.BAK 两个文件都完好无损。

*清除系统运行异常。系统管理会对每一个登录系统的子系统定时进行检查，一旦发生死机、网络异常等情况，就会做出相关提示。这时执行清除异常任务功能，就能清除这些运行异常的任务，恢复可能被破坏的系统数据库和用户数据库。

问题与讨论

1．试述角色与用户的区别。
2．如何修改账套编码？

项目二
基础信息设置

学习目标

知识目标

1. 掌握用友 ERP-U8V10.1 企业应用平台的基础设置工作。
2. 掌握基础信息设置的操作流程。
3. 掌握数据权限设置及分配方法。
4. 理解功能权限与数据权限之间的内在逻辑关系。

能力目标

1. 能够在企业应用平台上启用系统。
2. 能够进行机构人员、客商信息、存货信息、凭证类型、会计科目信息、收付结算、单据的设置及修改。
3. 能够进行数据权限控制设置及分配。

重点难点

1. 计量单位的设置。
2. 财务信息的设置。
3. 数据权限的设置。

操作流程

本项目操作流程如图 2-1 所示。

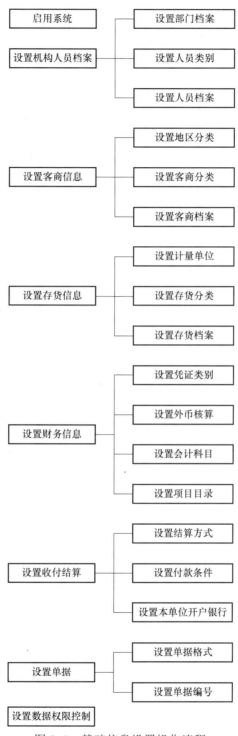

图 2-1 基础信息设置操作流程

↘ 任务准备

以【admin】身份登录系统管理，引入账套数据。

任务一 启用系统

▶ 任务描述

启用总账、应收款管理、应付款管理、薪资管理、固定资产等系统。

▶ 岗位说明

操作时间：2020-01-01，操作员【A01】登录企业应用平台，启用系统。

▶ 操作细则

执行【开始】|【所有程序】|【用友 U8V10.1】|【企业应用平台】命令，打开【登录】对话框，在【操作员】栏填入【A01】，在【账套】栏选择【101】，在【操作日期】栏选择【2020-01-01】，如图 2-2 所示。

图 2-2　用友 U8V10.1 企业应用平台【登录】对话框

单击【登录】，进入【企业应用平台管理】窗口。在【基础设置】选项卡下，执行【基本信息】|【系统启用】命令，弹出【系统启用】对话框。

勾选并启用总账（GL）、应收款管理（AR）、应付款管理（AP）、薪资管理（WA）、固定资产（FA）五项系统，如图 2-3 所示。

图 2-3　【系统启用】对话框

项目二 基础信息设置

单击【退出】,即可退出【系统启用】对话框。

➲ 温馨提示

> *启用系统既可以如上述任务一所述,在【企业应用平台】中启用,也可以在【系统管理】中以【admin】身份建立账套时直接启用,启用时登录账号的不同会改变图 2-3 中【启用人】一项的内容。

任务二 设置机构人员档案

1. 设置部门档案

➲ 任务资料

天翼设备的部门档案如表 2-1 所示。

表 2-1 部门档案

部门编码	部门名称	部门编码	部门名称
M	经理室	P	生产部
W	财务部	P1	一车间
G	采购部	P2	二车间
X	销售部	C	仓储部

➲ 岗位说明

操作时间:2020-01-01,操作员【A01】登录企业应用平台,设置部门档案。

设置部门档案

➲ 操作细则

在【基础设置】|【基础档案】|【机构人员】选项卡下执行【部门档案】命令,打开【部门档案】窗口,如图 2-4 所示。

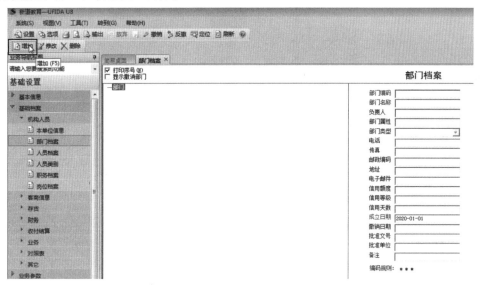

图 2-4 【部门档案】窗口

15

单击【增加】按钮，新增部门档案。在【部门编码】、【部门名称】栏目分别输入【M】、【经理室】，如图 2-5 所示。

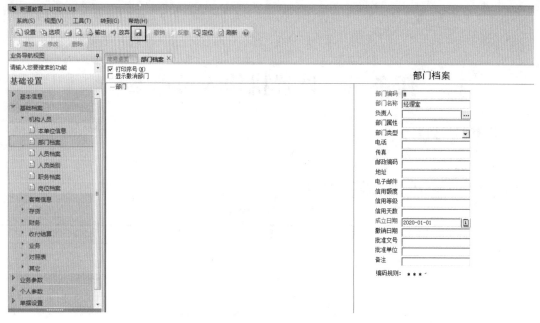

图 2-5　新增部门档案

单击【保存】按钮，参照上述流程完成其他部门档案的设置，如图 2-6 所示。

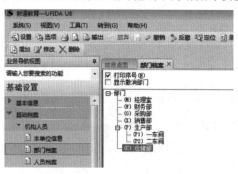

图 2-6　完成部门档案设置

2. 设置人员类别

➥ 任务资料

天翼设备的人员类别如表 2-2 所示。

表 2-2　人员类别

档案编码	档案名称	档案编码	档案名称
1011	企业管理人员	1014	车间管理人员
1012	销售人员	1015	生产人员
1013	采购人员		

项目二 基础信息设置

➥ 岗位说明

操作时间：2020-01-01，操作员【A01】登录企业应用平台，设置人员类别。

设置人员类别

➥ 操作细则

在【基础设置】|【基础档案】|【机构人员】选项卡下执行【人员类别】命令，打开【人员类别】窗口，如图2-7所示。

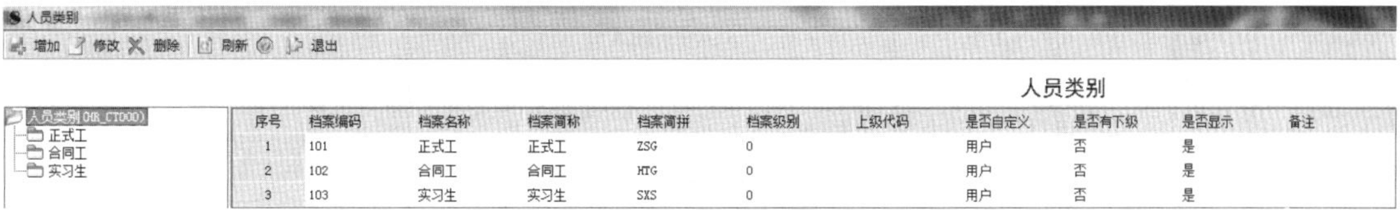

图2-7 【人员类别】窗口

选择【正式工】类别，单击【增加】按钮新增人员类别。在弹出的【增加档案项】对话框的【档案编码】、【档案名称】栏分别输入【1011】、【企业管理人员】，如图2-8所示。

图2-8 【增加档案项】对话框

单击【确定】按钮保存修改，完成其他人员类别的设置，如图2-9所示。

图2-9 完成人员类别设置

➥ 温馨提示

*设置人员类别时必须先选中【正式工】，再单击【增加】，表示增加【正式工】类别下的二级类别，否则在【增加档案项】对话框中无法输入【1011】、【1012】、【1013】等类别编码。

3. 设置人员档案

➔ 任务资料

天翼设备的人员档案如表 2-3 所示。

表 2-3 人员档案

人员编码	姓名	性别	行政部门	雇佣状态	人员类别	是否业务员	业务或费用部门
M01	陈义宁	男	经理室	在职	企业管理人员	是	经理室
A01	学生姓名①	学生性别②	经理室	在职	企业管理人员	是	经理室
W01	李红	女	财务部	在职	企业管理人员	是	财务部
W02	汪奇	男	财务部	在职	企业管理人员	是	财务部
W03	李兰青	女	财务部	在职	企业管理人员	是	财务部
G01	楼超晶	男	采购部	在职	采购人员	是	采购部
G02	虞亮	女	采购部	在职	采购人员	是	采购部
X01	赵丽丽	女	销售部	在职	销售人员	是	销售部
X02	吴彬成	男	销售部	在职	销售人员	是	销售部
P01	杨华	男	一车间	在职	车间管理人员		
P02	冯力文	男	一车间	在职	生产人员		
P03	王群靖	男	一车间	在职	生产人员		
P04	吴天波	男	二车间	在职	车间管理人员		
P05	陈宇嘉	男	二车间	在职	生产人员		
P06	李文超	男	二车间	在职	生产人员		
C01	赵敏	女	仓储部	在职	企业管理人员	是	仓储部

① 填写实际操作的学生姓名。
② 以实际操作的学生性别为准。

➔ 岗位说明

操作时间：2020-01-01，操作员【A01】登录企业应用平台，设置人员档案。

设置人员档案

➔ 操作细则

在【基础设置】|【基础档案】|【机构人员】选项卡下执行【人员档案】命令，打开【人员档案】窗口，如图 2-10 所示。

单击【增加】按钮，弹出【人员档案】对话框，新增【A01】人员档案，如图 2-11 所示。

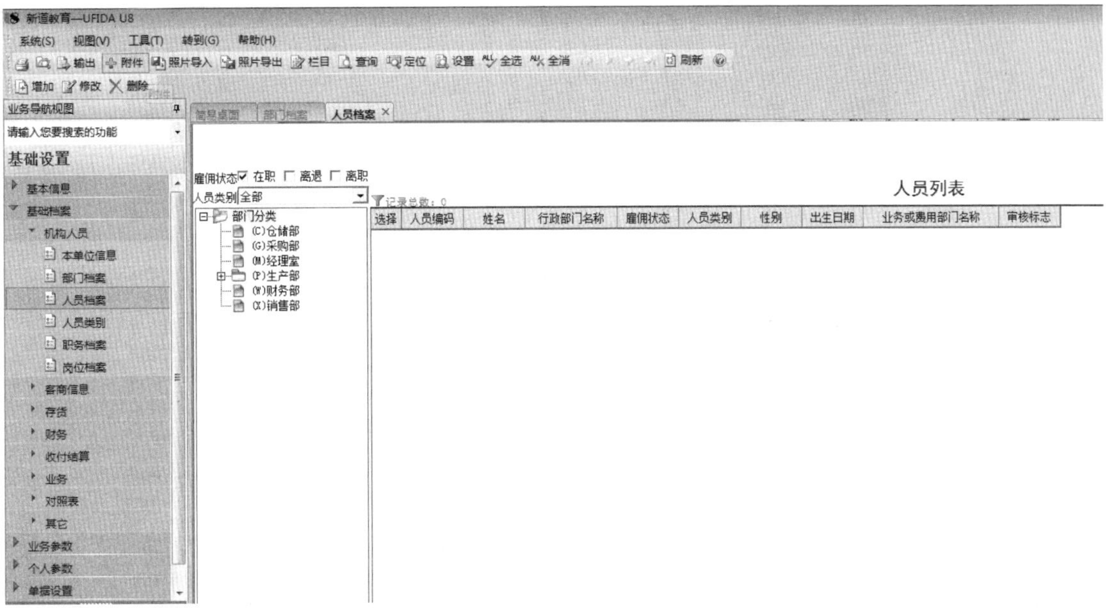

项目二 基础信息设置

[图 2-10 窗口截图]

图 2-10 【人员档案】窗口

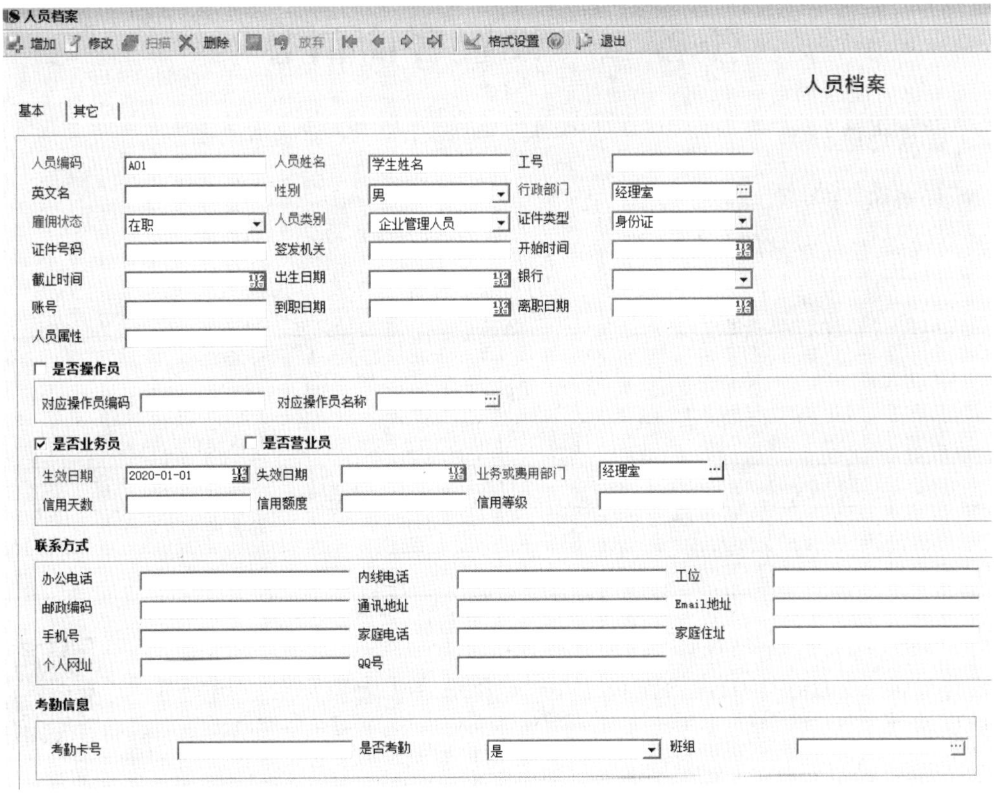

[图 2-11 新增人员档案截图]

图 2-11 新增人员档案

单击【保存】按钮，完成其他人员档案信息的设置，如图 2-12 所示。

选择	人员编码	姓名	行政部门名称	雇佣状态	人员类别	性别	出生日期	业务或费用部门名称	审核标志
	A01	学生姓名	经理室	在职	企业管…	男		经理室	未处理
	C01	赵敏	仓储部	在职	企业管…	女		仓储部	未处理
	G01	楚超晶	采购部	在职	采购人员	男		采购部	未处理
	G02	虞亮	采购部	在职	采购人员	女		采购部	未处理
	M01	陈义宁	经理室	在职	企业管…	男		经理室	未处理
	P01	杨华	一车间	在职	车间管…	男			未处理
	P02	冯力文	一车间	在职	生产人员	男			未处理
	P03	王群靖	一车间	在职	生产人员	男			未处理
	P04	吴天波	二车间	在职	车间管…	男			未处理
	P05	陈宇嘉	二车间	在职	生产人员	男			未处理
	P06	李文超	二车间	在职	生产人员	男			未处理
	W01	李红	财务部	在职	企业管…	女		财务部	未处理
	W02	汪奇	财务部	在职	企业管…	男		财务部	未处理
	W03	李兰青	财务部	在职	企业管…	女		财务部	未处理
	X01	赵丽丽	销售部	在职	销售人员	女		销售部	未处理
	X02	吴彬成	销售部	在职	销售人员	男		销售部	未处理

图 2-12　完成人员档案设置

▶ **课堂思考**

设置部门及人员的档案信息时有没有先后顺序？

任务三　设置客商信息

1. 设置地区分类

▶ **任务资料**

天翼设备所有客商的地区分类如表 2-4 所示。

表 2-4　地区分类

地区分类	分类名称
01	华中地区
02	华东地区
03	华南地区
04	华西地区
05	华北地区

▶ **岗位说明**

操作时间：2020-01-01，操作员【A01】登录企业应用平台，设置客商的地区分类。

▶ **操作细则**

在【基础设置】|【基础档案】|【客商信息】选项卡下执行【地区分类】命令，打开【地区分类】窗口，单击【增加】按钮，新增【01 华中地区】地区分类，如图 2-13 所示。

设置地区分类

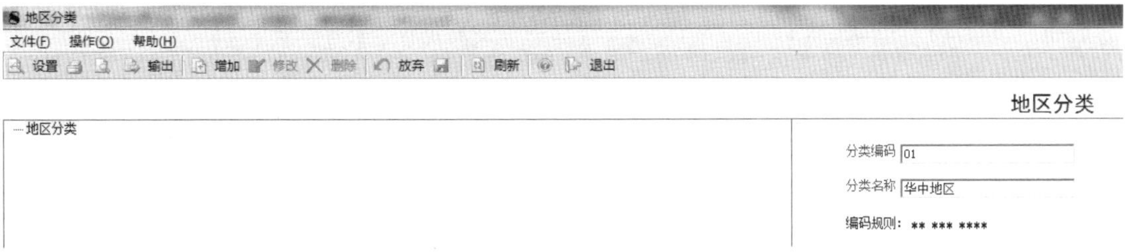

项目二 基础信息设置

图 2-13 【地区分类】窗口

单击【保存】按钮，完成其他地区信息的设置，如图 2-14 所示。

图 2-14 完成地区分类设置

2. 设置客商分类

▶ **任务资料**

天翼设备的客户和供应商分类如表 2-5 和表 2-6 所示。

表 2-5 客户分类

客户分类	分类名称
1	批发零售
2	代销

表 2-6 供应商分类

供应商分类	分类名称
1	原料供应商
2	综合类

▶ **岗位说明**

操作时间：2020-01-01，操作员【A01】登录企业应用平台，设置客商分类。

设置客商分类

▶ **操作细则**

在【基础设置】|【基础档案】|【客商信息】选项卡下执行【客户分类】命令，打开【客户分类】窗口，单击【增加】按钮，新增【1 批发零售】客户分类，如图 2-15 所示。

图 2-15 【客户分类】窗口

单击【保存】按钮,完成其他客户分类信息的设置,如图 2-16 所示。

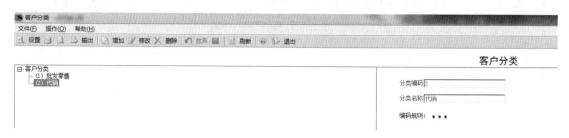

图 2-16 完成客户分类设置

执行【供应商分类】命令,打开【供应商分类】窗口,新增供应商分类,如图 2-17 所示。

图 2-17 【供应商分类】窗口

单击【增加】,输入【分类编码】和【分类名称】,再单击【保存】按钮,完成供应商分类信息的设置,如图 2-18 所示。

图 2-18 完成供应商分类设置

项目二 基础信息设置

3．设置客商档案

→ 任务资料

天翼设备的客户和供应商档案如表 2-7 和表 2-8 所示。

表 2-7 客户档案

基本					联系			银行		默认值
客户编码	客户简称	名称、税号	客户分类	地区分类	分管部门	专管业务员	地址、电话	开户行、账号		
001	伟峰建筑	武汉伟峰建筑有限公司 330725888666112	1	01	销售部	赵丽丽	武汉市东湖区大学路 305 号 027-76113981	中国银行武汉滨东湖区大学路支行 5348555446288125547		是
002	下沙五金	杭州下沙五金外贸公司 330725888666001	1	02		赵丽丽	杭州市下沙区中山路 169 号 0571-83803666	中国工商银行杭州下沙中山路支行 6220855076644751766		是
003	苏湖贸易	广州苏湖贸易有限公司 330725888666585	1	03		吴彬成	广州市工业路 524 号 020-54795615	中国工商银行广州工业路支行 3555788464541247558		是
004	欧意卖场	重庆欧意卖场有限公司 330725888666866	2	04		吴彬成	重庆市解放北路 348 号 023-65489731	中国银行重庆市解放北路支行 4664888894662133221		是
005	亮基家居	北京亮基家居有限公司 3307258886660323	2	05		赵丽丽	北京市朝阳区联合路 305 号 010-84713151	中国建设银行北京朝阳区联合路支行 5228795464136546488		是
006	海派超市	西安海派超市有限公司 330725888666454	2	04		吴彬成	西安市春江路 167 号 029-63742286	中国农业银行西安春江路支行 6234005709640011454		是

表 2-8 供应商档案

基本					联系			
编码、简称		名称、税号	供应商分类	地区分类	开户行、账号	分管部门	专管业务员	地址、电话
001	建昌五金	上海建昌五金有限公司 330588349900235	1	02	中国工商银行上海南京路支行 2793202099201133241	采购部	楼超晶	上海市南京东路 577 号 021-88368783
002	美芳铸管	杭州美芳铸管有限公司 250666229494556	1	02	中国农业银行杭州车站路支行 2112667822198999120		楼超晶	杭州市车站路 399 号 0571-88792112
003	胡庆拉杆	萧山胡庆拉杆有限公司 340855883222915	1	02	中国银行杭州爱民路支行 3222889111004231134		楼超晶	杭州市爱民路 305 号 0571-62889023
004	方华贸易	嘉兴方华贸易有限公司 240856337211852	1	02	中国建设银行嘉兴环湖路支行 3988222660010117721		虞亮	嘉兴市环湖路 288 号 0573-66339892
005	杭州快通	杭州快通物流有限公司 250677282947637	2		中国建设银行杭州莫干山路支行 2239049382040399385		虞亮	杭州市莫干山路 1320 号 0571-89021196

→ 岗位说明

操作时间：2020-01-01，操作员【A01】登录企业应用平台，设置客商档案。

设置客户档案

→ 操作细则

（1）客户档案

在【基础设置】|【基础档案】|【客商信息】选项卡下执行【客户档案】命令，打

开【客户档案】窗口,单击【增加】按钮,新增【001 伟峰建筑】客户档案。在【基本】、【联系】选项卡中分别录入客户信息,在【客户银行档案】窗口录入客户银行信息(其中【客户银行档案】窗口可在【客户档案】窗口左上方,单击【银行】按钮调出),如图 2-19、图 2-20、图 2-21 所示。

单击【保存】按钮以保存修改,完成其他客户档案信息的设置,如图 2-22 所示。

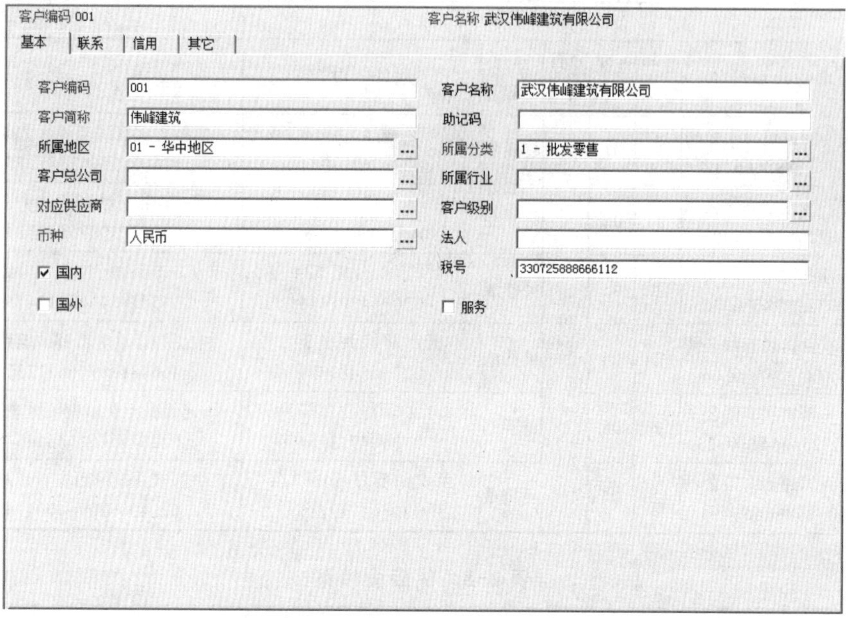

图 2-19 新增客户档案—基本信息

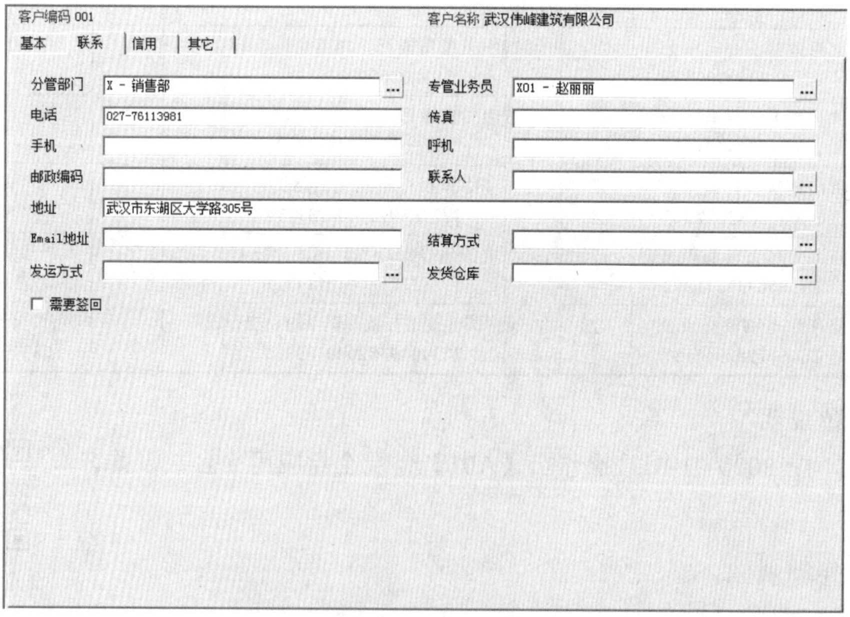

图 2-20 新增客户档案—联系信息

项目二 基础信息设置

图 2-21 【客户银行档案】窗口

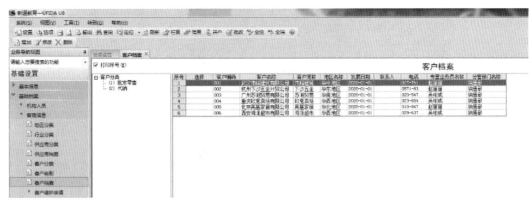

图 2-22 完成客户档案设置

（2）供应商档案

执行【供应商档案】命令，打开【供应商档案】窗口，单击【增加】按钮，新增【001 建昌五金】供应商档案。在【基本】、【联系】两个标签卡中分别录入供应商信息，如图 2-23、图 2-24 所示。

图 2-23 新增供应商档案—基本信息

设置供应商档案

25

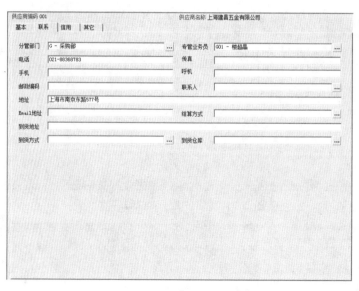

图 2-24　新增供应商档案—联系信息

单击【保存】按钮，完成其他供应商档案信息的设置。

任务四　设置存货信息

1．设置计量单位

➥ 任务资料

天翼设备的存货所涉及的计量单位如表 2-9 所示。

表 2-9　计量单位

计量单位组编码	计量单位组名称		计量单位组类别
1	自然单位组		无换算率
计量单位编码	计量单位	计量单位编码	计量单位
101	盒	105	只
102	箱	106	张
103	米	107	公里
104	架		

➥ 岗位说明

操作时间：2020-01-01，操作员【A01】登录企业应用平台，设置存货的计量单位。

➥ 操作细则

在【基础设置】|【基础档案】|【存货】选项卡下执行【计量单位】命令，打开【计量单位—计量单位组】窗口，如图 2-25 所示。

设置计量单位

项目二 基础信息设置

图 2-25 【计量单位—计量单位组】窗口

单击【分组】，打开【计量单位组】对话框，单击【增加】按钮，新增【1 计量单位组】，如图 2-26 所示。

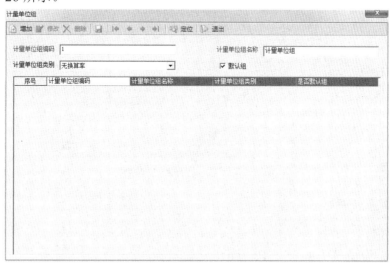

图 2-26 新增计量单位组

单击【保存】按钮，再单击【退出】按钮，返回【计量单位—计量单位组】窗口。单击【单位】，打开【计量单位】对话框，单击【增加】按钮，新增【101 盒】计量单位，如图 2-27 所示。

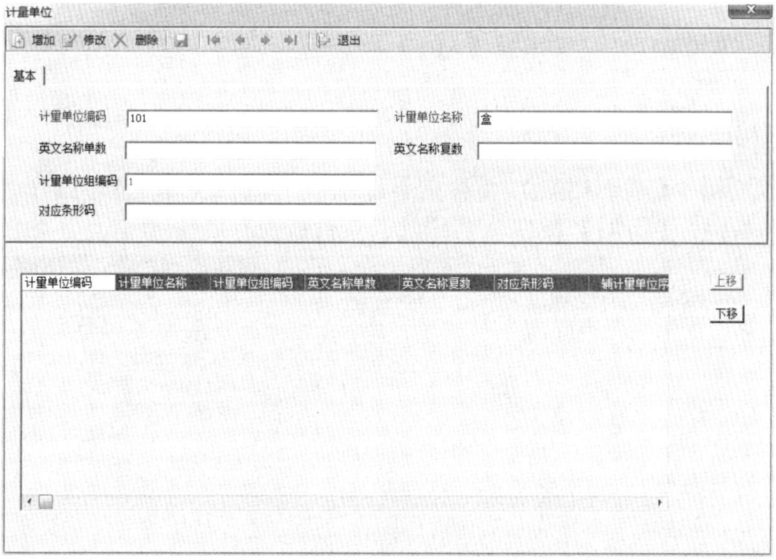

图 2-27 新增计量单位

单击【保存】按钮，完成其他计量单位信息的设置，如图 2-28 所示。

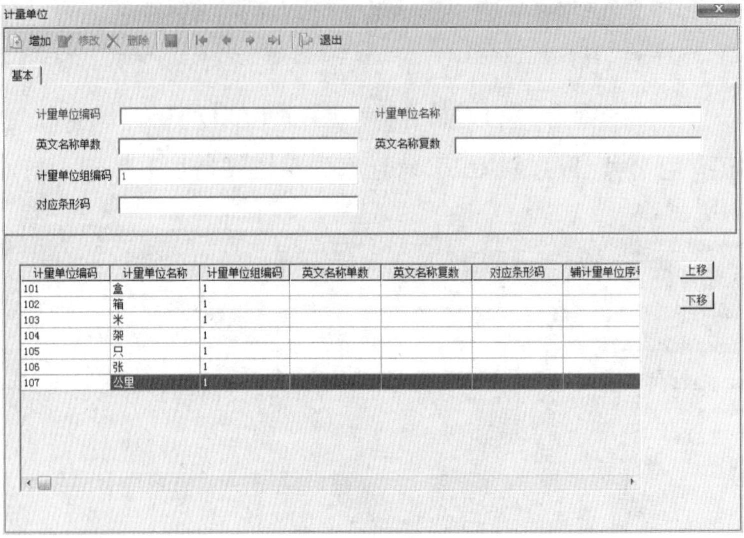

图 2-28 完成计量单位设置

2．设置存货分类

➥ **任务资料**

天翼设备的存货分类如表 2-10 所示。

表 2-10 存货分类

存货分类	存货名称	存货分类	存货名称
1	原材料	3	周转材料
2	产成品	4	应税劳务

➥ **岗位说明**

操作时间：2020-01-01，操作员【A01】登录企业应用平台，设置存货分类。

设置存货分类

➥ **操作细则**

在【基础设置】|【基础档案】|【存货】选项卡下执行【存货分类】命令，打开【存货分类】窗口，单击【增加】按钮，新增【1 原材料】存货分类信息，如图 2-29 所示。

图 2-29 【存货分类】窗口

单击【保存】按钮，完成其他存货分类信息的设置。

3. 设置存货档案

📥 任务资料

天翼设备的存货档案如表 2-11 所示。

表 2-11 存货档案

分类编码	所属类别	存货编码	存货名称	计量单位	税率（%）	存货属性
1	原材料	1001	弯头	箱	13	外购，生产耗用
		1002	钢管	米	13	外购，生产耗用
		1003	方管	米	13	外购，生产耗用
		1004	角钢	米	13	外购，生产耗用
		1005	钢拉杆	盒	13	外购，生产耗用
		1006	铁板	张	13	外购，生产耗用
2	产成品	2001	人字梯	架	13	自制，内销，外销
		2002	挂梯	架	13	自制，内销，外销
3	周转材料	3001	包装箱	只	13	外购，生产耗用
4	应税劳务	4001	运输费	公里	9	内销，外购，应税劳务

📥 岗位说明

操作时间：2020-01-01，操作员【A01】登录企业应用平台，设置存货档案。

设置存货档案

📥 操作细则

在【基础设置】|【基础档案】|【存货】选项卡下执行【存货档案】命令，打开【存货档案】窗口，单击【增加】按钮，新增【1001 弯头】存货档案。在【存货编码】、【存货名称】栏分别填入【1001】、【弯头】，在【存货分类】栏单击【…】选择【1-原材料】，在【主计量单位】栏单击【…】选择【102-箱】，修改【进项税率】和【销项税率】为【13%】，在【存货属性】下勾选【外购】和【生产耗用】，如图 2-30 所示。

图 2-30 新增存货档案

单击【保存】按钮，完成其他存货档案信息的设置，如图 2-31 所示。

图 2-31　完成存货档案设置

⇨ 温馨提示

＊在图 2-30 所示的【新增存货档案】界面中，填写存货分类和主计量单位时，也可直接输入分类代号（如【1】、【102】），或文字（如【原材料】、【箱】）。

任务五　设置财务信息

1．设置凭证类别

▶ 任务资料

天翼设备的凭证类别如表 2-12 所示。

表 2-12　凭证类别

凭证类别	限制类别	限制科目
记账凭证	无限制	

▶ 岗位说明

操作时间：2020-01-01，操作员【A01】登录企业应用平台，设置凭证类别。

▶ 操作细则

在【基础设置】|【基础档案】|【财务】选项卡下执行【凭证类别】命令，打开【凭证类别预置】对话框，勾选【记账凭证】，如图 2-32 所示。

图 2-32　【凭证类别预置】对话框

设置凭证类别

单击【确定】按钮,打开【凭证类别】对话框,如图 2-33 所示。

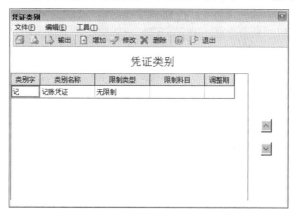

图 2-33 【凭证类别】对话框

2. 设置外币核算

➜ 任务资料

天翼设备适用的外币核算如表 2-13 所示。

表 2-13 外币核算

币符	USD	币名	美元
备注		2020-01-1 记账汇率=6.470 00	

➜ 岗位说明

操作时间:2020-01-01,操作员【A01】登录企业应用平台,设置外币核算。

设置外币核算

➜ 操作细则

在【基础设置】|【基础档案】|【财务】选项卡下执行【外币设置】命令,打开【外币设置】对话框,在【币符】、【币名】栏分别输入【USD】、【美元】,如图 2-34 所示。单击【确认】按钮,保存修改。

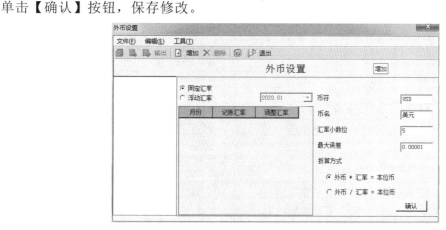

图 2-34 【外币设置】对话框

在【外币设置】对话框左侧的备选栏中选中【美元】,再选择【2020.01-记账汇率】文本框,输入【6.47】,单击【确认】按钮保存修改,如图 2-35 所示。

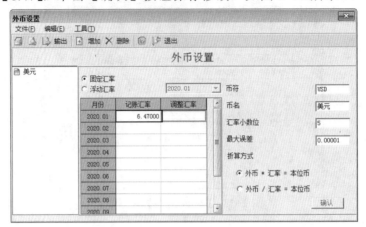

图 2-35 完成外币核算设置

3. 设置会计科目

任务资料

天翼设备适用的会计科目如表 2-14 所示。

表 2-14 会计科目

增删/修改	科目编码	科目名称	辅助核算
修改	1001	库存现金	日记账,现金科目
修改	1002	银行存款	日记账,银行账,银行科目
增加	100201	人民币户	日记账,银行账
增加	100202	美元户	日记账,银行账 外币币种:美元
修改	1121	应收票据	客户往来,应收系统
修改	1122	应收账款	客户往来,应收系统
修改	1123	预付账款	供应商往来,应付系统
修改	1221	其他应收款	个人往来
	1403	原材料	
增加	140301	弯头	数量核算(箱)
增加	140302	钢管	数量核算(米)
增加	140303	方管	数量核算(米)
增加	140304	角钢	数量核算(米)
增加	140305	钢拉杆	数量核算(盒)
增加	140306	铁板	数量核算(张)
修改	1405	库存商品	项目核算,数量核算(架)
增加	141101	包装箱	数量核算(只)
修改	2201	应付票据	供应商往来,应付系统
修改	2202	应付账款	供应商往来,应付系统
增加	220201	一般应付账款	供应商往来,应付系统
增加	220202	暂估应付账款	供应商往来,应付系统
修改	2203	预收账款	客户往来,应收系统
	2211	应付职工薪酬	

（续）

增删/修改	科目		辅助核算
	编码	名称	
增加	221101	工资	
增加	221102	职工福利费	
增加	221103	非货币性职工福利	
增加	221104	社会保险费	
增加	221105	设定提存计划	
增加	221106	住房公积金	
增加	221107	工会经费	
增加	221108	职工教育经费	
增加	221109	其他	
	2221	应交税费	
增加	222101	应交增值税	
增加	22210101	进项税额	
增加	22210102	销项税额	
增加	22210103	进项税额转出	
增加	22210104	转出未交增值税	
增加	222102	未交增值税	
增加	222103	应交城建税	
增加	222104	应交教育费附加	
增加	222105	应交地方教育费附加	
增加	222106	应交企业所得税	
增加	222107	应交个人所得税	
	4104	利润分配	
增加	410411	未分配利润	
	5001	生产成本	
增加	500101	直接材料	项目核算，部门核算
增加	500102	直接人工	项目核算，部门核算
增加	500103	制造费用	项目核算，部门核算
	5101	制造费用	
增加	510101	折旧费	
增加	510109	其他	
修改	6001	主营业务收入	项目核算，数量核算（架）
修改	6401	主营业务成本	项目核算，数量核算（架）
	6601	销售费用	
增加	660101	工资	
增加	660102	福利费	
增加	660103	社会保险费	
增加	660104	广告费	
增加	660105	业务招待费	
增加	660106	折旧费	
增加	660107	差旅费	
增加	660109	其他	
	6602	管理费用	
增加	660201	工资	部门核算
增加	660202	福利费	部门核算
增加	660203	社会保险费	部门核算
增加	660204	办公费	部门核算
增加	660205	业务招待费	部门核算
增加	660206	折旧费	部门核算
增加	660207	差旅费	部门核算
增加	660209	其他	部门核算

岗位说明

操作时间：2020-01-01，操作员【A01】登录企业应用平台，设置会计科目。

设置会计科目

操作细则

在【基础设置】|【基础档案】|【财务】选项卡下执行【会计科目】命令，打开【会计科目】窗口。

（1）修改【1001 库存现金】会计科目

双击待修改科目，打开【会计科目_修改】对话框，如图 2-36 所示。

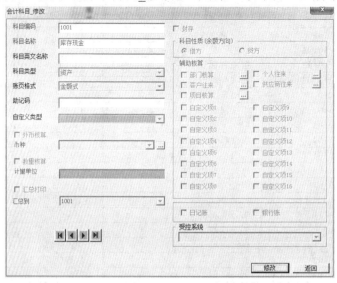

图 2-36 【会计科目_修改】对话框

单击【修改】按钮，勾选【日记账】，单击【确定】按钮以保存，如图 2-37 所示。

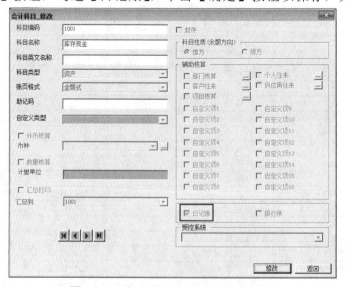

图 2-37 修改【1001 库存现金】科目

单击【返回】按钮，关闭【会计科目_修改】对话框。

（2）指定【1001 库存现金】、【1002 银行存款】科目

执行【编辑】|【指定科目】命令，如图 2-38 所示。

指定会计科目

执行【指定科目】命令后即可打开【指定科目】对话框，勾选【现金科目】，在【待选科目】中选中【1001 库存现金】，单击【>】将【1001 库存现金】引入【已选科目】，如图 2-39 所示。同理，引入【1002 银行存款】科目。

图 2-38　执行【指定科目】命令

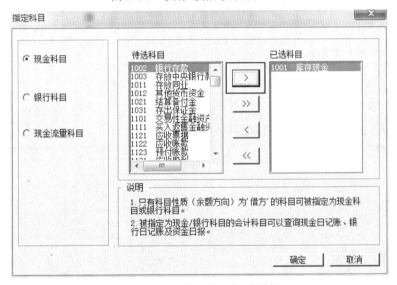

图 2-39　【指定科目】对话框

单击【确定】按钮保存修改，返回【会计科目】窗口。

⊃ 温馨提示

*指定科目一般指【库存现金】科目和【银行存款】科目。在用友系统中指定科目后，出纳才能对这些被指定科目的相关凭证进行签字和查看。指定会计科目的主要目的是让出纳专管现金和银行存款科目，负责现金和银行存款日记账，分清责任，维护现金和银行存款的保密性。

（3）修改【1121 应收票据】会计科目

选中待修改科目，在上方功能栏中找到并单击【修改】按钮，打开【会计科目_修改】对话框。

单击【修改】按钮，勾选【客户往来】，在【受控系统】下拉框中选择【应收系统】，如图 2-40 所示。

单击【确定】按钮保存修改，返回【会计科目】窗口。

（4）新增【140301 弯头】会计科目

单击【增加】按钮，打开【新增会计科目】对话框，在【科目编码】、【科目名称】

栏分别输入【140301】、【弯头】,勾选【数量核算】,并在【计量单位】栏输入【个】,如图 2-41 所示。

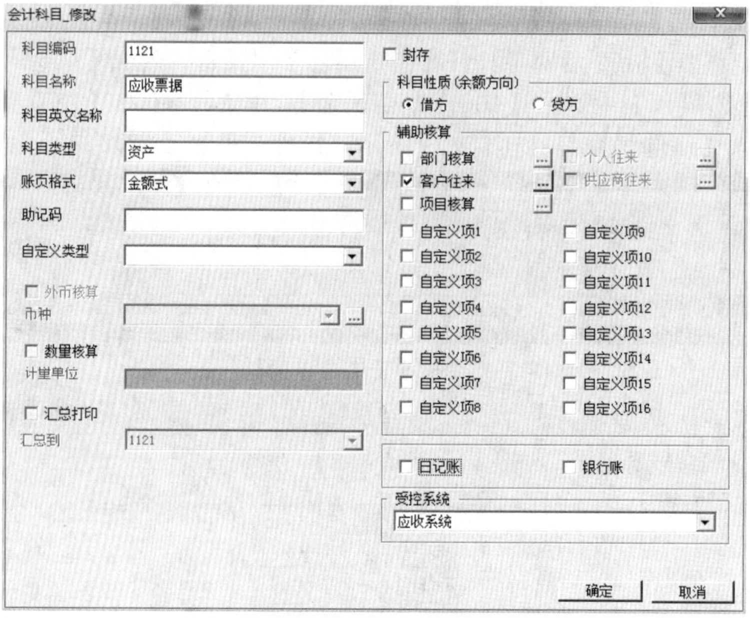

图 2-40　修改【1121 应收票据】科目

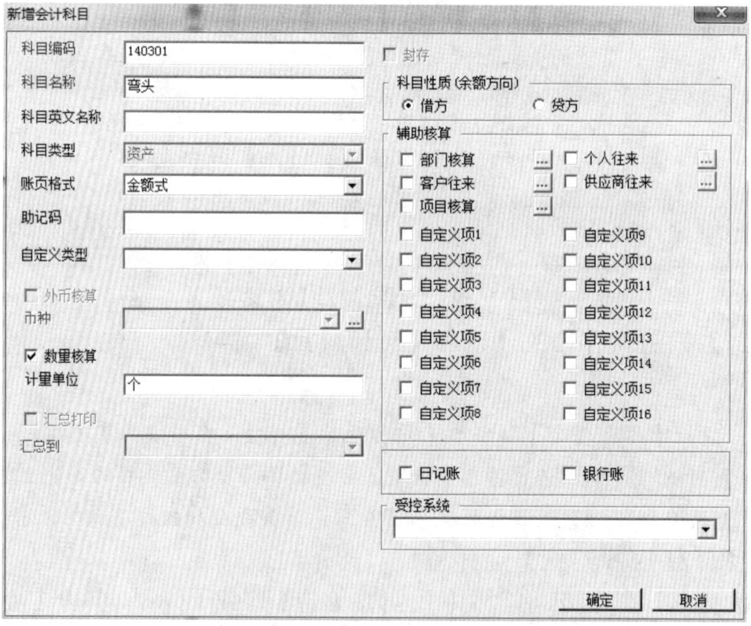

图 2-41　【新增会计科目】对话框

单击【确定】按钮以保存修改。完成其他科目设置并退出【会计科目】窗口。

4. 设置项目目录

▶ 任务资料

天翼设备的项目目录如表 2-15 所示。

项目二　基础信息设置

表 2-15　项目目录

项目设置步骤	设置内容
项目大类	产品项目
核算科目	生产成本——直接材料 500101 生产成本——直接人工 500102 生产成本——制造费用 500103 库存商品 1405 主营业务收入 6001 主营业务成本 6401
项目分类	1 自产产品
项目目录	项目编号：1 项目名称：人字梯 是否结算：否 所属分类码：1
	项目编号：2 项目名称：挂梯 是否结算：否 所属分类码：1

岗位说明

操作时间：2020-01-01，操作员【A01】登录企业应用平台，设置项目目录。

设置项目目录

操作细则

在【基础设置】|【基础档案】|【财务】选项卡下执行【项目目录】命令，打开【项目档案】窗口，单击【增加】，打开【项目大类定义_增加】对话框，在【新项目大类名称】栏输入【产品项目】，如图 2-42 所示；单击【下一步】按钮，对【定义项目级次】界面不做修改，如图 2-43 所示；单击【下一步】按钮，对【定义项目栏目】界面不做修改，如图 2-44 所示。单击【完成】按钮，退出【项目大类定义_增加】对话框。

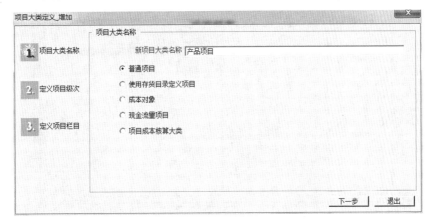

图 2-42　【项目大类名称】界面

图 2-43 【定义项目级次】界面

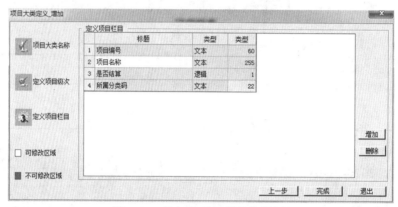

图 2-44 【定义项目栏目】界面

在【项目档案】窗口的项目大类下拉框中选中【产品项目】,在【核算科目】标签页下,单击【》】按钮,将所有待选科目移至【已选科目】项下,如图 2-45 所示。单击【确定】按钮保存修改。

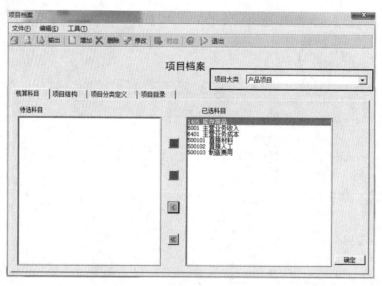

图 2-45 【项目档案】窗口

在【项目分类定义】选项卡下,单击【增加】按钮,在【分类编码】和【分类名称】栏中分别输入【1】、【自产产品】,如图 2-46 所示。单击【确定】按钮。

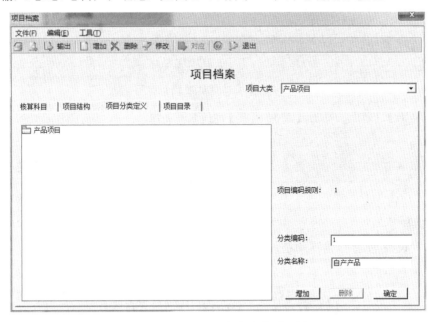

图 2-46 【项目分类定义】选项卡

选中【项目目录】标签,打开对应的选项卡,如图 2-47 所示。

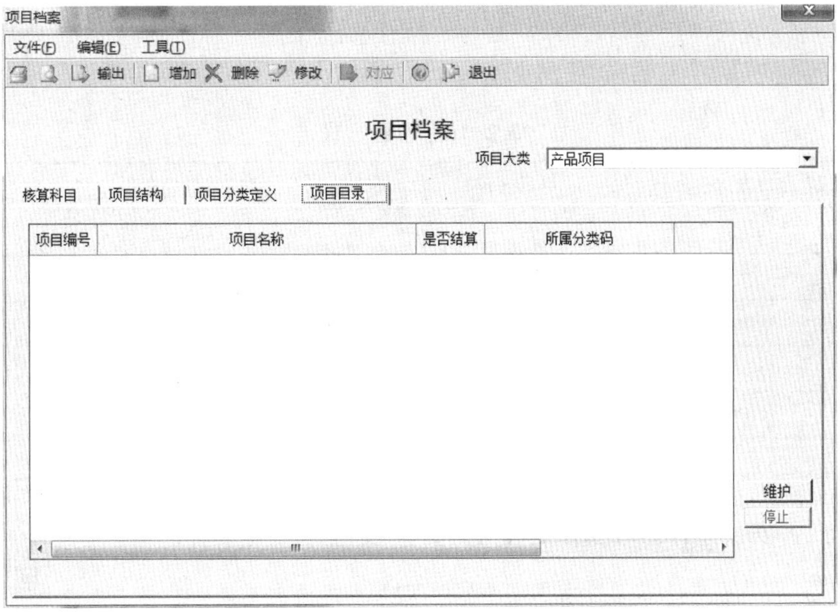

图 2-47 【项目目录】选项卡

单击【维护】按钮,打开【项目目录维护】窗口,单击【增加】按钮,输入项目目录信息:【1 人字梯】、【2 挂梯】,如图 2-48 所示。

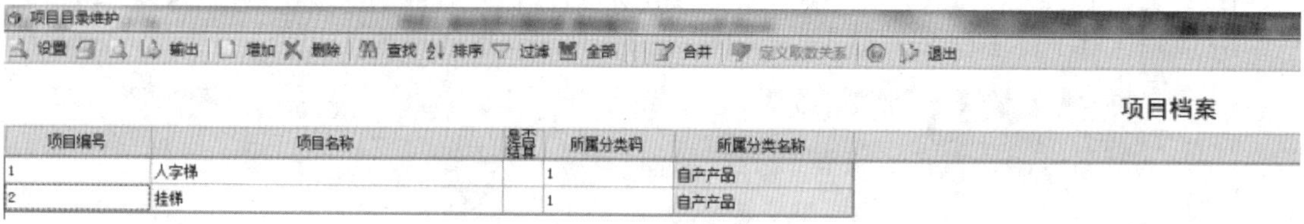

![项目目录维护窗口截图]

图 2-48 【项目目录维护】窗口

单击【退出】按钮,关闭【项目档案】窗口。

> ➲ 温馨提示
>
> *在设置核算科目、项目分类定义、项目目录前,务必检查当前修改的项目大类是否为【产品项目】。

➲ 课堂思考

会计科目设置为项目类辅助核算与直接下设明细科目有何区别?

任务六 设置收付结算

1. 设置结算方式

➲ 任务资料

天翼设备的结算方式如表 2-16 所示。

表 2-16 结算方式

编号	结算方式名称	票据管理	编号	结算方式名称	票据管理
1	现金	否	31	银行承兑汇票	否
2	支票	否	32	商业承兑汇票	否
21	现金支票	是	4	电汇	否
22	转账支票	是	9	其他	否
3	汇票	否			

➲ 岗位说明

操作时间:2020-01-01,操作员【A01】登录企业应用平台,设置结算方式。

设置结算方式

➲ 操作细则

在【基础设置】|【基础档案】|【收付结算】选项卡下执行【结算方式】命令,打开【结算方式】窗口,单击【增加】按钮,新增【1 现金】结算方式,如图 2-49 所示。

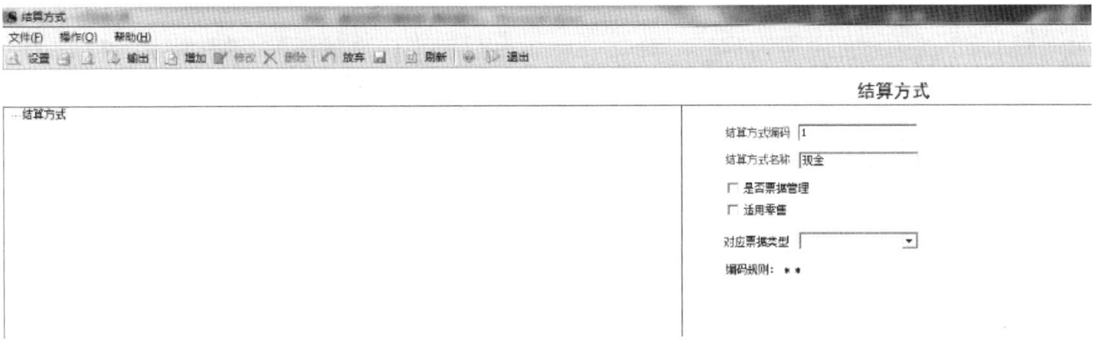

项目二 基础信息设置

图 2-49 【结算方式】窗口

单击【保存】按钮，完成其他结算方式的设置，如图 2-50 所示。

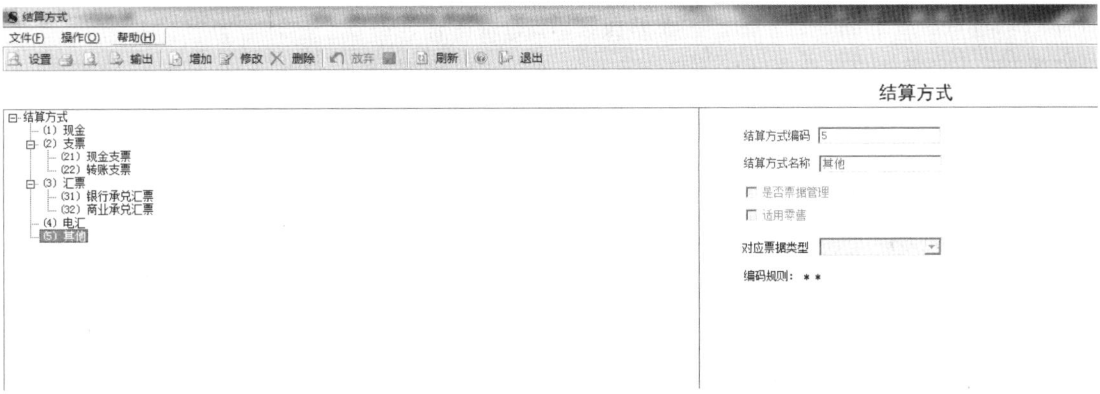

图 2-50 完成结算方式设置

2. 设置付款条件

▶ 任务资料

天翼设备的付款条件如表 2-17 所示。

表 2-17 付款条件

付款条件编码	信用天数	优惠天数 1	优惠率 1	优惠天数 2	优惠率 2
01	30	10	2	20	1

▶ 岗位说明

操作时间：2020-01-01，操作员【A01】登录企业应用平台，设置付款条件。

设置付款条件

▶ 操作细则

在【基础设置】|【基础档案】|【收付结算】选项卡下执行【付款条件】命令，打开【付款条件】窗口，单击【增加】按钮，新增付款条件，如图 2-51 所示。

单击【保存】按钮，关闭【付款条件】窗口。

图 2-51 【付款条件】窗口

3. 设置本单位开户银行

➥ 任务资料

天翼设备的开户银行信息如表 2-18 所示。

表 2-18 开户银行信息

编码	银行账号	客户名称	开户银行	币种
1	2448790006224872218	浙江天翼家居设备有限公司	中国工商银行杭州江滨路支行	人民币
2	2885326600763855663	浙江天翼家居设备有限公司	中国工商银行杭州成江支行	美元

➥ 岗位说明

操作时间：2020-01-01，操作员【A01】登录企业应用平台，设置本单位开户银行信息。

设置本单位开户银行

➥ 操作细则

在【基础设置】|【基础档案】|【收付结算】选项卡下执行【银行档案】命令，打开【银行档案】窗口，如图 2-52 所示。

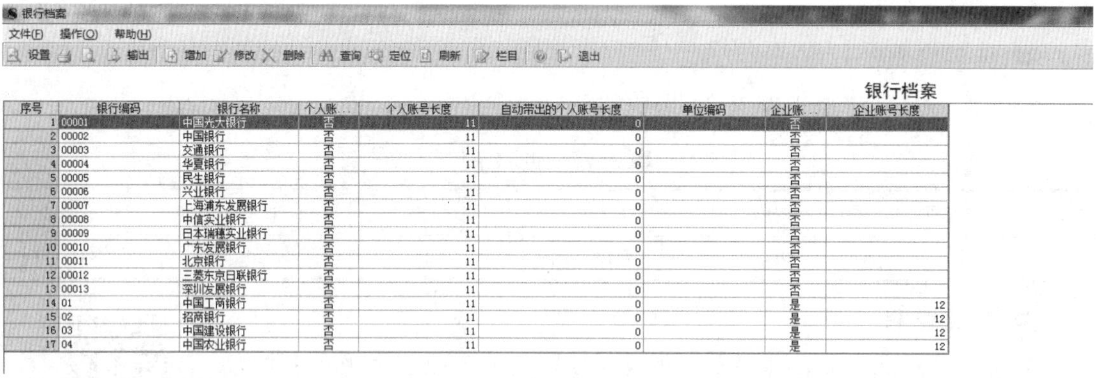

图 2-52 【银行档案】窗口

双击【01 中国工商银行】（或选择【01 中国工商银行】，单击【修改】按钮），打开【修改银行档案】对话框，取消【企业账户规则】下的【定长】，如图 2-53 所示。

单击【保存】按钮，关闭【银行档案】窗口。

执行【本单位开户银行】命令，打开【本单位开户银行】窗口，如图 2-54 所示。

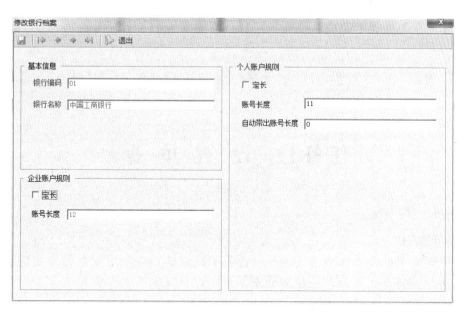

图 2-53 【修改银行档案】对话框

图 2-54 【本单位开户银行】窗口

单击【增加】按钮,打开【增加本单位开户银行】对话框,新增【001】开户银行信息,如图 2-55 所示。

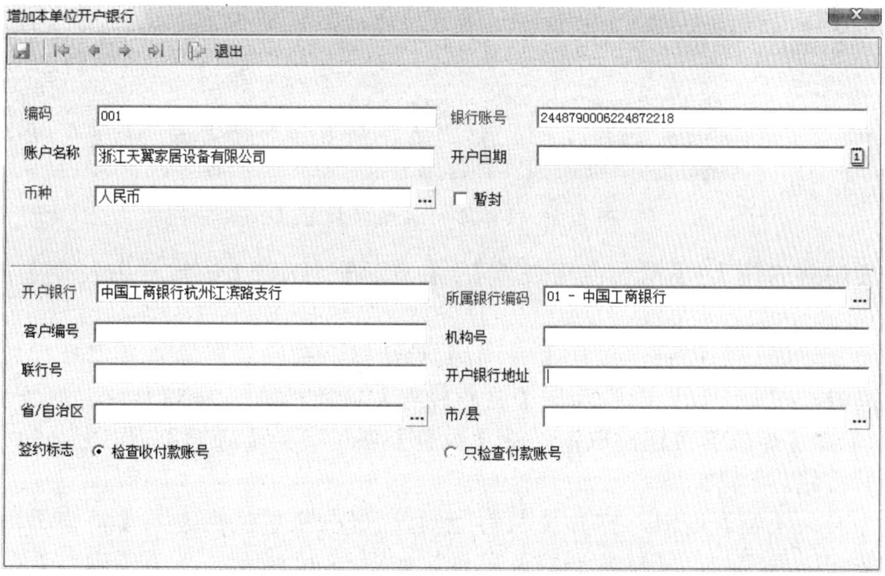

图 2-55 【增加本单位开户银行】对话框

单击【保存】按钮，完成其他开户银行信息的设置。

◯ 温馨提示

*必须先启用应收款管理系统或应付款管理系统，才能执行【收付结算】|【本单位开户银行】命令。

任务七　设置单据

1. 设置单据格式

▶ 任务资料

增加销售专用发票表体项目【退补标志】项，修改销售专用发票的【数量】项为非必输项，删除销售专用发票、销售普通发票表头项目【销售类型】项。

▶ 岗位说明

操作时间：2020-01-01，操作员【A01】登录企业应用平台，设置单据格式。

设置单据格式

▶ 操作细则

在【基础设置】|【单据设置】选项卡下执行【单据格式设置】命令，打开【单据格式设置】窗口，如图2-56所示。

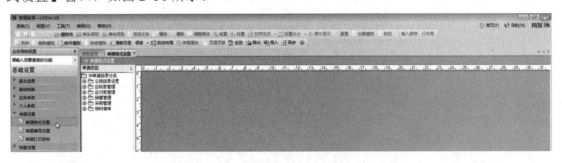

图2-56 【单据格式设置】窗口

选择【销售管理】|【销售专用发票】|【显示】，打开【销售专用发票】界面，如图2-57所示。

单击【表体项目】按钮，打开【表体:】对话框，在定位栏输入【退补标志】，单击【定位】按钮，在上方显示框中勾选【退补标志】项目，如图2-58所示；在定位栏输入【数量】，单击【定位】按钮，取消勾选【数量】项目下的【必输】，如图2-59所示。单击【确定】按钮。

单击【表头项目】按钮，打开【表头:】对话框，在定位栏输入【销售类型】，单击【定位】按钮，取消勾选【销售类型】项目，如图2-60所示。单击【确定】按钮。

单击【自动布局】按钮，系统自动调整表头各项目布局。单击【确定】按钮。参照上述方法删除销售普通发票表头项目中的【销售类型】项目。单击【自动布局】按钮，关闭【单据格式设置】窗口。

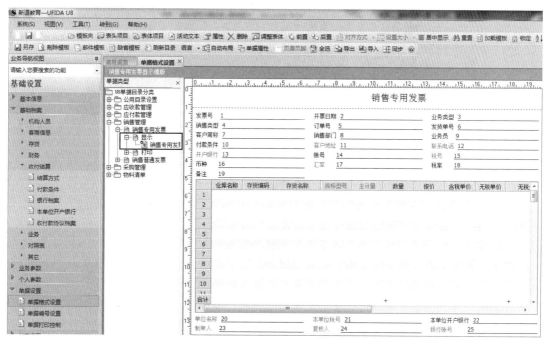

图 2-57 【单据格式设置—销售专用发票】界面

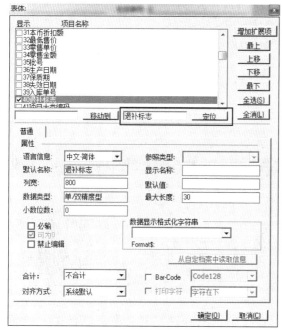

图 2-58 【表体:】对话框—增加
【退补标志】项目

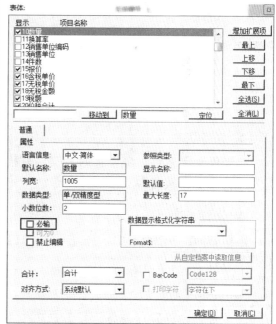

图 2-59 【表体:】对话框—修改
【数量】项目

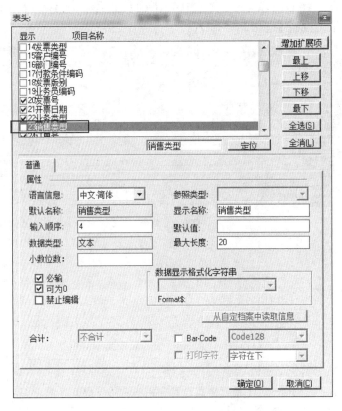

图 2-60 【表头：】对话框—删除【销售类型】项目

⊃ 温馨提示

*删除表体项目还可以通过选中表体对应的项目框体，单击工具栏中的【删除】按钮来完成。

2．设置单据编号

↘ 任务资料

将销售专用发票、销售普通发票、采购专用发票、采购普通发票的单据编号方式设置为【完全手工编号】。

↘ 岗位说明

操作时间：2020-01-01，操作员【A01】登录企业应用平台，设置单据编号方式。

设置单据编号

↘ 操作细则

在【基础设置】|【单据设置】选项卡下执行【单据编号设置】命令，打开【单据编号设置】对话框，选择【销售管理】|【销售专用发票】，单击【✎】编辑按钮，勾选【完全手工编号】，如图 2-61 所示。

项目二 基础信息设置

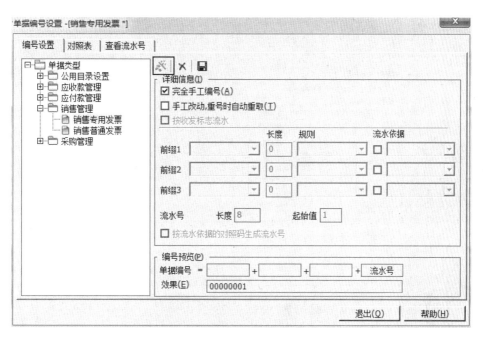

图 2-61 【单据编号设置】对话框

单击【🖫】保存按钮以保存修改。参照上述操作完成销售普通发票、采购专用发票、采购普通发票的【完全手工编号】设置。

任务八 设置数据权限控制

↘ 任务资料

取消数据权限控制中的工资权限控制、科目控制和用户控制。

↘ 岗位说明

操作时间：2020-01-01，操作员【A01】登录企业应用平台，设置数据权限控制。

↘ 操作细则

在【系统服务】|【权限】选项卡下执行【数据权限控制设置】命令，打开【数据权限控制设置】窗口。取消勾选【工资权限】、【科目】、【用户】前的【是否控制】选项，如图 2-62 所示。单击【确定】按钮保存设置。

设置数据权限控制

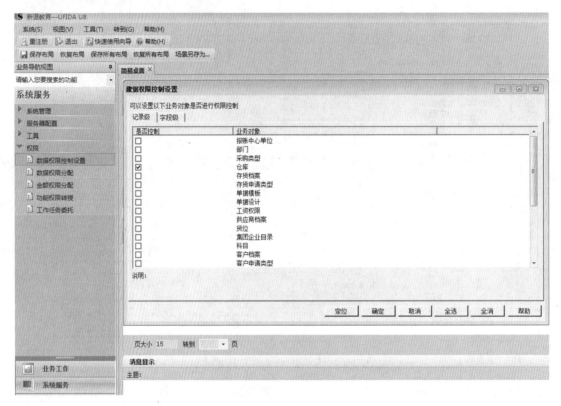

图 2-62 【数据权限控制】窗口

课堂思考

如果保留【工资权限】、【科目】、【用户】的权限控制,则会影响到哪些系统的什么操作?

问题与讨论

1. 为什么执行【人员档案】命令前必须先执行【部门档案】命令和【人员类别】命令?

2. 客户往来、供应商往来的选择和应收、应付受控系统之间各有怎样的对应关系?

项目三

总账系统初始化及日常业务处理

学习目标

知识目标

1. 掌握总账系统的日常业务处理工作。
2. 掌握总账系统的初始化设置、凭证处理和出纳处理的操作流程。
3. 了解总账系统的分工操作流程和岗位职责。
4. 掌握期末业务的内容和处理方法。

能力目标

1. 能够进行总账系统初始化设置。
2. 能够进行经济业务的相关凭证处理。
3. 能够进行出纳凭证业务处理。

重点难点

1. 总账系统的操作过程。
2. 填制凭证。
3. 出纳银行对账。

操作流程

本项目操作流程如图 3-1 所示。

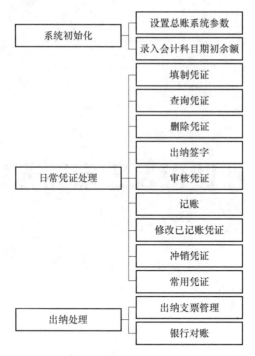

图 3-1　总账系统初始化及日常业务处理流程

任务一　系统初始化

1. 设置总账系统参数

➜ **任务资料**

根据表 3-1 设置天翼设备的总账系统参数。

表 3-1　总账系统参数

选项卡	内容
凭证	取消勾选【制单序时控制】选项 支票控制 赤字控制：资金及往来科目 赤字控制方式：提示 可以使用应收、应付、存货受控科目 取消勾选【现金流量科目必录现金流量项目】选项 勾选【自动填补凭证断号】选项 凭证编号方式采用系统编号
权限	出纳凭证必须经由出纳签字 不允许修改、作废他人填制的凭证 可查询他人凭证
会计日历	会计日历为 1 月 1 日—12 月 31 日 数量小数位和单价小数位设置为 2 位
其他	部门、个人、项目按编码方式排序

项目三 总账系统初始化及日常业务处理

➡ 岗位说明

操作时间：2020-01-01，操作员【A01】登录企业应用平台，设置总账系统参数。

➡ 操作细则

在【业务工作】|【财务会计】|【总账】|【设置】选项卡下执行【选项】命令，打开【选项】对话框。

单击【编辑】按钮，选择【凭证】标签，打开相应选项卡，在制单控制下取消勾选【制单序时控制】复选框，勾选【支票控制】，赤字控制方式选择【提示】，勾选【可以使用应收受控科目】、【可以使用应付受控科目】和【可以使用存货受控科目】；凭证控制下取消勾选【现金流量科目必录现金流量项目】，勾选【自动填补凭证断号】；凭证编号方式选择【系统编号】，如图 3-2 所示。

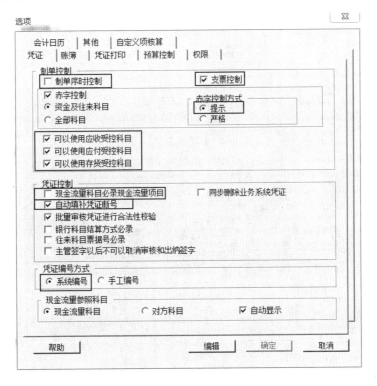

图 3-2 【凭证】选项卡

打开【权限】选项卡，勾选【出纳凭证必须经由出纳签字】，取消勾选【允许修改、作废他人填制的凭证】，勾选【可查询他人凭证】，如图 3-3 所示。

打开【会计日历】选项卡，在【启用会计年度】栏输入【2020】，【启用日期】栏输入【2020.01.01】。【数量小数位】和【单价小数位】输入【2】，如图 3-4 所示。

打开【其他】选项卡，部门排序方式、个人排序方式和项目排序方式均选择【按编码排序】，如图 3-5 所示。设置完成后单击【确定】按钮，保存并返回。

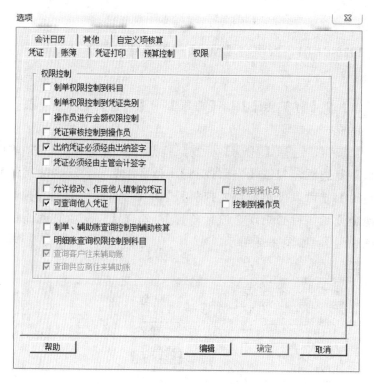

图 3-3 【权限】选项卡

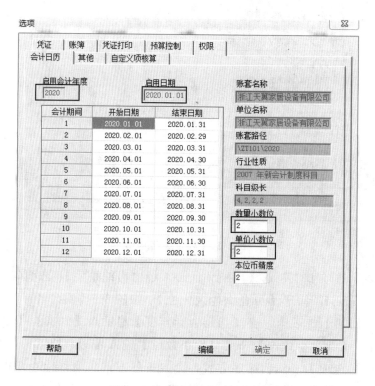

图 3-4 【会计日历】选项卡

项目三 总账系统初始化及日常业务处理

图 3-5 【其他】选项卡

⊃ 温馨提示

*设置系统参数操作虽简单，但对后续操作影响很大。

*若勾选【制单序时控制】和【系统编号】，则制单时凭证编号必须按日期顺序排序。如有特殊需要可将其改为不按序时制单。

*若勾选【同步删除业务系统凭证】，则业务系统（如应收款管理系统、固定资产系统等）删除凭证时会相应地将该系统原已传递至总账系统的记账凭证同步删除；否则，该凭证仅在总账系统中显示"作废"字样，而不予删除。

*若勾选【允许修改、作废他人填制的凭证】，则在制单时可修改或作废别人填制的凭证，否则不能修改或作废。若勾选【控制到操作员】，则要在【数据权限设置】中设置用户权限，再选择此项，权限设置才会有效。选择此项后，操作员在填制凭证时只能对相应人员的凭证进行修改或作废。

*若在【外币核算】的汇率方式下选择【固定汇率】，则在制单时每个月只按一个固定的汇率将外币金额折算为本位币金额；若选择【浮动汇率】方式，则在制单时按当日汇率将外币金额折算为本位币金额。

▶ 课堂思考

【凭证】选项卡下选择【现金流量科目】代表了什么？

2．录入会计科目期初余额

▶ 任务资料

（1）总账系统期初余额

根据表 3-2 录入天翼设备 2020 年 1 月的总账系统期初余额。

表 3-2 总账系统期初余额

科目名称	辅助核算	方向	币别/计量	期初余额
1001 库存现金	日记账，现金科目	借	人民币	8 000.00
1002 银行存款	日记账，银行账，银行科目	借	人民币	207 992.16
100201 人民币户	日记账，银行账，银行科目	借	人民币	207 992.16
1121 应收票据	客户往来，应收系统	借	人民币	44 544.00
1122 应收账款	客户往来，应收系统	借	人民币	109 497.00
1123 预付账款	供应商往来，应付系统	借	人民币	8 000.00
1231 坏账准备		贷	人民币	547.49
1221 其他应收款	个人往来	借		
1403 原材料		借	人民币	384 000.00
140301 弯头	数量核算	借	人民币	80 000.00
			箱	800.00
140302 钢管	数量核算	借	人民币	40 000.00
			米	800.00
140303 方管	数量核算	借	人民币	64 000.00
			米	800.00
140304 角钢	数量核算	借	人民币	80 000.00
			米	800.00
140305 钢拉杆	数量核算	借	人民币	72 000.00
			盒	400.00
140306 铁板	数量核算	借	人民币	48 000.00
			张	800.00
1405 库存商品		借	人民币	1 488 000.00
1411 周转材料		借	人民币	40 000.00
141101 包装箱	数量核算	借	人民币	40 000.00
			只	800.00
1601 固定资产		借	人民币	277 600.00
1602 累计折旧		贷	人民币	37 746.66
2001 短期借款		贷	人民币	160 000.00
2201 应付票据	供应商往来，应付系统	贷	人民币	16 704.00
2202 应付账款	供应商往来，应付系统	贷	人民币	90 400.00
220201 一般应付账款	供应商往来，应付系统	贷	人民币	90 400.00
220202 暂估应付账款	供应商往来，非应付系统	贷		
2203 预收账款	客户往来，应收系统	贷	人民币	8 000.00
2211 应付职工薪酬		贷		
221101 工资		贷		
221102 职工福利费		贷		
221103 非货币性职工福利		贷		
221104 社会保险费		贷		
221105 设定提存计划		贷		
221106 住房公积金		贷		

(续)

科目名称	辅助核算	方向	币别/计量	期初余额
221107 工会经费		贷		
221108 职工教育经费		贷		
221109 其他		贷		
2221 应交税费		贷	人民币	88 844.00
222101 应交增值税		贷		
22210101 进项税额		贷		
22210102 销项税额		贷		
22210103 进项税额转出		贷		
22210104 转出未交增值税		贷		
222102 未交增值税		贷	人民币	54 312.00
222103 应交城建税		贷	人民币	3 801.84
222104 应交教育费附加		贷	人民币	1 629.36
222105 应交地方教育费附加		贷	人民币	1 086.24
222106 应交企业所得税		贷	人民币	27 904.00
222107 应交个人所得税		贷	人民币	110.56
4001 实收资本		贷	人民币	1 600 000.00
4002 资本公积		贷	人民币	520 591.01
4104 利润分配		贷	人民币	44 800.00
410411 未分配利润		贷	人民币	44 800.00

（2）辅助账户期初往来明细

根据表 3-3～表 3-9 录入辅助账户的期初往来明细。

表 3-3　应收票据（1121）往来明细

日期	客户名称	摘要	方向	金额（人民币）
2019-10-29	下沙五金	票据票号 19565501	借	44 544.00

表 3-4　应收账款（1122）往来明细

日期	客户名称	摘要	方向	金额（人民币）
2019-12-12	欧意卖场	销售发票票号 15773988	借	43 392.00
2019-12-30	海派超市	销售发票票号 36874492	借	66 105.00

表 3-5　预付账款（1123）往来明细

日期	供应商名称	摘要	方向	金额（人民币）
2019-12-13	美芳铸管	采购发票票号 37296087	借	8 000.00

表 3-6　应付票据（2201）往来明细

日期	供应商名称	摘要	方向	金额（人民币）
2019-11-22	胡庆拉杆	票据票号 35577290,承兑银行工商银行,票面利率 6%	贷	16 704.00

表 3-7　应付账款——一般应付账款（220201）往来明细

日期	供应商名称	摘要	方向	金额（人民币）
2019-12-20	建昌五金	采购发票票号 55678221	贷	90 400.00

表 3-8　预收账款（2203）往来明细

日期	供应商名称	摘要	方向	金额（人民币）
2019-12-26	苏湖贸易	预收单据票号 23390102	贷	8 000.00

表 3-9　库存商品（1405）往来明细

项目编码	项目名称	方向	金额（人民币）	数量（架）
1	人字梯	借	768 000.00	1 600
2	挂梯	借	720 000.00	1 600

➡ 岗位说明

操作时间：2020-01-01，操作员【A01】登录企业应用平台，录入总账期初余额。

录入总账期初余额

➡ 操作细则

在【业务工作】|【财务会计】|【总账】|【设置】选项卡下执行【期初余额】命令，打开【期初余额录入】窗口。

【期初余额】列单元格有三种颜色，其中白色单元格对应的科目直接录入余额即可，如【库存现金】科目。灰色单元格对应的科目只需录入其明细科目的期初余额，总科目余额由系统根据明细科目余额自动汇总生成，如【银行存款】科目，如图 3-6 所示。

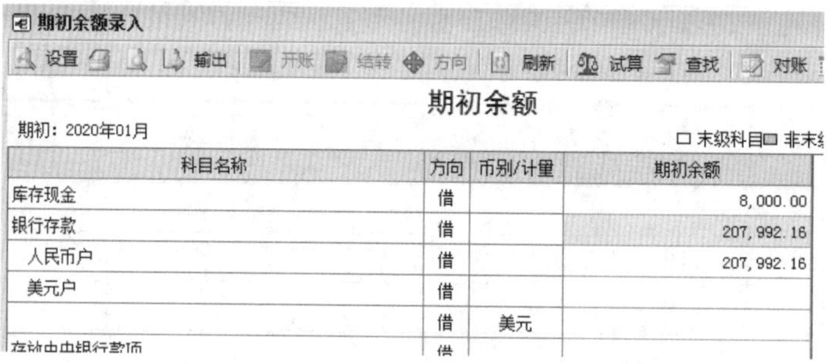

图 3-6　【期初余额录入】窗口

黄色单元格对应的科目需要在辅助核算窗口录入往来明细。以【应收票据】为例，双击该科目，打开【辅助期初余额】窗口，单击工具栏中的【往来明细】按钮，进入【期初往来明细】窗口。单击【增行】按钮，根据任务资料（表 3-3）完成应收票据期初往来明细的录入，如图 3-7 所示。依次单击【汇总】、【退出】按钮，返回【期初余额录入】窗口。

图 3-7 应收票据期初往来明细

再以【库存商品】为例，双击该科目，打开【辅助期初余额】窗口。单击【增行】按钮，根据任务资料（表 3-9）完成库存商品辅助期初余额的录入，如图 3-8 所示。单击【退出】按钮，返回【期初余额录入】窗口。

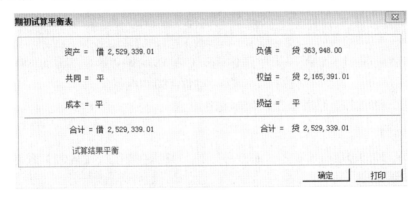

图 3-8 库存商品辅助期初余额

按照上述方法继续录入其他科目的期初余额。

录入完毕后，单击工具栏中的【试算】按钮，系统弹出【期初试算平衡表】对话框并自动进行试算平衡，如图 3-9 所示。单击【确定】按钮后退出【期初余额录入】窗口。

图 3-9 【期初试算平衡表】对话框

> **温馨提示**
>
> *录入期初往来明细时，如果发现某项输入错误，想放弃整行编辑，连续按【Esc】键即可。
>
> *在【辅助期初余额】窗口，打开【科目名称】下拉框可选择相同辅助核算的其他科目。
>
> *在新建账套或年度账未记账且启用了应收/应付系统（其期初余额已经录入）的前提下，可将应收/应付系统的期初余额引入总账对应科目的期初往来明细中。

课堂思考

录入余额的科目有辅助核算的内容时，系统中如何体现？

任务二 日常凭证处理

1. 填制凭证

↘ 任务资料

2020年1月企业发生的经济业务如下。

第一笔业务：1日，销售部赵丽丽购买了1 600.00元的办公用品，现金付讫。

第二笔业务：2日，总经理办公室陈义宁预借差旅费2 000.00元，现金付讫。

第三笔业务：2日，收到外资公司转账支票一张，票据号为48962287，投入资本金100 000.00美元，汇率为1美元=6.47元人民币。

第四笔业务：3日，财务部李兰青开出现金支票，票号为24556821，提现2 000.00元备用。

第五笔业务：6日，采购部楼超晶以现金支票支付业务招待费880.00元。

第六笔业务：10日，总经理办公室陈义宁出差回来报销预借差旅费2 000.00元，交回现金272.00元。

第七笔业务：12日，以现金支付二车间维修费468.00元。

第八笔业务：18日，一车间生产人字梯领用材料方管320米，单价80.00元/米；角钢160米，单价100.00元/米；钢拉杆160盒，单价180.00元/盒；铁板320张，单价60.00元/张。

第九笔业务：20日，二车间生产挂梯领用材料钢管640米，单价50.00元/米；角钢160米，单价100.00元/米；钢拉杆160盒，单价180.00元/盒。

财务部汪奇登录企业应用平台，填制记账凭证。

↘ 岗位说明

操作时间：2020-01-××（××系业务发生日期），操作员【W02】登录企业应用平台，填制记账凭证。

↘ 操作细则

（1）填制第一笔业务记账凭证

在【业务工作】|【财务会计】|【总账】|【凭证】选项卡下执行【填制凭证】命令，打开【填制凭证】窗口。单击【增加】按钮新增记账凭证，修改凭证日期为【2020.01.01】。在【摘要】栏录入【销售部购买办公用品】。单击【科目名称】栏的参照按钮（或按F2键），选择【损益】类科目【660109 销售费用/其他】，在【借方金额】栏录入金额【1 600.00】。

按回车键转至第二行，复制第一行的摘要，在【科目名称】栏选择资产类科目【1001

总账业务一

库存现金】,在【贷方金额】栏录入【1 600.00】(或直接在贷方金额栏按【=】键)。

单击【保存】按钮,系统弹出【凭证已保存成功!】信息提示框,单击【确定】按钮完成第一笔业务的记账凭证,如图 3-10 所示。

图 3-10 第一笔业务记账凭证

⊃ 温馨提示

*如果会计分录中的会计科目不存在,可以单击【编辑】按钮直接新增会计科目。
*在【科目名称】栏也可通过直接输入末级科目编码来录入会计科目。
*如果会计分录的金额借贷方向错误,可按空格键进行方向调整。
*如果会计分录的金额为负数,录入金额之前或之后按【-】键,金额呈红字,即表示负数。

(2)填制第二笔业务记账凭证

在【填制凭证】窗口,单击【增加】按钮新增一张凭证。修改凭证日期为【2020.01.02】。在【摘要】栏录入【总经理办公室预借差旅费】。在【科目名称】栏选择【资产】类科目【1221 其他应收款】,系统弹出【辅助项】对话框,选择部门【经理室】、个人【陈义宁】,如图 3-11 所示,单击【确定】按钮返回。

总账业务二

图 3-11 【辅助项】对话框

在【借方金额】栏录入【2 000.00】。按回车键转至第二行，复制第一行的摘要，在【科目名称】栏录入【1001 库存现金】，贷方金额【2 000.00】，如图3-12所示。保存记账凭证。

图3-12　第二笔业务记账凭证

⊃ 温馨提示

　　*若输入的会计科目已设置辅助核算，系统会根据科目属性要求操作员在【辅助项】对话框中输入相应的辅助信息，如部门、个人、项目、客户、供应商、数量、自定义项等。

↘ 课堂思考

总账会计科目辅助核算的设置对会计凭证的填制有什么影响？

（3）填制第三笔业务记账凭证

继续单击【增加】按钮新增一张凭证。修改凭证日期为【2020.01.02】。在【摘要】栏录入【收到投入资本金】。单击科目名称栏录入【100202 银行存款/美元户】。按回车键，系统弹出【辅助项】对话框，选择结算方式【转账支票】，录入票号【48962287】，如图3-13所示。

总账业务三

图3-13　【辅助项】对话框

单击【确定】按钮返回凭证录入界面。在【外币】金额栏录入【100 000.00】,【借方金额】栏录入人民币对应金额【647 000.00】。按回车键转至第二行,复制第一行的摘要,录入贷方【科目名称】为【4001 实收资本】,贷方金额为【647 000.00】,保存凭证。如图 3-14 所示。

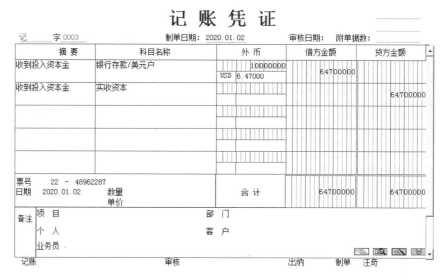

图 3-14 第三笔业务记账凭证

➲ 温馨提示

*在进行外币核算时,系统会自动将凭证格式改为外币格式,如果系统有其他辅助核算,则应先输入其他辅助核算,再输入外币信息。

参照上述操作,填制第四~九笔业务的记账凭证,如图 3-15~图 3-20 所示。

图 3-15 第四笔业务记账凭证

总账业务四

图 3-16　第五笔业务记账凭证　　　　总账业务五

图 3-17　第六笔业务记账凭证　　　　总账业务六

图 3-18　第七笔业务记账凭证　　　　总账业务七

项目三 总账系统初始化及日常业务处理

图 3-19 第八笔业务记账凭证　　　　　总账业务八

图 3-20 第九笔业务记账凭证　　　　　总账业务九

2. 查询凭证

▶ 任务资料

查询 2020 年 1 月已填制的记账凭证。

▶ 岗位说明

操作时间：2020-01-31，操作员【W02】登录企业应用平台，查询记账凭证。

▶ 操作细则

在【业务工作】|【财务会计】|【总账】|【凭证】选项卡下执行【查询凭证】命令，打开【凭证查询】对话框，单击【确定】按钮，屏幕显示查询凭证列表。双击"记-0001"号凭证，即弹出该记账凭证界面，可对该凭证进行修改、冲销或生成常用凭证等操作。

查询凭证

⊃ 温馨提示

　　*在【填制凭证】窗口，单击工具栏的【查询】按钮，可查询凭证。但此处只能查询未记账凭证，而【查询凭证】功能可查询所有的记账凭证。

3．删除凭证

➡ 任务资料

　　删除第一笔业务的记账凭证（2020年1月1日，销售部赵丽丽购买了1 600.00元的办公用品，现金付讫）。

➡ 岗位说明

　　操作时间：2020-01-31，操作员【W02】登录企业应用平台，作废并整理凭证。

➡ 操作细则

　　在【业务工作】|【财务会计】|【总账】|【凭证】选项卡下执行【填制凭证】命令，打开【填制凭证】窗口。单击【上张凭证】或【下张凭证】找到第一笔业务的记账凭证。

　　执行【作废/恢复】命令，将该张凭证打上【作废】标志，如图3-21所示。

删除凭证

图3-21 作废凭证

　　打开【填制凭证】窗口，执行【整理凭证】命令，选择凭证期间【2020.01】，如图3-22所示，单击【确定】按钮，打开【作废凭证表】对话框。

　　双击【作废凭证表】对话框中的【删除？】栏，或单击【全选】按钮，【删除】列显示【Y】，如图3-23所示。

项目三　总账系统初始化及日常业务处理

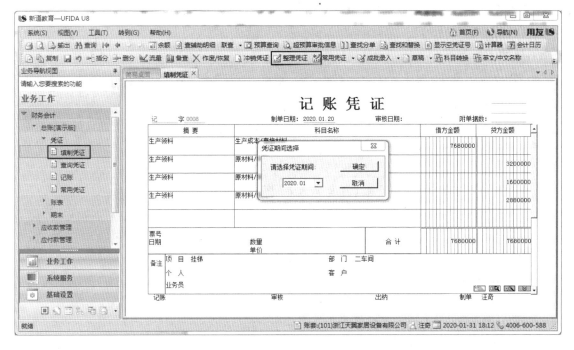

图 3-22　整理凭证

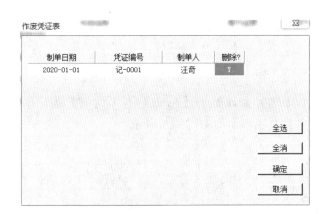

图 3-23　【作废凭证表】对话框

单击【确定】按钮，系统弹出【是否还需整理凭证断号】提示框，如图 3-24 所示。

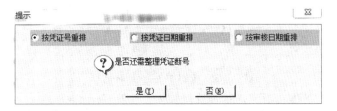

图 3-24　【是否还需整理凭证断号】提示框

选择【按凭证号重排】，单击【是】按钮，系统完成对凭证号的重新整理，原来的2号记账凭证即转为1号记账凭证。

◯ 温馨提示

　　*未审核的凭证可以直接删除，已审核或已由出纳签字的凭证不能直接删除，须取消审核及出纳签字后再删除。

　　*若要删除凭证，须先进行【作废】操作，而后再进行整理。如果在总账系统的设置中勾选了【自动填补凭证断号】及【系统编号】，则在整理作废凭证时，若选择不整理断号，再填制凭证时可以由系统自动填补断号。否则，将会出现凭证断号。

　　*对于已作废的凭证，可以单击【作废/恢复】按钮，取消【作废】标志。

▶ 课堂思考

结账完成以后该如何删除凭证？

4．出纳签字

▶ 任务资料

对天翼设备2020年1月的业务进行出纳签字。

▶ 岗位说明

操作时间：2020-01-31，操作员【W03】登录企业应用平台，进行出纳签字。

出纳签字

▶ 操作细则

在【业务工作】|【财务会计】|【总账】|【凭证】选项卡下执行【出纳签字】命令，打开【出纳签字】对话框，如图3-25所示。

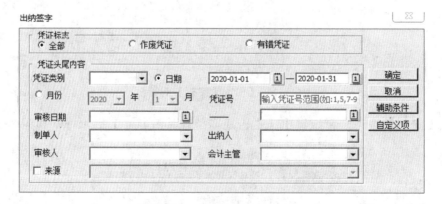

图3-25 【出纳签字】对话框

单击【确定】按钮，进入【出纳签字列表】窗口。双击打开待签字的1号【记账凭证】，单击【签字】按钮，完成出纳签字，如图3-26所示。

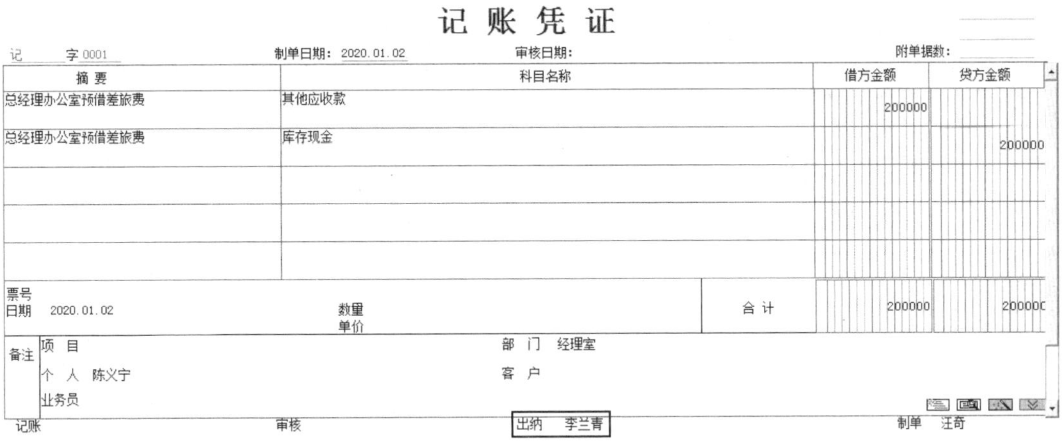

记 账 凭 证

记　字 0001　　制单日期：2020.01.02　　审核日期：　　附单据数：

摘要	科目名称	借方金额	贷方金额
总经理办公室预借差旅费	其他应收款	200000	
总经理办公室预借差旅费	库存现金		200000
票号 日期　2020.01.02	数量 单价	合计 200000	200000

备注　项　目　　部　门　经理室

个　人　陈义宁　　客　户

业务员

记账　　审核　　出纳　李兰青　　制单　汪奇

图 3-26　完成出纳签字

单击【下张】按钮，再单击【签字】按钮，或执行【批处理】|【成批出纳签字】命令，对所有已经填制的记账凭证进行出纳签字。

➲温馨提示

*出纳签字的操作既可以在【凭证审核】后进行，也可以在【凭证审核】前进行。

*要进行出纳签字的操作应满足以下三个条件：首先，在总账系统的设置中已经勾选了【出纳凭证必须经由出纳签字】选项；其次，在会计科目中已经进行了【指定科目】的操作；最后，凭证中所使用的会计科目是已经在总账体系中设置为【日记账】辅助核算内容的会计科目。

*如果已经进行了出纳签字的凭证有错误，则应在取消出纳签字后再进行凭证的修改。

➘ 课堂思考

出纳签字和审核凭证有先后顺序吗？

5. 审核凭证

➘ 任务资料

对天翼设备 2020 年 1 月的业务进行审核处理。

➘ 岗位说明

操作时间：2020-01-31，操作员【A01】登录企业应用平台，审核记账凭证。

➘ 操作细则

在【业务工作】|【财务会计】|【总账】|【凭证】选项卡下执行【凭证审核】命令，打开【凭证审核】对话框。单击【确定】按钮，进入【凭证审核列表】窗口。

审核凭证

双击待审核的 1 号记账凭证，单击【审核】按钮完成该凭证的审核，记账凭证窗口自动跳到下一张待审核凭证。可执行【批处理】|【成批审

核凭证】命令，如图 3-27 所示，对所有未审核的记账凭证进行成批审核。

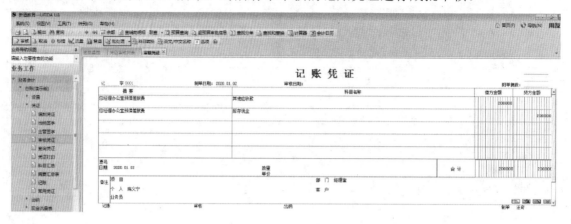

图 3-27 审核凭证

单击【确定】按钮，系统弹出【是否重新刷新凭证列表数据】提示框，单击【是】按钮，完成凭证的审核。

> ➲ 温馨提示
>
> *系统要求进行制单和审核操作的不能是同一人。
>
> *凭证审核的操作权限应首先在【系统管理】的权限中进行赋权。其次要注意在总账系统的设置中是否勾选了【凭证审核控制到用户】选项，如果勾选了该选项，则应在【数据权限】中设置某用户有权审核其他用户所填凭证的权限。
>
> *在凭证审核的功能中除了可以分别对单张凭证进行审核外，还可以执行【批处理】的功能，对符合条件的待审核凭证进行成批审核操作。

➲ 课堂思考

凭证填制完成后，在审核的过程中可以直接进行修改吗？

6．记账

➲ 任务资料

账套主管进行期末记账。

➲ 岗位说明

操作时间：2020-01-31，操作员【A01】登录企业应用平台，进行期末记账操作。

➲ 操作细则

在【业务工作】|【财务会计】|【总账】|【凭证】选项卡下执行【记账】命令，打开【记账】对话框，如图 3-28 所示。单击【全选】，再单击【记账】按钮，弹出【期初试算平衡表】窗口，单击【确定】按钮，系统自动进行记账，单击【确定】完成记账。

项目三　总账系统初始化及日常业务处理

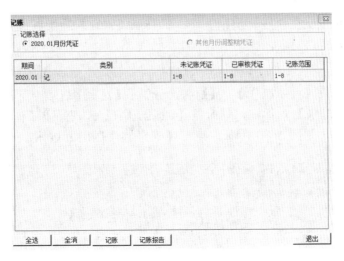

图 3-28　【记账】对话框

> **温馨提示**
> *如果不选择记账范围，系统将对所有凭证进行记账操作。
> *期初余额试算平衡和凭证审核是进行记账操作的两个基本条件。

课堂思考

反结账的流程是怎么样的？

7. 修改已记账凭证

任务资料

财务部会计人员修改已记账凭证（凭证号：4）。将 1 月 6 日支付业务招待费凭证上的借方科目【管理费用—业务招待费（660205）】修改为【管理费用—其他（660209）】，部门辅助项修改为【二车间】。并重新进行出纳签字、审核、记账操作。

修改已记账凭证的操作流程如图 3-29 所示。

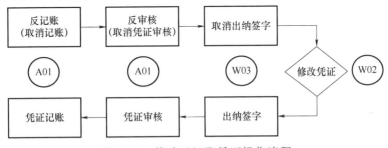

图 3-29　修改已记账凭证操作流程

岗位说明

操作时间：2020-01-31，操作员【A01】登录企业应用平台，取消记账及凭证审核。

操作员【W03】取消凭证的出纳签字，操作员【W02】修改凭证，

修改已记账凭证

操作员【W03】对凭证重新进行出纳签字，操作员【A01】重新审核凭证并记账。

➜ 操作细则

（1）反记账

操作员【A01】在【业务工作】|【财务会计】|【总账】选项卡下执行【期末】|【对账】命令，打开【对账】对话框，同时按【Ctrl】、【H】键，弹出【恢复记账前状态功能已被激活】提示框，如图 3-30 所示，点击【确定】、【退出】按钮。

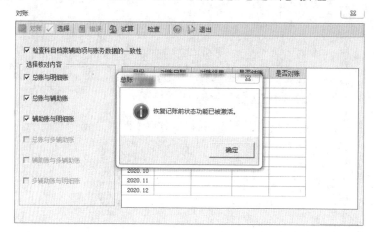

图 3-30 【恢复记账前状态功能已被激活】提示框

执行【凭证】|【恢复记账前状态】命令，打开【恢复记账前状态】对话框，【恢复方式】选择【2020 年 01 月初状态】，如图 3-31 所示。

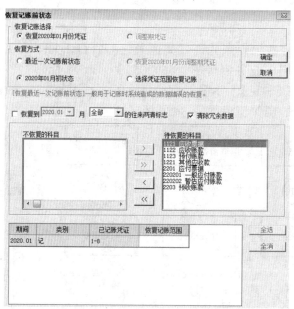

图 3-31 【恢复记账前状态】对话框

单击【确定】，弹出【请输入口令】对话框，录入【A01】账套主管的密码（此处为空缺），单击【确认】，提示【恢复记账完毕！】。单击【确认】，关闭对话框。

（2）反审核

操作员【A01】执行【凭证】|【审核凭证】命令，打开【审核凭证列表】。找到并打开1月6日支付业务招待费的4号记账凭证，单击【取消】按钮，取消审核签字，然后单击【退出】按钮。

（3）取消出纳签字

操作员【W03】执行【凭证】|【出纳签字】命令，打开【出纳签字】对话框，如图3-32所示。

图3-32 【出纳签字】对话框

单击【确定】，打开【出纳签字列表】，双击待取消出纳签字的记账凭证，打开记账凭证界面，单击【取消】按钮，取消出纳签字，再单击【退出】。

（4）修改凭证

操作员【W02】执行【凭证】|【查询凭证】命令，打开【查询凭证】对话框，双击待修改的记账凭证，打开记账凭证界面，按任务资料修改凭证信息，如图3-33所示。

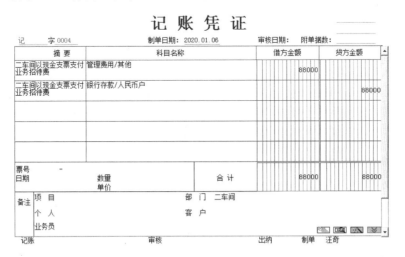

图3-33 修改记账凭证

（5）出纳签字、审核并记账

操作员【W03】对已修改的凭证重新进行出纳签字，操作员【A01】重新审核凭证并记账。

➲温馨提示

*未审核的凭证可以直接修改，但凭证类别不能修改。

*已进行出纳签字而未审核的凭证如果发现有错误，可以由原签字出纳在【出纳签字】功能中取消出纳签字，再由原制单人在填制凭证界面进行修改。

*已审核的凭证如果发现有错误，应由原审核人在【审核凭证】功能中取消审核签字后，再由原制单人在填制凭证界面进行修改。

8. 冲销凭证

➘ 任务资料

冲销1月3日提取现金备用业务的记账凭证。

➘ 岗位说明

操作时间：2020-01-31，操作员【W02】登录企业应用平台，冲销记账凭证。

➘ 操作细则

在【业务工作】|【财务会计】|【总账】|【凭证】选项卡下执行【查询凭证】命令，打开【查询凭证列表】窗口，双击待冲销凭证，打开记账凭证界面。单击工具栏的【冲销凭证】按钮，系统自动生成一张红字冲销凭证，如图3-34所示。

记账凭证

记 字 0008 制单日期：2020.01.20 审核日期： 附单据数：

摘要	科目名称	借方金额	贷方金额
[冲销2020.01.03 记-0002号凭证]提现备用	库存现金	200000	
[冲销2020.01.03 记-0002号凭证]提现备用	银行存款/人民币户		200000
票号 日期 数量 单价	合计	200000	200000

备注 项目 部门 个人 客户 业务员

记账 审核 出纳 制单 汪奇

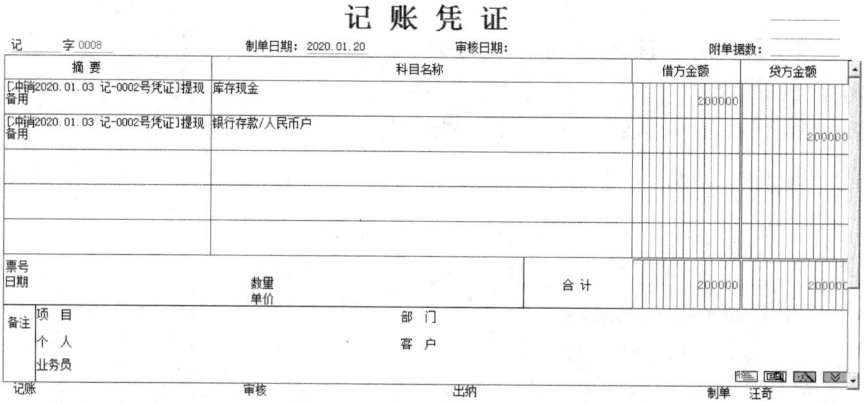

图3-34 红字冲销凭证

➲温馨提示

*冲销凭证时只能冲销已记账凭证。

*系统自动生成的红字冲销凭证视为普通凭证，可进行修改、删除等操作，仍需完成后续的审核、出纳签字、记账等操作流程。

➘ 课堂思考

使用红字冲销的前提条件是什么？

9. 常用凭证

(1) 设置常用凭证

设置常用凭证

项目三 总账系统初始化及日常业务处理

▶ 任务资料
设置常用凭证：提取现金。

▶ 岗位说明
操作时间：2020-01-31，操作员【A01】登录企业应用平台，设置常用凭证。

▶ 操作细则
在【业务工作】|【财务会计】|【总账】|【凭证】选项卡下执行【常用凭证】命令，打开【常用凭证】对话框。

单击【增加】按钮，录入编码【1】，【说明】栏录入【提取现金】，单击【凭证类别】栏的下拉按钮，选择【记账凭证】，如图 3-35 所示。

图 3-35 【常用凭证】对话框

单击【增分】按钮，【科目名称】栏录入【库存现金】；【增分】第二行【科目名称】栏录入【100201】；结算方式选择【1 现金】，完成常用凭证的设置，如图 3-36 所示。

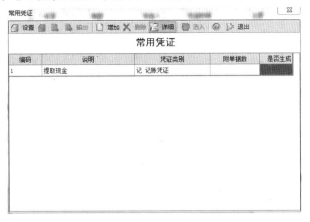

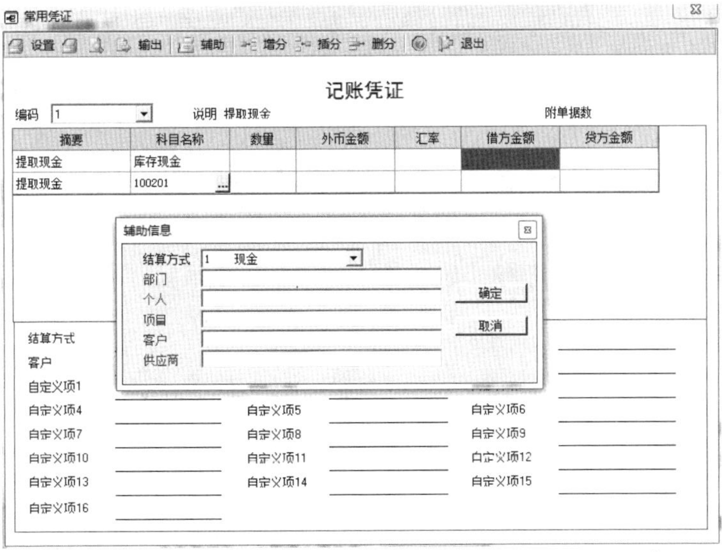

图 3-36 完成常用凭证设置

单击【退出】按钮，在【常用凭证】对话框可以看到一条常用凭证记录。

（2）调用常用凭证

➡ **任务资料**

调用凭证：提取现金 600 元。

➡ **岗位说明**

操作时间：2020-01-31，操作员【W02】登录企业应用平台，调用常用凭证。

操作员【W03】进行出纳签字，操作员【A01】进行审核和记账。

➡ **操作细则**

操作员【W02】在【业务工作】|【财务会计】|【总账】|【凭证】选项卡下执行【填制凭证】命令，打开【填制凭证】窗口。在工具栏中执行【常用凭证】|【调用常用凭证】命令，打开【调用常用凭证】对话框，输入常用凭证代号【1】，如图 3-37 所示，单击【确定】按钮，系统将该常用凭证复制到【填制凭证】窗口。

图 3-37 【调用常用凭证】对话框

根据任务资料补充凭证的金额及贷方的辅助项。保存凭证结果如图 3-38 所示。

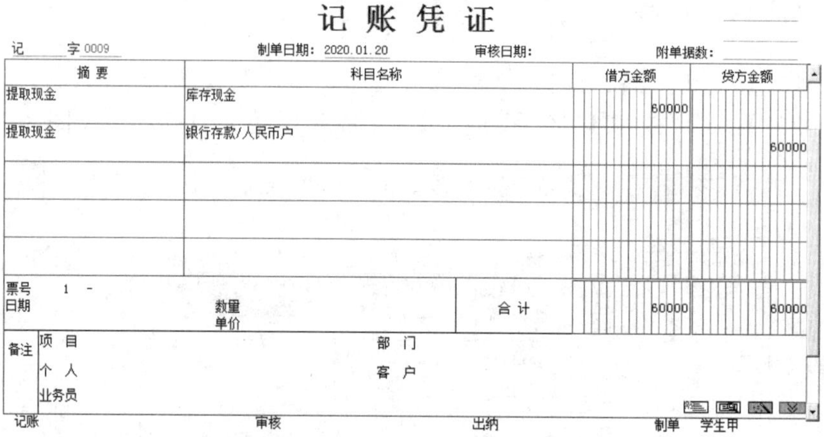

图 3-38 保存凭证结果

操作员【W03】对相关记账凭证进行出纳签字。操作员【A01】对记账凭证进行审核、期末记账。

➡ **温馨提示**

*在调用常用凭证时，如果不进行修改而直接保存凭证，则生成的凭证不受任何权限的控制，包括金额权限控制，也不受辅助核算及辅助项内容的限制。

任务三 出纳处理

1. 出纳支票管理

➥ 任务资料

补充录入第五笔业务采购部楼超晶于 1 月 6 日领用的现金支票一张,票号为 53779071,预计金额 880.00 元。

➥ 岗位说明

操作时间:2020-01-31,操作员【W03】登录企业应用平台,进行支票管理。

➥ 操作细则

在【业务工作】|【财务会计】|【总账】|【出纳】选项卡下执行【支票登记簿】命令,打开【银行科目选择】对话框,单击【确定】。

单击【增加】按钮,打开【支票登记簿】窗口,根据任务资料录入相关信息,如图 3-39 所示,单击【保存】按钮。

图 3-39 【支票登记簿】窗口

2. 银行对账

➥ 任务资料

天翼设备银行账户的启用日期为 2020-01-01,银行进行账单调整前企业的银行日记账余额为 207 992.16 元,银行进行账单调整前存款余额为 209 992.16 元,有一笔未达账项,系银行已收企业未收款 2 000 元。

天翼设备 2020 年 1 月的银行对账单如表 3-10 所示。

表 3-10 2020 年 1 月银行对账单

日期	结算方式	票号	借方金额(元)	贷方金额(元)
2020-01-06	21	53779071		880.00
2020-01-29	22	66883244	1 000.00	

➥ 岗位说明

操作时间:2020-01-31,操作员【W03】登录企业应用平台,依次进行【银行对账期初录入】、【银行对账单】、【银行对账】、【余额调节表查询】流程的操作,完成银行对账。

操作细则

（1）录入银行对账期初余额

在【业务工作】|【财务会计】|【总账】|【出纳】|【银行对账】选项卡下执行【银行对账期初录入】命令，打开【银行科目选择】对话框，单击【确定】，弹出【银行对账期初】对话框。

录入银行对账期初余额及银行对账单

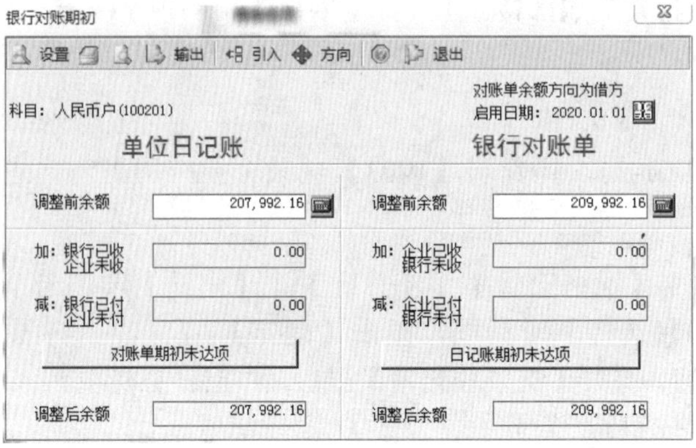

根据任务资料录入银行对账期初调整前余额，如图 3-40 所示。

图 3-40　录入调整前余额

单击【对账单期初未达项】按钮，打开【银行方期初】窗口。单击【增加】按钮，录入未达账项，如图 3-41 所示。

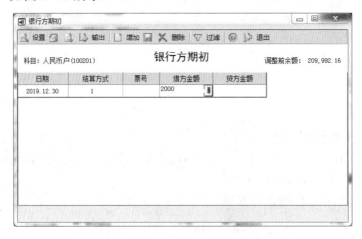

图 3-41　录入未达账项

单击【保存】、【退出】按钮，返回【银行对账期初】对话框，调整后余额如图 3-42 所示。

（2）录入银行对账单

执行【银行对账单】命令，打开【银行科目选择】对话框，单击【确定】，弹出【银行对账单】窗口。

单击【增加】按钮，录入表 3-10 中的两笔银行对账单，如图 3-43 所示。

项目三　总账系统初始化及日常业务处理

图 3-42　调整后余额

图 3-43　录入银行对账单

单击【保存】、【退出】按钮。

（3）完成银行对账

执行【银行对账】命令，打开【银行科目选择】对话框，单击【确定】，弹出【银行对账】窗口，如图 3-44 所示。

银行对账

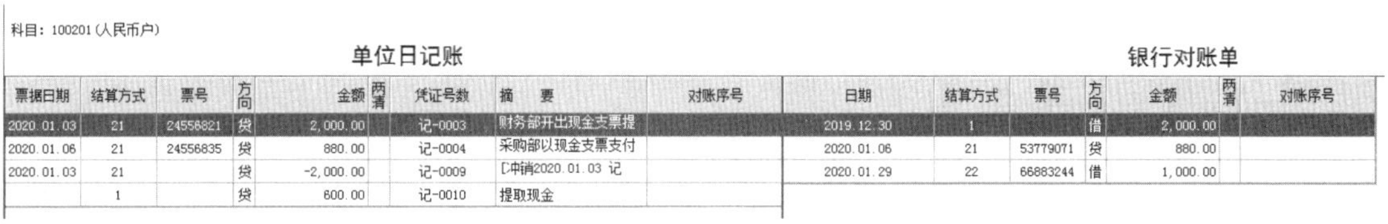

图 3-44　完成银行对账

单击工具栏中的【对账】按钮，打开【自动对账】对话框。在【自动对账】条件选择中，单击【确定】按钮。执行【对账】命令。

（4）查询余额调节表

执行【余额调节表查询】命令，打开【银行存款余额调节表】，如图 3-45 所示。

银行科目（账户）	对账截止日期	单位账账面余额	对账单账面余额	调整后存款余额
人民币户(100201)		206,512.16	210,112.16	208,632.16
美元户(100202)		100,000.00	0.00	100,000.00

图 3-45　查询余额调节表

余额调节表

单击工具栏中的【查看】按钮，进入【银行存款余额调节表】对话框，如图 3-46 所示。

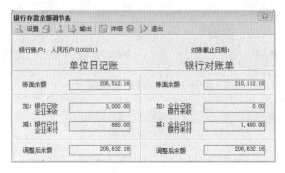

图 3-46 【银行存款余额调节表】对话框

单击【详细】按钮，打开【余额调节表（详细）】界面，如图 3-47 所示。

余额调节表(详细)

科目：人民币户(100201)　　对账截止日期：

企业账面存款余额:206,512.16						银行账面存款余额:210,112.16											
加：银行已收企业未收			减：银行已付企业未付			加：企业已收银行未收						减：企业已付银行未付					
日期	票号	金额	日期	票号	金额	凭证日期	凭证号	票据日期	票号	摘要	金额	凭证日期	凭证号	票据日期	票号	摘要	金额
2019.12.30		2,000.00	2020.01.06	53779071	880,00							2020.01.03	记 - 0003	2020-01-03	24556821	财务部开出现金支票提现	2,000.00
2020.01.29	66883244	1,000.00										2020.01.06	记 - 0004	2020-01-06	24556835	采购部以现金支票支付业	880.00
												2020.01.20	记 - 0009	2020-01-03		[冲销2020.01.03 记-00	-2,000.00
												2020.01.20	记 - 0010			提取现金	600.00
	合计	3,000.00		合计	880.00					合计	0.00					合计	1,480.00
		调整后企业账面	存款余额:		208,632.16						银行账面	存款余额:					208,632.16

图 3-47 【余额调节表（详细）】界面

➲温馨提示

*银行存款余额调节表应显示账面余额平衡，如果不平衡应分别查看银行对账期初、银行对账单及银行对账的操作是否正确。

*在录入银行对账单之后可以查询对账勾对情况，如果确认银行对账结果是正确的，可以使用【核销银行账】功能核销已达账。

问题与讨论

1. 要进行出纳签字的操作需要满足哪几个条件？
2. 期末不能结账的原因有哪些？

项目四

应付款管理系统

学习目标

知识目标

1. 掌握应付款管理系统的初始化设置。
2. 掌握应付单据的日常业务处理。
3. 掌握付款单据的日常业务处理。
4. 掌握其他操作处理。

能力目标

1. 能够进行应付款管理系统初始化设置,进行应付单据和付款单据的录入、审核、制单处理。
2. 能够处理票据的出票、结算、计息业务。
3. 能够进行对冲处理。
4. 能够进行单据查询、取消操作等其他处理。

重点难点

1. 应付单据、付款单据的日常处理。
2. 票据管理、核销、转账对冲业务。
3. 已完成业务的逆向操作。

操作流程

本项目操作流程如图 4-1 所示。

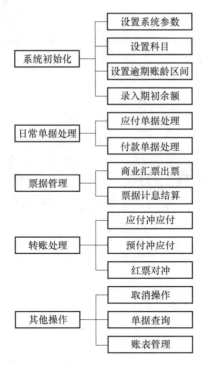

图 4-1 应付款管理系统操作流程

任务一 系统初始化

1. 设置系统参数

↘ 任务资料

根据表 4-1 设置天翼设备的应付款管理系统参数。

表 4-1 应付款管理系统参数

系统名称	选项卡	设置选项
应付款管理	常规	单据审核日期依据：单据日期 自动计算现金折扣
	凭证	受控科目制单方式：明细到单据 采购科目依据：按存货
	权限与预警	取消勾选【控制操作员权限】选项 按信用方式提前 7 天自动单据报警

↘ 岗位说明

操作时间：2020-01-01，操作员【A01】登录企业应用平台，设置应付款管理系统参数。

↘ 操作细则

在【业务工作】|【财务会计】|【应付款管理】|【设置】选项卡下执行【选项】命令，打开【账套参数设置】对话框。单击【编辑】按钮，系统提示【选项修改需要重

新登录才能生效】,单击【确定】按钮,开始进行参数设置。

在【常规】选项卡下,【单据审核日期依据】栏选择【单据日期】,勾选【自动计算现金折扣】项,如图 4-2 所示。

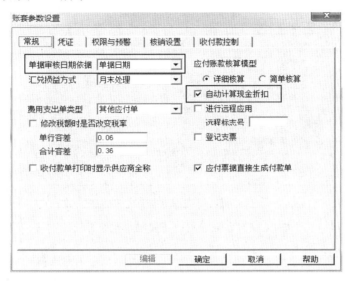

图 4-2　账套参数设置—【常规】选项卡

单击【凭证】标签,在其选项卡中的【受控科目制单方式】栏选择【明细到单据】,【采购科目依据】栏选择【按存货】,如图 4-3 所示。

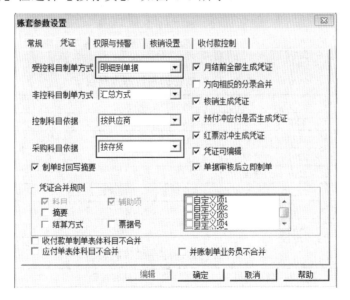

图 4-3　账套参数设置—【凭证】选项卡

单击【权限与预警】标签,在其选项卡中取消勾选【控制操作员权限】选项,单据报警的【提前天数】栏输入【7】,如图 4-4 所示。

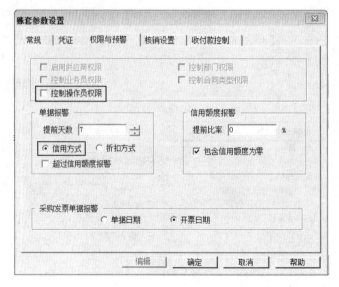

图 4-4 账套参数设置—【权限与预警】选项卡

> ⇨ 温馨提示
>
> *勾选【自动计算现金折扣】项后，系统会在核销界面自动计算可享受的现金折扣。
> *【受控科目制单方式】栏选择【明细到单据】：将一个供应商的多笔业务合并生成一张凭证时，系统会将每一笔业务形成一条分录。

2. 设置科目

↘ 任务资料

根据表 4-2～表 4-5 设置应付款管理系统科目。

表 4-2 应付款管理系统基本科目

基本科目种类	科目	币种
应付科目	220201 应付账款——一般应付账款	人民币
预付科目	1123 预付账款	人民币
商业承兑科目	2201 应付票据	人民币
银行承兑科目	2201 应付票据	人民币
税金科目	22210101 应交税费——应交增值税（进项税额）	人民币
票据利息科目	6603 财务费用	人民币
现金折扣科目	6603 财务费用	人民币

表 4-3 应付款管理系统控制科目

供应商编码	供应商简称	应付科目	预付科目
001	建昌五金	220201	1123
002	美芳铸管	220201	1123
003	胡庆拉杆	220201	1123
004	方华贸易	220201	1123
005	杭州快通	220201	1123

项目四 应付款管理系统

表 4-4 应付款管理系统产品科目

存货编码	存货名称	采购科目	产品采购税金科目
1001	弯头	140301	22210101
1002	钢管	140302	22210101
1003	方管	140303	22210101
1004	角钢	140304	22210101
1005	钢拉杆	140305	22210101
1006	铁板	140306	22210101

表 4-5 应付款管理系统结算方式科目

结算方式	币种	本单位账号	科目
1 现金	人民币	2448790006224872218	1001
21 现金支票	人民币	2448790006224872218	100201
22 转账支票	人民币	2448790006224872218	100201
4 电汇	人民币	2448790006224872218	100201
9 其他	人民币	2448790006224872218	100201

➤ 岗位说明

操作时间：2020-01-01，操作员【A01】登录企业应用平台，设置应付款管理系统科目。

➤ 操作细则

（1）设置基本科目

在【业务工作】|【财务会计】|【应付款管理】|【设置】选项卡下执行【初始设置】命令，打开【初始设置】窗口。在左侧【设置科目】项下选择【基本科目设置】，单击【增加】按钮，根据任务资料（表 4-2）设置基本科目，如图 4-5 所示。

图 4-5 基本科目设置

（2）设置控制科目

在【设置科目】项下选择【控制科目设置】，单击【增加】按钮，根据任务资料（表 4-3）设置控制科目，如图 4-6 所示。

图 4-6 控制科目设置

（3）设置产品科目

在【设置科目】项下选择【产品科目设置】，单击【增加】按钮，根据任务资料（表4-4）设置产品科目，如图4-7所示。

存货编码	存货名称	存货规格	采购科目	产品采购税...
1001	弯头		140301	22210101
1002	钢管		140302	22210101
1003	方管		140303	22210101
1004	角钢		140304	22210101
1005	钢拉杆		140305	22210101
1006	铁板		140306	22210101

图4-7 产品科目设置

（4）设置结算方式科目

在【设置科目】项下选择【结算方式科目设置】，单击【增加】按钮，根据任务资料（表4-5）设置结算方式科目，如图4-8所示。

结算方式	币种	本单位账号	科...
1 现金	人民币	244879000...	1001
21 现金支票	人民币	244879000...	100201
22 转账支票	人民币	244879000...	100201
4 电汇	人民币	244879000...	100201
9 其他	人民币	244879000...	100201

图4-8 结算方式科目设置

3．设置逾期账龄区间

▶ 任务资料

根据表4-6设置应付款管理系统的逾期账龄区间。

表4-6 应付款管理系统逾期账龄区间

序号	起止天数（天）	总天数（天）
01	1～30	30
02	31～60	60
03	61～90	90
04	91～120	120
05	121以上（含）	

▶ 岗位说明

操作时间：2020-01-01，操作员【A01】登录企业应用平台，设置应付款管理系统的逾期账龄区间。

▶ 操作细则

在【业务工作】|【财务会计】|【应付款管理】|【设置】选项卡下执行【初始设置】命令，打开【初始设置】窗口。选择【逾期账龄区间设置】，根据任务资料（表4-6）

在第一行的【总天数】栏输入【30】,按回车键,完成后续天数的录入,如图4-9所示。

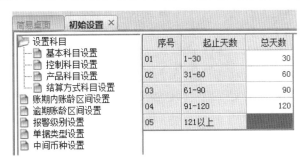

图4-9 逾期账龄区间设置

⊃ 温馨提示

*该功能用于定义逾期应付账款或付款时间间隔,后续可进行逾期应付账款或付款的账龄查询和账龄分析。

4．录入期初余额

➡ 任务资料

根据表4-7~表4-9录入应付款管理系统的期初余额。

表4-7 应付账款——一般应付账款期初余额

日期	供应商	摘要	科目	方向	金额(元)
2019-12-20	建昌五金	采购弯头800箱,100元/箱,采购专用发票,票号:55678221,税率:13%	220201	贷	90 400.00

表4-8 预付账款期初余额

日期	供应商	摘要	科目	方向	金额(元)
2019-12-13	美芳铸管	转账支票支付,票号:37296087	1123	借	8 000.00

表4-9 应付票据期初余额

日期	供应商	摘要	科目	方向	金额(元)
2019-11-22	胡庆拉杆	票据票号:35577290,承兑银行:中国工商银行,面值利率:6%,到期日:2020-01-22	2201	贷	16 704.00

➡ 岗位说明

操作时间:2020-01-01,操作员【A01】登录企业应用平台,录入应付款管理系统的期初余额并对账。

应付账款期初余额

➡ 操作细则

(1) 录入应付账款期初余额

在【业务工作】|【财务会计】|【应付款管理】|【设置】选项卡下执行【期初余额】命令,打开【期初余额—查询】对话框。单击【确定】按钮,打开【期初余额】窗口。

单击工具栏中的【增加】按钮,弹出【单据类别】对话框,如图 4-10 所示。单击【确定】按钮,打开【采购专用发票】窗口。

单击工具栏中的【增加】按钮,根据任务资料(表 4-7)录入发票表头的【发票号】、【开票日期】、【供应商】、【业务员】和【税率】等信息,其他表头信息自动带入;录入发票表体的【存货编码】、【数量】和【原币单价】等信息,其他表体信息自动带入,如图 4-11 所示。录入完毕单击【保存】按钮,关闭【采购专用发票】窗口。

图 4-10　单据类别选择

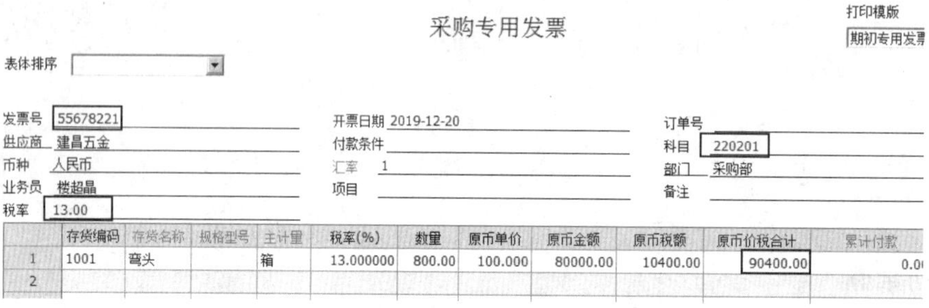

图 4-11　录入期初应付账款

预付账款期初余额

(2) 预付账款期初余额

在【期初余额】窗口,单击工具栏中的【增加】按钮,在【单据类别】对话框的【单据名称】栏选择【预付款】。单击【确定】按钮,打开【期初单据录入】窗口。单击【增加】按钮,根据任务资料(表 4-8)录入期初预付款单,如图 4-12 所示。单击【保存】按钮,关闭【期初单据录入】窗口,返回【期初余额】窗口。

图 4-12　录入期初预付账款

(3) 应付票据期初余额

在【期初余额】窗口,单击工具栏中的【增加】按钮,在【单据类别】对话框的【单据名称】栏选择【应付票据】,如图 4-13 所示。

单击【确定】按钮,打开【期初单据录入】窗口。单击【增加】按钮,根据任务资料(表 4-9)录入期初应付票据,如图 4-14

应付票据期初余额

图 4-13　单据类别选择

所示。单击【保存】按钮。关闭【期初单据录入】窗口,返回【期初余额】窗口。

期初票据

币种 人民币	
票据编号 35577290	收票单位 胡庆拉杆
承兑银行 中国工商银行	科目 2201
票据面值 16704.00	票据余额 16704.00
面值利率 6.00000000	签发日期 2019-11-22
到期日 2020-01-22	部门 采购部
业务员 虞亮	项目
摘要	

图 4-14 录入期初应付票据

(4)应付款管理系统与总账系统对账

在【期初余额】窗口,依次单击【刷新】、【对账】按钮,打开【期初对账】对话框,查看应付款管理系统期初余额与总账系统期初余额的对账结果,如图 4-15 所示。

科目		应付期初		总账期初		差额	
编号	名称	原币	本币	原币	本币	原币	本币
1123	预付账款	-8,000.00	-8,000.00	-8,000.00	-8,000.00	0.00	0.00
2201	应付票据	16,704.00	16,704.00	16,704.00	16,704.00	0.00	0.00
220201	一般应付账款	90,400.00	90,400.00	90,400.00	90,400.00	0.00	0.00
	合计		99,104.00		99,104.00		0.00

图 4-15 与总账期初余额对账结果

> **温馨提示**
>
> *期初发票是指尚未核销的应付账款,已核销部分的金额不显示。
>
> *期初发票的表头、表体中均可以输入科目、项目。表头、表体科目必须全为应付款管理系统受控科目。

应付款管理系统与总账系统对账

任务二 日常单据处理

1. 应付单据处理

应付单据处理流程如图 4-16 所示。

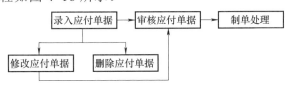

图 4-16 应付单据处理流程

（1）录入应付单据

📌 任务资料

① 采购专用发票

2020年1月2日，采购部虞亮从方华贸易采购铁板800张，原币单价为65.00元/张，增值税税率为13%，取得增值税专用发票（发票号：32779301）。

2020年1月2日，采购部楼超晶从美芳铸管采购钢管200米，原币单价为50.00元/米，增值税税率为13%，取得增值税专用发票（发票号：66786259）。

2020年1月2日，采购部虞亮从胡庆拉杆采购钢拉杆200盒，原币单价为180.00元/盒，增值税税率为13%，取得增值税专用发票（发票号：58624710）。

② 运费专用发票

2020年1月2日，采购部虞亮从方华贸易采购800张铁板时，发生运费500.00元，增值税税率为9%，取得增值税专用发票（发票号：19980324）。

③ 采购普通发票

2020年1月6日，采购部楼超晶从建昌五金采购弯头180箱，无税单价为100.00元/箱，增值税税率为13%，取得增值税普通发票（发票号：74983328）。

④ 其他应付单

2020年1月8日，采购部虞亮与杭州快通结算本月6日采购180箱弯头的运输包车费800.00元，款项下月支付。运输包车费计入【660204管理费用/办公费】科目。

⑤ 负向应付单据

2020年1月10日，发现本月6日楼超晶从建昌五金采购的弯头有5箱发生质量问题。经协商，将货物退给供应商，当日收到对方开具的红字增值税普通发票（票号：79332452）。

📌 岗位说明

操作时间：2020-01-××（××系业务发生日期），操作员【W02】登录企业应用平台，录入应付单据。

采购专用发票

📌 操作细则

① 采购专用发票

在【业务工作】|【财务会计】|【应付款管理】|【应付单据处理】选项卡下执行【应付单据录入】命令，打开【单据类别】对话框。单击【确定】按钮，打开【专用发票】窗口。

单击工具栏的【增加】按钮，根据任务资料，表头录入【发票号】、【供应商】、【税率】和【业务员】等信息，表体录入【存货编码】、【数量】和【原币单价】等信息，如图4-17所示，单击【保存】按钮。

按照上述方法继续录入其他两张采购专用发票。

② 运费专用发票

执行【应付单据录入】命令，打开【单据类别】对话框。单击【确定】按钮，打开【专用发票】窗口。

根据任务资料录入一张运费专用发票，特别注意表头、表体中的税率应均为9%。表体中的存货名称选填【1006铁板】，如图4-18所示。

运费专用发票

项目四 应付款管理系统

专用发票　　　　　　　　　　　　　　　　　　专用发票显示模版

表体排序　　　

业务类型　　　　　　　　　发票类型 专用发票　　　　　　发票号 32779301
开票日期 2020-01-02　　　供应商 方华贸易　　　　　　代垫单位 方华贸易
采购类型　　　　　　　　　税率　13.00　　　　　　　部门名称 采购部
业务员 虞亮　　　　　　　　币种　人民币　　　　　　　汇率　1.00000000
发票日期 2020-01-02　　　付款条件　　　　　　　　　备注

	存货编码	存货名称	规格型号	主计量	数量	原币单价	原币金额	原币税额	原币价税合计	税率	原币含税...
1	1006	铁板		张	800.00	65.00	52000.00	6760.00	58760.00	13.00	73.45

图 4-17　采购专用发票

专用发票

表体排序　　　

业务类型　　　　　　　　　发票类型 专用发票　　　　　　发票号 19980324
开票日期 2020-01-02　　　供应商 方华贸易　　　　　　代垫单位 方华贸易
采购类型　　　　　　　　　税率　9.00　　　　　　　　部门名称 采购部
业务员 虞亮　　　　　　　　币种　人民币　　　　　　　汇率　1
发票日期　　　　　　　　　付款条件　　　　　　　　　备注

	数量	原币单价	原币金额	原币税额	原币价税合计	税率	订单号
1			500.00	45.00	545.00	9.00	
2							

图 4-18　运费专用发票

③ 采购普通发票

执行【应付单据录入】命令，打开【单据类别】对话框，在【单据类型】栏选择【采购普通发票】，如图 4-19 所示。单击【确定】按钮，打开【普通发票】窗口。

采购普通发票

图 4-19　单据类别选择

单击【增加】按钮，根据任务资料，表头项目录入方法同专用发票；录入表体项目时，先选择【存货编码】，再将该行存货的【税率】改为【0】，数量正常输入，【原币金额】栏输入价税合计金额。保存后如图 4-20 所示。

普通发票

表体排序　　　

业务类型　　　　　　　　　发票类型 普通发票　　　　　　发票号 74983328
开票日期 2020-01-06　　　供应商 建昌五金　　　　　　代垫单位 建昌五金
采购类型　　　　　　　　　税率　0.00　　　　　　　　部门名称 采购部
业务员 楼超晶　　　　　　　币种　人民币　　　　　　　汇率　1.00000000
发票日期　　　　　　　　　付款条件　　　　　　　　　备注

	存货编码	存货名称	规格型号	主计量	数量	原币金额	原币税额	税率	订
1	1001	弯头		箱	180.00	20340.00	0.00	0.00	
2									

图 4-20　采购普通发票

④ 其他应付单

执行【应付单据录入】命令，打开【单据类别】对话框，在【单据名称】栏选择【应付单】，如图4-21所示，单击【确定】按钮，打开【应付单】窗口。

其他应付单

图4-21 单据类别选择

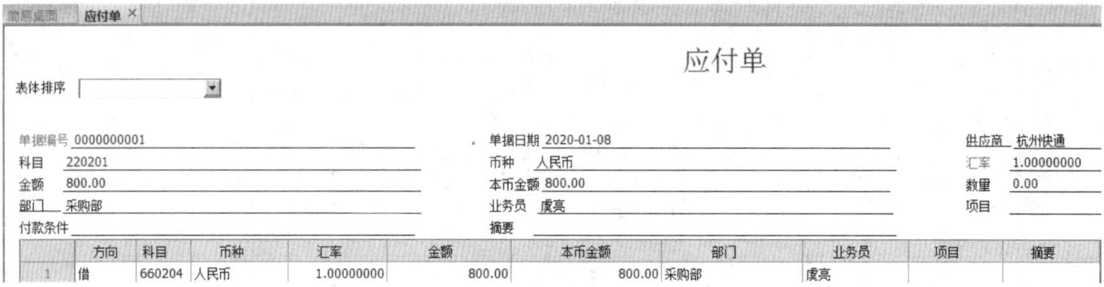

单击【增加】按钮，根据任务资料，表头的【供应商】栏选择【杭州快通】，【金额】栏输入【800.00】，【业务员】栏选择【虞亮】。表体的【科目】栏参照选择【660204 管理费用/办公费】，保存后如图4-22所示。

图4-22 其他应付单

⑤ 负向应付单据

执行【应付单据录入】命令，打开【单据类别】对话框，【单据类型】栏选择【采购普通发票】，【方向】栏选择【负向】，如图4-23所示。单击【确定】按钮，打开负向的【普通发票】窗口。

负向应付单据

图4-23 单据类别选择

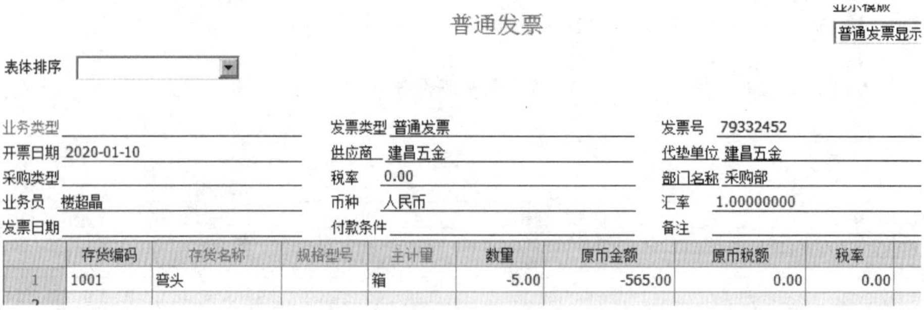

单击【增加】按钮，根据任务资料填制负向采购普通发票。除表体数量须填列负数外，其他信息的录入与正向的普通发票相同。保存后如图4-24所示。

图4-24 负向采购普通发票

➪ 温馨提示

*若启用采购管理系统，则采购发票不在应付款管理系统录入，而应在采购管理系统录入，并

传递到应付款管理系统,但须在应付款管理系统进行审核;若未启用采购管理系统,则须在应付款管理系统录入各类采购发票。

*购货取得的增值税普通发票,其增值税进项税额不得抵扣,应计入存货成本。任务资料中,采购180箱弯头的存货成本180.00×100×(1+13%)=20 340.00(元)。

*无论是否启用采购管理系统,非采购业务形成的应付账款均通过应付单处理。若启用销售管理系统,则销售费用支出单的【单据流向】可以是其他应付单。

*采购中若有退货、销售折让等情况发生,则须填制负向应付单据。

*退回5箱弯头所得负向普通发票中,原币金额=-100.00×5×(1+13%)=-565.00(元)。

➡ 课堂思考

为什么采购普通发票不能单列进项税额?

(2)修改应付单据

➡ 任务资料

2020年1月11日,发现本月2日虞亮从方华贸易采购800张铁板,专用增值税发票号为32779301的业务,其原币单价应修改为60元/张。

➡ 岗位说明

操作时间:2020-01-11,操作员【W02】登录企业应用平台,修改应付单据。

➡ 操作细则

在【业务工作】|【财务会计】|【应付款管理】|【应付单据处理】选项卡下执行【应付单据录入】命令,打开【单据类别】对话框,单击【确定】按钮,打开【采购专用发票】窗口。

单击工具栏的【定位】按钮,打开【单据定位条件】对话框,在【单据编号】栏录入【32779301】,如图4-25所示。单击【确定】找到该发票,单击【修改】按钮,将表体中的【原币单价】改为【60.00】,开票日期改为【11日】,保存该发票。

图4-25 【单据定位条件】对话框

➡ 温馨提示

*通过单击【定位】按钮右侧的【←】(上张)、【→】(下张)、【|←】(首张)、【→|】(末张)等按钮可查找单据。

*在未启用采购管理系统的情况下,若发现采购发票错误,则须在应付款管理系统进行修改。单据名称、单据类型不可修改。

（3）删除应付单据

→ **任务资料**

2020年1月12日，发现本月2日填制的从胡庆拉杆采购钢拉杆的增值税专用发票（发票号：58624710）填制错误，需要删除。

→ **岗位说明**

操作时间：2020-01-12，操作员【W02】登录企业应用平台，删除应付单据。

→ **操作细则**

在【业务工作】|【财务会计】|【应付款管理】|【应付单据处理】选项卡下执行【应付单据录入】命令，打开【单据类别】对话框，单击【确定】按钮，打开【采购专用发票】窗口。

单击工具栏中的【定位】按钮，打开【单据定位条件】对话框，在【单据编号】栏输入【58624710】，单击【确定】找到该发票。单击【删除】按钮，弹出【单据删除后不能恢复，是否继续？】提示框，如图4-26所示，单击【是】，删除该发票。

图4-26 删除应付单据

→ **温馨提示**

*如果采购发票已做过后续处理，如审核、制单、核销、转账等，则该发票不能修改或删除。但是，系统对所有的处理都提供了逆向操作功能，因此可以通过逆向操作将后续处理全部取消，再进行发票的修改或删除。

（4）审核应付单据

→ **任务资料**

2020年1月15日，审核本月全部应付单据。

→ **岗位说明**

审核应付单据

操作时间：2020-01-15，操作员【W02】登录企业应用平台，审核应付单据。

操作细则

在【业务工作】|【财务会计】|【应付款管理】|【应付单据处理】选项卡下执行【应付单据审核】命令,打开【应付单查询条件】对话框,如图4-27所示。

图4-27 【应付单查询条件】对话框

单击【确定】按钮,打开【应付单据列表】,如图4-28所示。

应付单据列表

选择	审核人	单据日期	单据类型	单据号	供应商名称	部门	业务员	制单人	币种	汇率	原币金额	本币金额
		2020-01-02	采购专用发票	19980324	嘉兴方华贸易有限公司	采购部	虞亮	汪奇	人民币	1.00000000	545.00	545.00
		2020-01-02	采购专用发票	66786259	杭州美芳铸管有限公司	采购部	楼超晶	汪奇	人民币	1.00000000	11,300.00	11,300.00
		2020-01-02	采购普通发票	74983328	上海建昌五金有限公司	采购部	楼超晶	汪奇	人民币	1.00000000	20,340.00	20,340.00
		2020-01-08	其他应付单	0000000001	杭州快通物流有限公司	采购部	虞亮	汪奇	人民币	1.00000000	800.00	800.00
		2020-01-10	采购普通发票	79332452	上海建昌五金有限公司	采购部	楼超晶	汪奇	人民币	1.00000000	-565.00	-565.00
		2020-01-11	采购专用发票	32779301	嘉兴方华贸易有限公司	采购部	虞亮	汪奇	人民币	1.00000000	54,240.00	54,240.00
合计											86,660.00	86,660.00

记录总数:6

图4-28 应付单据列表

单击工具栏中的【全选】按钮,此时每张单据最左侧的【选择】栏显示【Y】字样,表示该单据已被选中。单击工具栏中的【审核】按钮,弹出审核结果提示框,如图4-29所示。单击【确定】按钮,此时每张单据左侧的【审核人】栏均显示【汪奇】,完成审核工作。

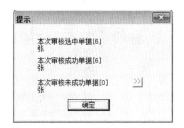

图4-29 审核结果

温馨提示

*系统提供三种审核方式:自动批审、批量审核和单张审核。

（5）制单处理

➡ 任务资料

2020年1月15日，对本月已审核的应付单据进行制单处理。

➡ 岗位说明

操作时间：2020-01-15，操作员【W02】登录企业应用平台，进行应付单据的制单处理。

应付单据制单处理

➡ 操作细则

在【业务工作】|【财务会计】|【应付款管理】选项卡下执行【制单处理】命令，打开【制单查询】对话框，系统已默认勾选【发票制单】选项，再勾选【应付单制单】选项，如图4-30所示。

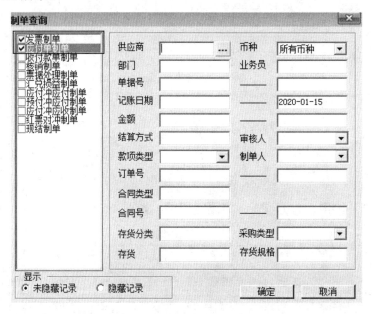

图4-30 【制单查询】对话框

单击【确定】按钮，打开【制单】窗口，显示应付制单列表，如图4-31所示。

应付制单

凭证类别	记账凭证						制单日期	2020-01-15	
选择标志	凭证类别	单据类型	单据号	日期	供应商编码	供应商名称	部门	业务员	金额
	记账凭证	采购专...	19980324	2020-01-02	004	嘉兴方...	采购部	虞亮	545.00
	记账凭证	采购专...	66786259	2020-01-02	002	杭州美...	采购部	楼超晶	11,300.00
	记账凭证	采购普...	74983328	2020-01-06	001	上海建...	采购部	楼超晶	20,340.00
	记账凭证	采购普...	79332452	2020-01-10	001	上海建...	采购部	楼超晶	-565.00
	记账凭证	采购专...	32779301	2020-01-11	004	嘉兴方...	采购部	虞亮	54,240.00
	记账凭证	其他应付单	0000000001	2020-01-08	005	杭州快...	采购部	虞亮	800.00

图4-31 应付制单列表

单击工具栏中的【全选】按钮，选择所有要进行制单的单据，此时【选择标志】栏自动生成数字序号，如图4-32所示。

应付制单

凭证类别	记账凭证								制单日期	2020-01-15
选择标志	凭证类别	单据类型	单据号	日期	供应商编码	供应商名称	部门	业务员	金额	
1	记账凭证	采购专...	19980324	2020-01-02	004	嘉兴方...	采购部	虞亮	545.00	
2	记账凭证	采购专...	66786259	2020-01-02	002	杭州美...	采购部	楼超晶	11,300.00	
3	记账凭证	采购普...	74983328	2020-01-06	001	上海建...	采购部	楼超晶	20,340.00	
4	记账凭证	采购普...	79332452	2020-01-10	001	上海建...	采购部	楼超晶	-565.00	
5	记账凭证	采购专...	32779301	2020-01-11	004	嘉兴方...	采购部	虞亮	54,240.00	
6	记账凭证	其他应付单	0000000001	2020-01-08	005	杭州快...	采购部	虞亮	800.00	

图4-32　生成数字序号

单击工具栏中的【制单】按钮，进入填制凭证界面，单击【保存】按钮，保存当前记账凭证并将其传递到总账系统，单击【➡】按钮后再单击【保存】按钮将后续六张凭证逐一保存，如图4-33～图4-38所示。也可以直接单击【批量保存凭证】按钮，一次性保存全部已制单凭证。

记 账 凭 证

已生成

记　字 0029		制单日期：2020.01.15	审核日期：	附单据数：1	
摘　要		科目名称		借方金额	贷方金额
采购专用发票		原材料/铁板		50000	
采购专用发票		应交税费/应交增值税/进项税额		4500	
采购专用发票		应付账款/一般应付账款			54500
票号 日期	数量　　800.00张 单价　　　0.63		合　计	54500	54500
备注	项　目 个　人 业务员		部　门 客　户		
记账	审核		出纳	制单　汪奇	

图4-33　已制单记账凭证1

记 账 凭 证

记　　字 0030　　　　制单日期：2020.01.15　　审核日期：　　附单据数：1

摘要	科目名称	借方金额	贷方金额
采购专用发票	原材料/钢管	1000000	
采购专用发票	应交税费/应交增值税/进项税额	130000	
采购专用发票	应付账款/一般应付账款		1130000
票号 日期	数量　200.00米 单价　　50.00　　合计	1130000	1130000
备注	项目　　　　　　　部门 个人　　　　　　　客户 业务员		

记账　　　　　审核　　　　　出纳　　　　制单　汪奇

图 4-34　已制单记账凭证 2

记 账 凭 证

记　　字 0031　　　　制单日期：2020.01.15　　审核日期：　　附单据数：1

摘要	科目名称	借方金额	贷方金额
采购普通发票	原材料/弯头	2034000	
采购普通发票	应付账款/一般应付账款		2034000
票号 日期	数量 单价　　　　　　　合计	2034000	2034000
备注	项目　　　　　　　部门 个人　　　　　　　客户 业务员		

记账　　　　　审核　　　　　出纳　　　　制单　汪奇

图 4-35　已制单记账凭证 3

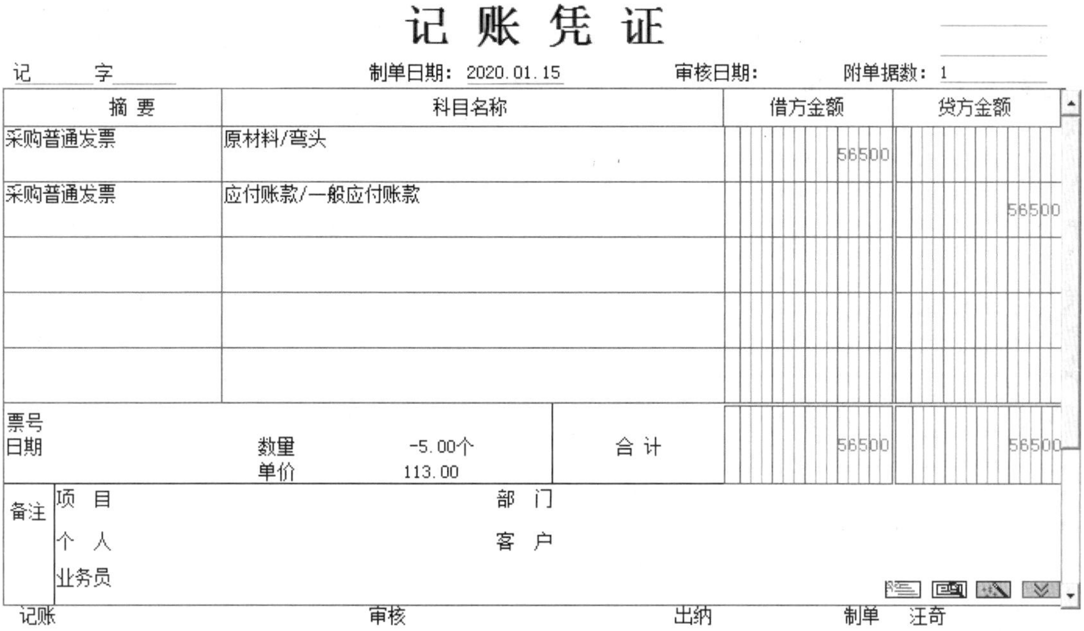

记 账 凭 证

记　　字　　　　　　制单日期：2020.01.15　　　审核日期：　　　附单据数：1

摘　要	科目名称	借方金额	贷方金额
采购普通发票	原材料/弯头	56500	
采购普通发票	应付账款/一般应付账款		56500

票号　　　　　　　数量　　-5.00个　　　　合　计　　56500　　56500
日期　　　　　　　单价　　113.00

备注　项　目　　　　　　　　　部　门
　　　个　人　　　　　　　　　客　户
　　　业务员

记账　　　　　　审核　　　　　　出纳　　　　　　制单　汪奇

图 4-36　已制单记账凭证 4

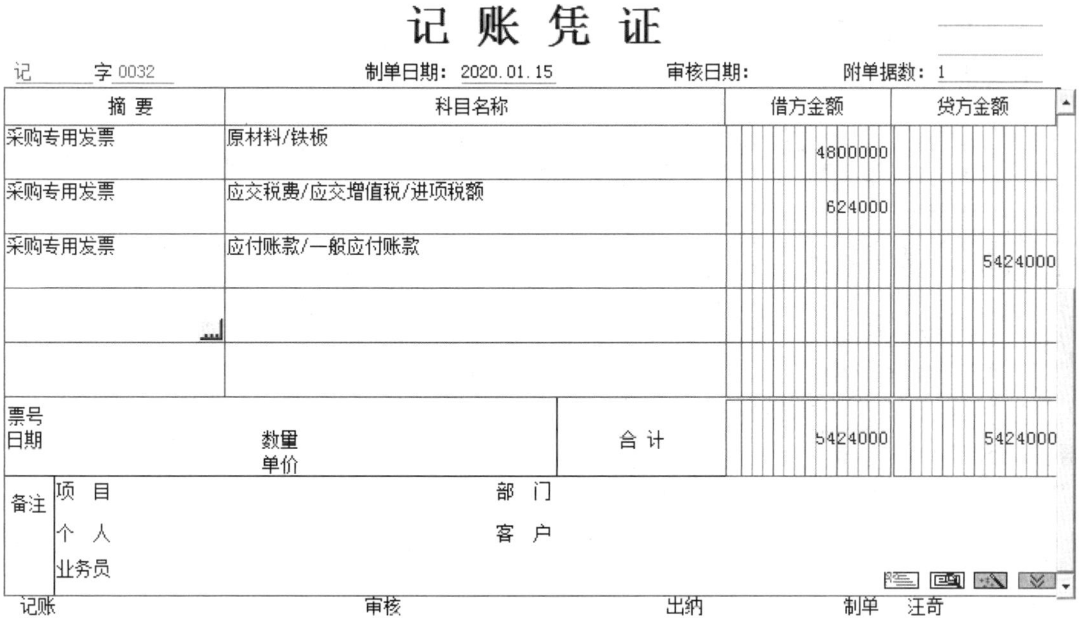

记 账 凭 证

记　　字 0032　　　　制单日期：2020.01.15　　　审核日期：　　　附单据数：1

摘　要	科目名称	借方金额	贷方金额
采购专用发票	原材料/铁板	4800000	
采购专用发票	应交税费/应交增值税/进项税额	624000	
采购专用发票	应付账款/一般应付账款		5424000

票号　　　　　　　数量　　　　　　　　　合　计　　5424000　　5424000
日期　　　　　　　单价

备注　项　目　　　　　　　　　部　门
　　　个　人　　　　　　　　　客　户
　　　业务员

记账　　　　　　审核　　　　　　出纳　　　　　　制单　汪奇

图 4-37　已制单记账凭证 5

记 账 凭 证

记 字		制单日期：2020.01.15	审核日期：	附单据数：1	
摘要	科目名称			借方金额	贷方金额
其他应付单	管理费用/办公费				80000
其他应付单	应付账款/一般应付账款				80000
票号 日期	数量 单价	合 计		80000	80000
备注 项目 个 人 业务员		部 门 客 户			
记账	审核	出纳		制单 汪奇	

图 4-38 已制单记账凭证 6

> **温馨提示**
>
> *系统默认将当前业务日期（即登录日期）作为制单日期。制单日期应大于或等于所选单据的最大日期，同时小于或等于当前业务日期。

2．付款单据处理

付款单据处理流程如图 4-39 所示。

图 4-39 付款单据处理流程

（1）录入付款单据

任务资料

① 支付前欠货款

2020 年 1 月 16 日，经采购部虞亮申请，以转账支票（票号：30022843）向方华贸易支付本月 2 日发生的采购货款，金额为 59 305.00 元。

② 预付货款

2020 年 1 月 18 日，经采购部虞亮申请，以转账支票（票号：30022855）向胡庆拉杆预付货款 20 000.00 元。

③ 虚拟付款

2020 年 1 月 20 日，经采购部楼超晶与建昌五金协商，对方同意减免 2019 年 12 月 20 日所欠货款 2 800.00 元。

④ 收款

2020 年 1 月 20 日，采购部虞亮通知财务，收到多付给方华贸易的退回货款 4 520.00 元，当日收到电汇款（票号：30022858）。

岗位说明

操作时间：2020-01-××（××系业务发生日期），操作员【W02】登录企业应用平台，录入付款单据。

支付前欠货款

操作细则

① 支付前欠货款

在【业务工作】|【财务会计】|【应付款管理】|【付款单据处理】选项卡下执行【付款单据录入】命令，打开【收付款单录入】窗口。

单击工具栏中的【增加】按钮，根据任务资料，表头录入【日期】、【供应商】、【结算方式】、【金额】、【票据号】和【业务员】等信息，如图 4-40 所示，单击【保存】按钮。

付款单

打印模版：应付付款单打印模板

表体排序

单据编号	0000000002	日期	2020-01-16	供应商	方华贸易
结算方式	转账支票	结算科目	100201	币种	人民币
汇率	1	金额	59305.00	本币金额	59305.00
供应商银行	中国建设银行嘉兴环湖路支行	供应商账号	3988222660010117721	票据号	30022843
部门	采购部	业务员	虞亮	项目	
摘要					

	款项类型	供应商	科目	金额	本币金额	部门	业务员
1	应付款	方华贸易	220201	59305.00	59305.00	采购部	虞亮
2							

图 4-40　支付前欠货款的付款单

② 预付货款

执行【付款单据录入】命令，打开【收付款单录入】窗口。

单击工具栏中的【增加】按钮，根据任务资料，表头录入【供应商】、【结算方式】、【金额】、【票据号】和【业务员】等信息。表头录入完毕后将表体第一行的【款项类型】单元格选择【预付款】，如图 4-41 所示，单击【保存】按钮。

付款单

表体排序

单据编号	0000000003	日期	2020-01-18	供应商	胡庆拉杆
结算方式	转账支票	结算科目	100201	币种	人民币
汇率	1.00000000	金额	20000.00	本币金额	20000.00
供应商银行	中国银行萧山爱民支行	供应商账号	3222889111004231134	票据号	30022855
部门	采购部	业务员	虞亮	项目	
摘要					

	款项类型	供应商	科目	金额	本币金额	部门	业务员	项目
1	预付款	胡庆拉杆	1123	20000.00	20000.00	采购部	虞亮	

图 4-41　预付货款的付款单

③ 虚拟付款

执行【付款单据录入】命令，打开【收付款单录入】窗口。

单击工具栏中的【增加】按钮，根据任务资料，表头【供应商】选择【建昌五金】，

【结算方式】选择【其他】,【结算科目】修改为【6301 营业外收入】,【金额】输入【2 800.00】,【业务员】选择【楼超晶】，如图 4-42 所示，单击【保存】按钮。

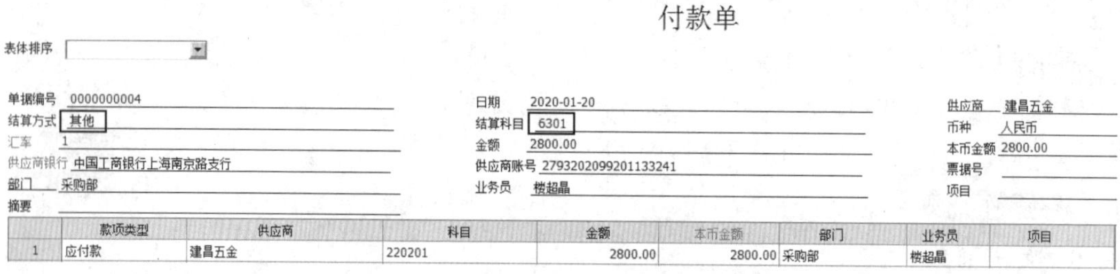

付款单

表体排序

单据编号 0000000004 日期 2020-01-20 供应商 建昌五金
结算方式 其他 结算科目 6301 币种 人民币
汇率 1 金额 2800.00 本币金额 2800.00
供应商银行 中国工商银行上海南京路支行 供应商账号 2793202099201133241 票据号
部门 采购部 业务员 楼超晶 项目
摘要

	款项类型	供应商	科目	金额	本币金额	部门	业务员	项目
1	应付款	建昌五金	220201	2800.00	2800.00	采购部	楼超晶	

图 4-42　虚拟付款单

④ 收款

执行【付款单据录入】命令，打开【收付款单录入】窗口，单击【切换】按钮，转为收款单界面。

单击工具栏中的【增加】按钮，根据任务资料填制收款单，如图 4-43 所示，单击【保存】按钮。

收款

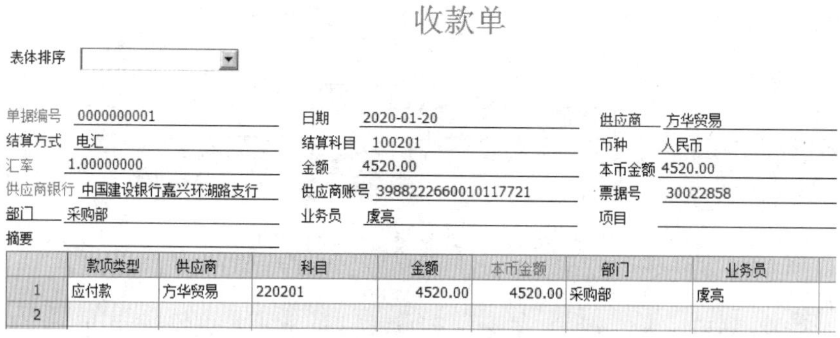

收款单

表体排序

单据编号 0000000001 日期 2020-01-20 供应商 方华贸易
结算方式 电汇 结算科目 100201 币种 人民币
汇率 1.00000000 金额 4520.00 本币金额 4520.00
供应商银行 中国建设银行嘉兴环湖路支行 供应商账号 3988222660010117721 票据号 30022858
部门 采购部 业务员 虞亮 项目
摘要

	款项类型	供应商	科目	金额	本币金额	部门	业务员
1	应付款	方华贸易	220201	4520.00	4520.00	采购部	虞亮
2							

图 4-43　应付款管理系统的收款单

➲温馨提示

*虚拟付款单是指结算方式为【其他】，结算科目为非现金、银行科目的付款单。

*预付、应付用途的收款单可与预付、应付用途的付款单进行红票对冲或核销处理。

（2）审核付款单据

➘ 任务资料

2020 年 1 月 20 日，审核本月生成的全部付款单据。

➘ 岗位说明

操作时间：2020-01-20，操作员【W02】登录企业应用平台，审核付款单据。

审核付款单据

➘ 操作细则

在【业务工作】|【财务会计】|【应付款管理】|【付款单据处理】选项卡下执行【付款单据审核】命令，打开【付款单查询条件】对话框，如图 4-44 所示。

项目四 应付款管理系统

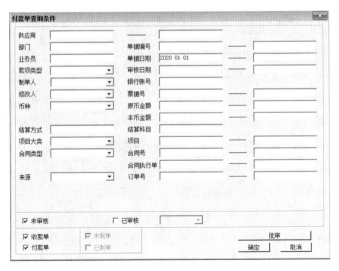

图 4-44 【付款单查询条件】对话框

单击【确定】按钮,打开【收付款单列表】,如图 4-45 所示。

收付款单列表

选择	审核人	单据日期	单据类型	单据编号	供应商	部门	业务员	结算方式	票据号	币种	汇率	原币金额	本币金额
		2020-01-16	付款单	0000000002	嘉兴方华贸易有限公司	采购部	虞亮	转账支票	30022843	人民币	1.00000000	59,305.00	59,305.00
		2020-01-18	付款单	0000000003	萧山胡庆拉杆有限公司	采购部	虞亮	转账支票	30022855	人民币	1.00000000	20,000.00	20,000.00
		2020-01-18	收款单	0000000003	嘉兴方华贸易有限公司	采购部	虞亮	电汇	30022858	人民币	1.00000000	-4,520.00	-4,520.00
		2020-01-20	付款单	0000000004	上海建昌五金有限公司	采购部	楼超晶	其他		人民币	1.00000000	2,800.00	2,800.00
合计												77,585.00	77,585.00

图 4-45 收付款单列表

单击工具栏中的【全选】按钮,此时每张单据最左侧的【选择】栏显示【Y】字样,表示该单据已被选中。单击工具栏中的【审核】按钮,弹出审核结果提示框,如图 4-46 所示。单击【确定】按钮,此时每张单据左侧的【审核人】栏均显示【汪奇】,完成审核工作。

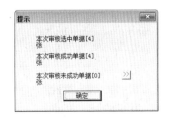

图 4-46 审核结果

(3)核销处理

任务资料

2020 年 1 月 20 日,对方华贸易、建昌五金本月发生的采购业务进行核销处理。

岗位说明

操作时间:2020-01-20,操作员【W02】登录企业应用平台,进行手工核销处理。

方华贸易核销处理

操作细则

在【业务工作】|【财务会计】|【应付款管理】|【核销处理】选项卡下执行【手工核销】命令,打开【核销条件】对话框,在【供应商】栏参照选择【方华贸易】,如图 4-47 所示,单击【确定】按钮,打开【单据核销】窗口。

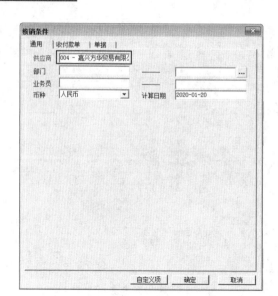

图 4-47 【核销条件】对话框

在窗口下方【19980324】号发票的【本次结算】栏输入【545.00】,【32779301】号发票的【本次结算】栏输入【54 240.00】,【0000000001】号发票的【本次结算】栏输入【4 520.00】,如图 4-48 所示。单击【保存】按钮,完成核销。

单据日期	单据类型	单据编号	供应商	款项	结算方式	币种	汇率	原币金额	原币余额	本次结算
2020-01-16	付款单	0000000002	方华贸易	应付款	转账支票	人民币	1.00000000	59,305.00	59,305.00	59,305.00
合计								59,305.00	59,305.00	59,305.00

单据类型	单据编号	到期日	供应商	币种	原币金额	原币余额	可享受折扣	本次折扣	本次结算
采购专...	19980324	2020-01-02	方华贸易	人民币	545.00	545.00	0.00	0.00	545.00
采购专...	32779301	2020-01-11	方华贸易	人民币	54,240.00	54,240.00	0.00	0.00	54,240.00
收款单	0000000001	2020-01-18	方华贸易	人民币	4,520.00	4,520.00	0.00	0.00	4,520.00
					59,305.00	59,305.00	0.00		59,305.00

图 4-48 方华贸易核销界面

参照上述方法继续完成对建昌五金的核销处理,如图 4-49 所示。

单据日期	单据类型	单据编号	供应商	款项	结算方式	币种	汇率	原币金额	原币余额	本次结算	订单号
2020-01-20	付款单	0000000004	建昌五金	应付款	其他	人民币	1.00000000	2,800.00	2,800.00	2,800.00	
合计									2,800.00	2,800.00	2,800.00

单据日期	单据类型	单据编号	到期日	供应商	币种	原币金额	原币余额	可享受折扣	本次折扣	本次结算	订单号	凭证号
2020-01-06	采购普...	74983328	2020-01-06	建昌五金	人民币	20,340.00	20,340.00	0.00				记-0031
2019-12-20	采购专...	55678321	2019-12-20	建昌五金	人民币	90,400.00	90,400.00	0.00	0.00	2,800.00		
合计						110,740.00	110,740.00	0.00		2,800.00		

图 4-49 建昌五金核销界面

⇨ 温馨提示

*核销功能可将付款单与应付单进行关联,以本期支付金额冲抵账面应付金额。

*未审核的单据不显示在待核销单据列表中。

建昌五金核销处理

项目四 应付款管理系统

(4) 制单处理

➡ **任务资料**

2020年1月20日,对本月已审核和已核销的付款单据进行制单处理。

➡ **岗位说明**

操作时间:2020-01-20,操作员【W02】登录企业应用平台,在应付款管理系统中进行制单处理。

付款单据制单处理

➡ **操作细则**

在【业务工作】|【财务会计】|【应付款管理】选项卡下执行【制单处理】命令,打开【制单查询】对话框,勾选【收付款单制单】和【核销制单】选项,如图4-50所示。单击【确定】按钮,打开【制单】窗口,显示应付制单列表。

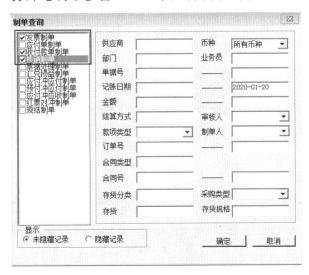

图4-50 【制单查询】对话框

单击列表表头【供应商名称】项,此时单据按供应商名称排序,在列表左侧的【选择标志】列输入制单序号,供应商名称相同的单据序号相同;在【凭证类别】列用下拉框选择【记账凭证】,如图4-51所示。

应付制单

凭证类别 记账凭证   制单日期 2020-01-20   共

选择标志	凭证类别	单据类型	单据号	日期	供应商编码	供应商名称	部门	业务员	金额
1	记账凭证	付款单	0000000002	2020-01-16	004	嘉兴方…	采购部	虞亮	59,305.00
2	记账凭证	付款单	0000000003	2020-01-18	003	萧山胡…	采购部	虞亮	20,000.00
3	记账凭证	收款单	0000000001	2020-01-18	004	嘉兴方…	采购部	虞亮	-4,520.00
4	记账凭证	付款单	0000000004	2020-01-20	001	上海建…	采购部	楼超晶	2,800.00
5	记账凭证	核销	0000000002	2020-01-20	004	嘉兴方…	采购部	虞亮	59,305.00
6	记账凭证	核销	0000000004	2020-01-20	001	上海建…	采购部	楼超晶	2,800.00

图4-51 应付制单列表

单击工具栏中的【制单】按钮,保存当前记账凭证号并将其传递到总账系统,单击【➡】,再单击【保存】,将后面的凭证逐一保存,如图4-52~图4-57所示。

103

记 账 凭 证

记___字___	制单日期:2020.01.20	审核日期:		附单据数:1
摘 要	科目名称		借方金额	贷方金额
采购专用发票	应付账款/一般应付账款		54500	
采购专用发票	应付账款/一般应付账款		5424000	
核销	应付账款/一般应付账款		452000	
核销	应付账款/一般应付账款			5930500

票号
日期 2020.01.02　　　数量／单价　　　合 计

备注　项 目　　　　　部 门
　　　个 人　　　　　供应商 方华贸易
　　　业务员 虞亮

记账　　审核　　出纳　　制单 汪奇

图 4-52 已制单记账凭证 1

记 账 凭 证

记___字___	制单日期:2020.01.20	审核日期:		附单据数:1
摘 要	科目名称		借方金额	贷方金额
核销	应付账款/一般应付账款		280000	
核销	应付账款/一般应付账款			280000

票号
日期 2019.12.20　　　数量／单价　　　合 计

备注　项 目　　　　　部 门
　　　个 人　　　　　供应商 建昌五金
　　　业务员 楼超晶

记账　　审核　　出纳　　制单 汪奇

图 4-53 已制单记账凭证 2

记 账 凭 证

记___字___	制单日期:2020.01.20	审核日期:		附单据数:1
摘 要	科目名称		借方金额	贷方金额
付款单	应付账款/一般应付账款		5930500	
付款单	银行存款/人民币户			5930500

票号
日期　　　　　　　数量／单价　　　合 计　5930500　5930500

备注　项 目　　　　　部 门
　　　个 人　　　　　供应商 方华贸易
　　　业务员 虞亮

记账　　审核　　出纳　　制单 汪奇

图 4-54 已制单记账凭证 3

记 账 凭 证

记 字	制单日期: 2020.01.20	审核日期:		附单据数: 1
摘 要	科目名称		借方金额	贷方金额
付款单	预付账款		2000000	
付款单	银行存款/人民币户			2000000
		合 计	2000000	2000000

备注　项　目
　　　个　人　　　　　　　　部　门
　　　业务员　虞亮　　　　　供应商　胡庆拉杆

记账　　　审核　　　出纳　　　制单　汪奇

图 4-55　已制单记账凭证 4

记 账 凭 证

记 字	制单日期: 2020.01.20	审核日期:		附单据数: 1
摘 要	科目名称		借方金额	贷方金额
付款单	应付账款/一般应付账款		280000	
付款单	营业外收入			280000
		合 计	280000	280000

备注　项　目
　　　个　人　　　　　　　　部　门
　　　业务员　楼超晶　　　　供应商　建昌五金

记账　　　审核　　　出纳　　　制单　汪奇

图 4-56　已制单记账凭证 5

记 账 凭 证

记 字	制单日期: 2020.01.20	审核日期:		附单据数: 1
摘 要	科目名称		借方金额	贷方金额
收款单	应付账款/一般应付账款		452000	
收款单	银行存款/人民币户			452000
		合 计	452000	452000

备注　项　目
　　　个　人　　　　　　　　部　门
　　　业务员　虞亮　　　　　供应商　方华贸易

记账　　　审核　　　出纳　　　制单　汪奇

图 4-57　已制单记账凭证 6

任务三 票据管理

1. 商业汇票出票

➘ 任务资料

2020 年 1 月 22 日，采购部楼超晶向美芳铸管采购角钢 200 米，无税单价 100.00 元/米，增值税 13%。收到美芳铸管开出的增值税专用发票一张（票号：68332651），经楼超晶申请，开出商业承兑汇票（票号：97633720）以支付货款，票面金额为 22 600.00 元，票面利率为 6%，到期日为 2020 年 3 月 22 日，付款人银行为中国工商银行杭州江滨路支行（人民币户），账号为 2448 7900 0622 4872 218。

要求：录入采购专用发票及商业承兑汇票，并对其进行单据审核、核销及制单处理。

应付款管理系统商业汇票的出票流程如图 4-58 所示。

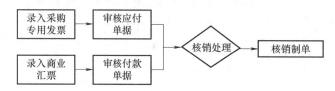

图 4-58 应付款管理系统商业汇票出票流程

➘ 岗位说明

操作时间：2020-01-22，操作员【W02】登录企业应用平台，在应付款管理系统中录入、审核应付单据和商业汇票并制单。

应付款管理系统
商业汇票出票

➘ 操作细则

在【业务工作】|【财务会计】|【应付款管理】选项卡下执行【应付单据处理】|【应付单据录入】命令，打开【单据类别】对话框。单击【确定】按钮，打开【专用发票】窗口。

单击工具栏中的【增加】按钮，根据任务资料，表头录入【发票号】、【供应商】、【税率】和【业务员】等信息，表体录入【存货编码】、【数量】和【原币单价】等信息，如图 4-59 所示，单击【保存】按钮。

专用发票　　打印模版 专用发票打印

表体排序

业务类型　　发票类型 采购专用发票　　发票号 68332651
开票日期 2020-01-22　　供应商 美芳铸管　　代垫单位 美芳铸管
采购类型　　税率 13.00　　部门名称 采购部
业务员 楼超晶　　币种 人民币　　汇率 1.00000000
发票日期　　付款条件　　备注

	存货编码	存货名称	规格型号	主计量	数量	原币单价	原币金额	原币税额	原币价税合计	税率
1	1004	角钢		米	200.00	100.00	20000.00	2600.00	22600.00	13.00
2										

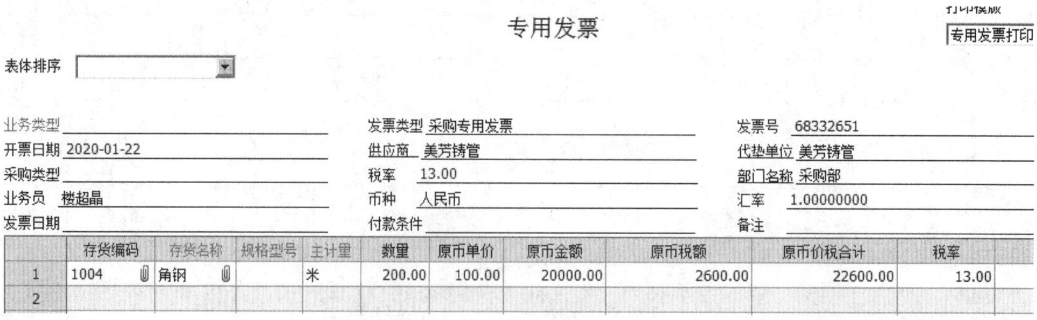

图 4-59 采购专用发票

执行【应付单据处理】|【应付单据审核】命令，对上述采购专用发票自动生成的

一张应付单据进行审核。

执行【票据管理】命令，打开【条件查询选择】对话框，单击【确定】按钮，打开【票据管理】窗口。

单击工具栏中的【增加】按钮，根据任务资料填制商业承兑汇票，如图 4-60 所示，单击【保存】按钮保存该汇票。

商业汇票

银行名称		票据类型 商业承兑汇票
方向 付款	票据编号 97633720	结算方式 商业承兑汇票
收到日期 2020-01-22	出票日期 2020-01-22	到期日 2020-03-22
出票人 浙江天翼家居设备有限公司	出票人账号 2448790006224872218	付款人银行 中国工商银行杭州江滨路支行
收款人 杭州美芳铸管有限公司	收款人账号 2112667822198999120	收款人开户银行 中国农业银行杭州车站路支行
币种 人民币	金额 22600.00	票面利率 6.00000000
汇率 1.000000	付款行行号	付款行地址
背书人	背书金额	备注
业务员 楼超晶	部门 采购部	票据摘要
交易合同号码	制单人 汪奇	

	处理方式	处理日期	贴现银行	被背书人	贴现率	利息	费用	处理金额
1								

图 4-60　商业承兑汇票

执行【付款单据处理】｜【付款单据审核】命令，对上述汇票自动生成的一张付款单进行审核。

执行【核销处理】｜【手工核销】命令，对美芳铸管的往来款进行核销处理，核销界面如图 4-61 所示。

单据日期	单据类型	单据编号	供应商	款项...	结算方式	币种	汇率	原币金额	原币余额	本次结算	订单号
2019-12-13	付款单	0000000001	美芳铸管	预付款	转账支票	人民币	1.00000000	8,000.00	8,000.00		
2020-01-22	付款单	0000000006	美芳铸管	应付款	商业承...	人民币	1.00000000	22,600.00	22,600.00	22,600.00	
合计								30,600.00	30,600.00	22,600.00	

单据日期	单据类型	单据编号	到期日	供应商	币种	原币金额	原币余额	可享受折扣	本次折扣	本次结算	订单号	凭证号
2020-01-02	采购专...	66786259	2020-01-02	美芳铸管	人民币	11,300.00	11,300.00	0.00				记-0030
2020-01-22	采购专...	68332651	2020-01-22	美芳铸管	人民币	22,600.00	22,600.00	0.00	0.00	22,600.00		
合计						33,900.00	33,900.00	0.00		22,600.00		

图 4-61　美芳铸管核销界面

执行【制单处理】命令，勾选【发票制单】、【收付款单制单】、【核销制单】选项，单击【确定】，打开应付制单列表，如图 4-62 所示。

应付制单

凭证类别　记账凭证　　制单日期　2020-01-22　　共 3

选择标志	凭证类别	单据类型	单据号	日期	供应商编码	供应商名称	部门	业务员	金额
1	记账凭证	采购专...	68332651	2020-01-22	002	杭州美...	采购部	楼超晶	22,600.00
2	记账凭证	付款单	0000000005	2020-01-22	002	杭州美...	采购部	楼超晶	22,600.00
3	记账凭证	核销	0000000005	2020-01-22	002	杭州美...	采购部	楼超晶	22,600.00

图 4-62　应付制单列表

单击【制单】按钮，进入【填制凭证】界面，单击【成批保存凭证】按钮，保存上述三张记账凭证。

2. 票据计息结算

📌 任务资料

2020年1月22日，应付胡庆拉杆的银行承兑汇票（票号：35577290）到期，计息结算并制单。

应付票据的计息结算流程如图4-63所示。

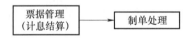

图4-63 应付票据计息结算流程

📌 岗位说明

操作时间：2020-01-22，操作员【W02】登录企业应用平台，进行应付票据计息结算、制单处理。

📌 操作细则

在【业务工作】|【财务会计】|【应付款管理】选项卡下执行【票据管理】命令，打开【条件查询选择】对话框，单击【确定】按钮，打开【票据管理】窗口。

双击【35577290】号票据最左侧的【选择】栏，此时该栏显示【Y】字样，表示该票据已被选中。单击工具栏中的【结算】按钮，弹出【票据结算】对话框，【结算科目】栏参照选择【100201】，如图4-64所示。

单击【确定】按钮，系统提示【是否立即制单？】，单击【是】，进入填制凭证界面，录入相应科目，单击【保存】按钮，得到的制单结果如图4-65所示。

图4-64 【票据结算】对话框

记 账 凭 证

记 字 0045　　制单日期：2020.01.22　　审核日期：　　附单据数：1

摘要	科目名称	借方金额	贷方金额
票据结算	应付票据	1670400	
票据结算	银行存款/人民币户		1670400

票号 35577290
日期 2020.01.22　　数量　　　合计　　1670400　　1670400
　　　　　　　　　　　单价

备注　项目　　　　部门
　　　个人　　　　供应商 胡庆拉杆
　　　业务员 虞亮

记账　　　审核　　　出纳　　　制单 汪奇

图4-65 票据结算凭证制单结果

任务四 转账处理

1. 应付冲应付

➥ 任务资料

2020年1月31日,在各方协商一致的情况下,将2019年12月20日形成的应付建昌五金余款9 000.00元转为应向胡庆拉杆支付的应付款。

➥ 岗位说明

操作时间:2020-01-31,操作员【W02】登录企业应用平台,进行应付冲应付操作。

应付冲应付

➥ 操作细则

在【业务工作】|【财务会计】|【应付款管理】|【转账】选项卡下执行【应付冲应付】命令,打开【应付冲应付】对话框。

在转出的【供应商】栏选择【建昌五金】,转入的【供应商】栏选择【胡庆拉杆】,单击工具栏中的【查询】按钮。在【55678221】号发票的【并账金额】栏输入【9 000.00】,如图4-66所示。

单据编号	方向	原币金额	原币余额	部门编号	业务…	合同号	合同名称	项目编码	项目	并账金额
55678221	贷	90,400.00	87,600.00	G	G01					9000.00
79332452	贷	-565.00	-565.00	G	G01					
74983328	贷	20,340.00	20,340.00	G	G01					
		0.00	0.00							0.00
		110,175.00	107,375.00							87,600.00

图4-66 应付冲应付

单击【保存】按钮,系统提示【是否立即制单?】,单击【是】,进入填制凭证界面,单击【保存】按钮,得到的制单结果如图4-67所示。

图 4-67 应付冲应付凭证制单结果

2. 预付冲应付

➡ 任务资料

2020 年 1 月 31 日，在各方协商一致的情况下，将美芳铸管 2019 年 12 月 13 日形成的 8 000.00 元预付账款冲减本月 2 日的应付款。

➡ 岗位说明

操作时间：2020-01-31，操作员【W02】登录企业应用平台，进行预付冲应付操作。

预付冲应付

➡ 操作细则

在【业务工作】|【财务会计】|【应付款管理】|【转账】选项卡下执行【预付冲应付】命令，打开【预付冲应付】对话框。

在【预付款】选项卡中，【供应商】栏选择【美芳铸管】，单击【过滤】按钮，在所过滤付款单的【转账金额】栏输入【8 000.00】，如图 4-68 所示。

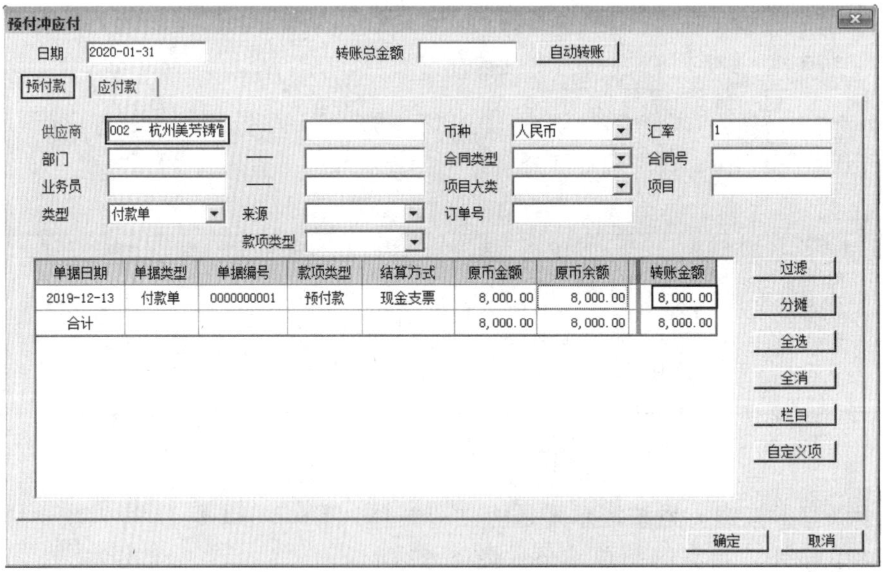

图 4-68 预付冲应付—【预付款】选项卡

单击【应付款】标签，在其选项卡中单击【过滤】按钮，在过滤采购发票的【转账金额】栏输入【8 000.00】，如图 4-69 所示。

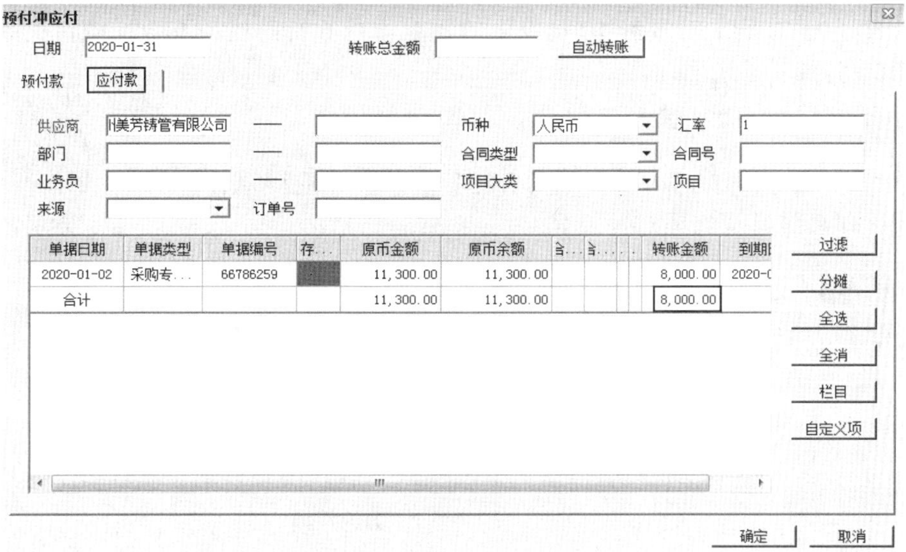

图 4-69　预付冲应付—【应付款】选项卡

单击【确定】按钮，系统提示【是否立即制单？】，单击【是】，进入填制凭证界面，单击【保存】按钮，得到的制单结果如图 4-70 所示。

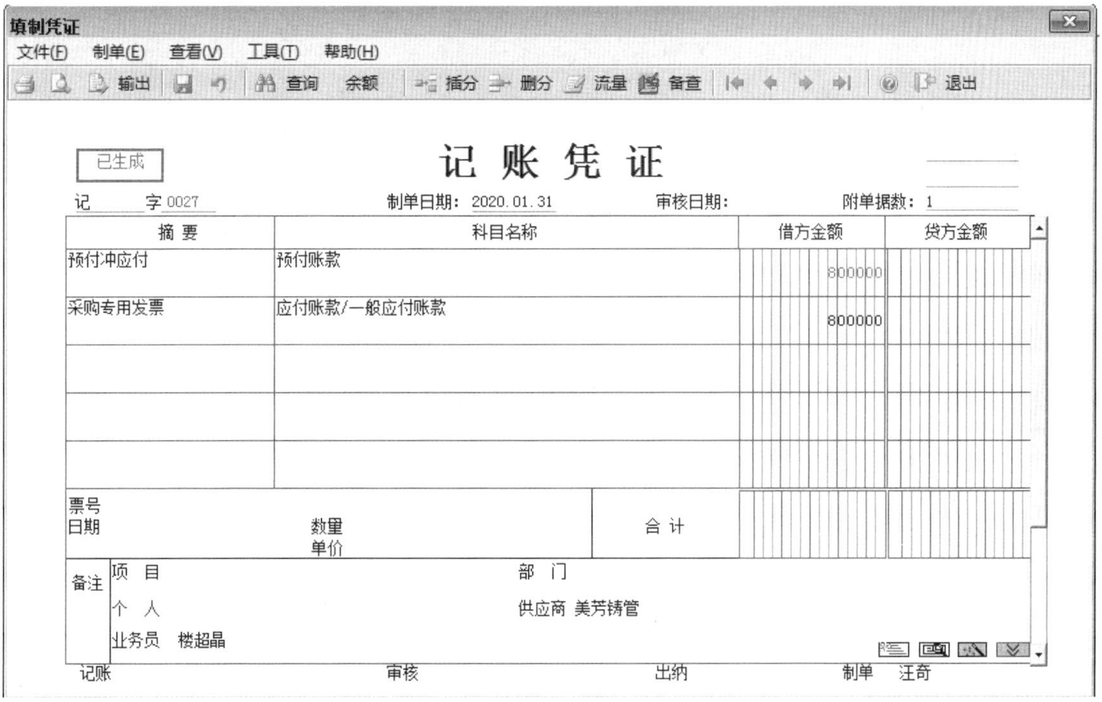

图 4-70　预付冲应付凭证制单结果

3．红票对冲

➥ 任务资料

2020 年 1 月 31 日，对本月 10 日发生的针对本月 6 日向建昌五金采购弯头的退货业务进行红票对冲。

➥ 岗位说明

操作时间：2020-01-31，操作员【W02】登录企业应用平台，在应付款管理系统进行红票对冲操作。

应付款管理系统
红票对冲

➥ 操作细则

在【业务工作】|【财务会计】|【应付款管理】|【转账】选项卡下执行【红票对冲】|【手工对冲】命令，打开【红票对冲条件】对话框。在【通用】选项卡中，【供应商】栏选择【001 建昌五金】，如图 4-71 所示。

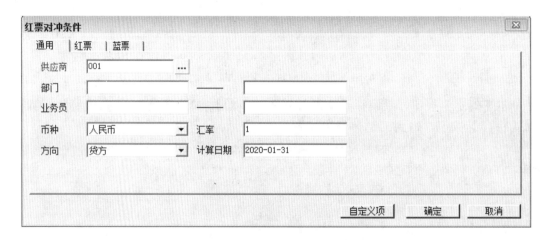

图 4-71　红票对冲条件—【通用】选项卡

单击【确定】按钮，打开【红票对冲】窗口。在窗口下方采购普通发票的【对冲金额】栏输入【565.00】，如图 4-72 所示。

单据日期	单据类型	单据编号	供应商	币种	原币金额	原币余额	对冲金额
2020-01-10	采购专...	79332452	建昌五金	人民币	565.00	565.00	565.00
合计					565.00	565.00	565.00

单据日期	单据类型	单据编号	供应商	币种	原币金额	原币余额	对冲金额
2020-01-06	采购普...	74983328	建昌五金	人民币	20,340.00	20,340.00	565.00
2019-12-20	采购专...	55678221	建昌五金	人民币	90,400.00	78,600.00	
合计					110,740.00	98,940.00	

图 4-72　红票对冲

单击【保存】按钮，系统提示【是否立即制单？】，单击【是】，进入填制凭证界面，单击【保存】按钮，制单结果如图 4-73 所示。

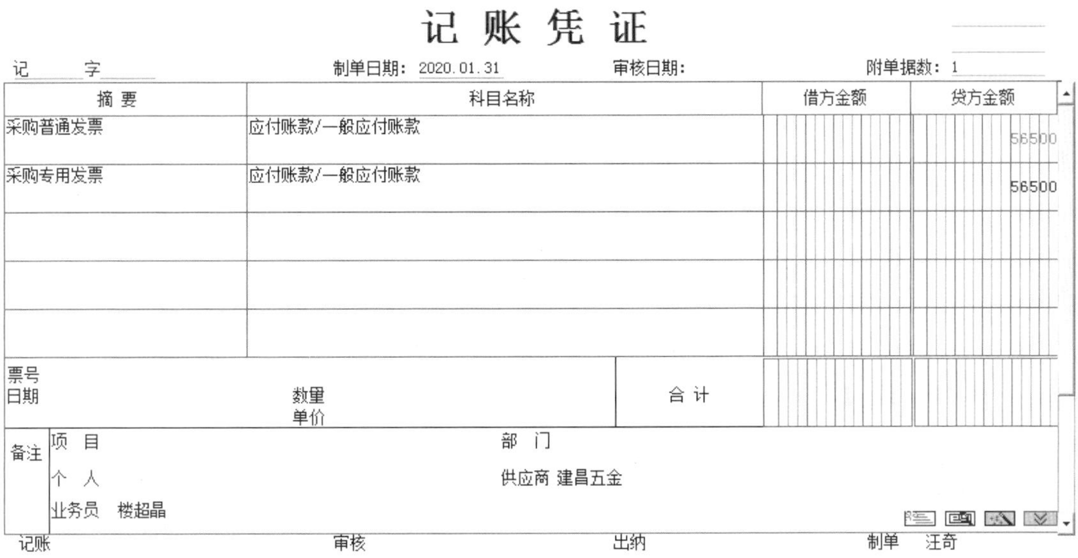

记 账 凭 证

记 字　　制单日期：2020.01.31　　审核日期：　　附单据数：1

摘 要	科目名称	借方金额	贷方金额
采购普通发票	应付账款/一般应付账款		56500
采购专用发票	应付账款/一般应付账款		56500
票号 日期 数量 单价	合 计		

备注　项 目　　部 门

个 人　　供应商 建昌五金

业务员 楼超晶

记账　审核　出纳　制单 汪奇

图 4-73　红票对冲凭证制单结果

➲温馨提示

*系统提供两种对冲方式：手工对冲和自动对冲。如果红字单据中有对应单据号，则可使用自动对冲，否则应使用手工对冲。

*红票对冲就是用某供应商的红字发票与其蓝字发票进行冲抵。对冲金额合计不能大于红字发票金额。

➘ 课堂思考

转账对冲业务与核销业务有何区别？

任务五　其 他 操 作

1．取消操作

➘ 任务资料

2020 年 1 月 31 日，取消本月对建昌五金的红票对冲操作。

➘ 岗位说明

操作时间：2020-01-31，操作员【W02】登录企业应用平台，在应付款管理系统中查询并删除目标凭证，取消红票对冲。

应付款管理系统
取消操作

操作细则

在【业务工作】|【财务会计】|【应付款管理】选项卡下执行【单据查询】|【凭证查询】命令，打开【凭证查询条件】对话框，【业务类型】选择【转账制单】，单击【确定】按钮，打开【凭证查询】窗口，如图4-74所示。

单击选中【业务类型】为【红票对冲】的转账凭证，单击工具栏中的【删除】按钮，系统提示【确定要删除此凭证吗？】，单击【是】，该凭证即从应付款管理系统中删除。

执行【其他处理】|【取消操作】命令，打开【取消操作条件】对话框，在【操作类型】下拉框中选择【红票对冲】，如图4-75所示。

图4-74 【凭证查询】窗口

图4-75 【取消操作条件】对话框

单击【确定】按钮，打开【取消操作】窗口，如图4-76所示。

取消操作

操作类型：红票对冲　　　　　　　　　　　供应商：全部

选择标志	单据类型	单据号	日期	供应商	金额	部门	业务员
	红票对冲	79332452	2020-01-31	建昌五金	565.00	采购部	楼超晶

图4-76 【取消操作】窗口

双击【红票对冲】栏左侧的【选择标志】栏，单击工具栏中的【确认】按钮，完成本次取消操作。

温馨提示

*从应付款管理系统中删除的凭证在总账系统中显示"作废"字样，并未予以删除，可通过【整

理凭证】功能将其彻底清除。

*如果某记账凭证已经过制单处理，则在取消操作前，应先到"单据查询—凭证查询"中将其删除，再进行取消操作。

*如果转账处理（应付冲应付、预付冲应付等）发生当月已经结账，则不能被恢复。以下情况不允许取消票据处理：

① 票据日期所在月份已经结账。
② 票据计息和票据结算后又进行了其他处理。
③ 票据转出后所生成的应付单已经进行了核销等处理。

2．单据查询

↘ 任务资料

查询 2020 年 1 月填制的全部应付单、付款单和记账凭证。

↘ 岗位说明

操作时间：2020-01-31，操作员【W02】登录企业应用平台，在应付款管理系统中进行单据查询操作。

↘ 操作细则

（1）查询 2020 年 1 月填制的全部应付单

在【业务工作】|【财务会计】|【应付款管理】|【单据查询】选项卡下执行【应付单查询】命令，在【单据类型】栏选择【其他应付单】，单击【确定】按钮，打开应付单查询列表，如图 4-77 所示。

应付单查询

单据日期	单据类型	单据编号	供应商	币种	汇率	原币金额	原币余额	本币金额	本币余额	打印次数
2020-01-08	其他应付单	0000000001	杭州快通物流有限公司	人民币	1.00000000	800.00	800.00	800.00	800.00	0
合计							800.00	800.00	800.00	800.00

图 4-77 应付单查询列表

（2）查询 2020 年 1 月填制的全部付款单

执行【收付款单查询】命令，在【单据类型】栏选择【付款单】，单击【确定】按钮，打开付款单查询列表，如图 4-78 所示。

收付款单查询

选择打印	单据日期	单据类型	单据编号	供应商	币种	汇率	原币金额	原币余额	本币金额	本币余额	打印次数
	2020-01-18	付款单	0000000003	萧山胡庆拉杆有限公司	人民币	1.00000000	20,000.00	20,000.00	20,000.00	20,000.00	0
	合计							20,000.00	20,000.00	20,000.00	20,000.00

图 4-78 付款单查询列表

（3）查询 2020 年 1 月填制的全部记账凭证

执行【凭证查询】命令，打开【凭证查询条件】对话框，选择【记账凭证】，单击【确定】按钮，打开记账凭证查询列表，如图 4-79 所示。

凭证总数：18 张

业务日期	业务类型	业务号	制单人	凭证日期	凭证号	标志
2020/1/2	采购专...	19980324	汪奇	2020/1/15	记-0011	
2020/1/2	采购专...	66786259	汪奇	2020/1/15	记-0012	
2020/1/11	采购专...	32779301	汪奇	2020/1/15	记-0013	
2020/1/6	采购普...	74983328	汪奇	2020/1/15	记-0014	
2020/1/10	采购普...	79332452	汪奇	2020/1/15	记-0015	
2020/1/8	其他应付单	0000000001	汪奇	2020/1/15	记-0016	
2020/1/20	核销	0000000002	汪奇	2020/1/20	记-0017	
2020/1/20	核销	0000000004	汪奇	2020/1/20	记-0018	
2020/1/16	付款单	0000000002	汪奇	2020/1/20	记-0019	
2020/1/18	付款单	0000000003	汪奇	2020/1/20	记-0020	
2020/1/18	收款单	0000000001	汪奇	2020/1/20	记-0021	
2020/1/20	付款单	0000000004	汪奇	2020/1/20	记-0022	
2020/1/2	采购专...	68332651	汪奇	2020/1/22	记-0024	
2020/1/22	核销	0000000005	汪奇	2020/1/22	记-0025	
2020/1/22	付款单	0000000005	汪奇	2020/1/22	记-0026	
2020/1/22	票据结算	35577290	汪奇	2020/1/22	记-0027	
2020/1/31	预付冲应付	66786259	汪奇	2020/1/31	记-0031	
2020/1/31	并账	55678221	汪奇	2020/1/31	记-0032	

图 4-79　记账凭证查询列表

3．账表管理

➥ 任务资料

查询 2020 年 1 月的应付票据科目明细账和应付业务总账。

➥ 岗位说明

操作时间：2020-01-31，操作员【W02】登录企业应用平台，查询应付款管理系统账表。

➥ 操作细则

（1）查询 2020 年 1 月的应付票据科目明细账

在【业务工作】|【财务会计】|【应付款管理】|【账表管理】选项卡下执行【科目账查询】|【科目明细账】命令，打开【供应商往来科目明细账】对话框，在查询条件的【科目】栏选择【2201 应付票据】，单击【确定】按钮，打开【应付票据科目明细账】，如图 4-80 所示。

科目明细账　　　　　　　　　　　　　　　　　　　金额式

科目：2201 应付票据　　　　　　　　　　　　　期间：2020.01-2

年	月	日	凭证号	科目编号	科目名称	供应商编号	供应商名称	摘要	借方本币	贷方本币	方向	余额本币
2020	01	22	记-0026	2201	应付票据	002	美芳铸管	付款单		22,600.00	贷	22,600.00
2020	01			2201	应付票据	002	美芳铸管	本月合计		22,600.00	贷	22,600.00
2020	01			2201	应付票据	002	美芳铸管	本年累计		22,600.00	贷	22,600.00
				2201	应付票据	003	胡庆拉杆	期初余额			贷	16,704.00
2020	01	22	记-0027	2201	应付票据	003	胡庆拉杆	票据结算	16,704.00		平	
2020	01			2201	应付票据	003	胡庆拉杆	本月合计	16,704.00		平	
2020	01			2201	应付票据	003	胡庆拉杆	本年累计	16,704.00		平	
				2201	应付票据			合计	16,704.00	22,600.00	贷	22,600.00
				2201	应付票据			累计	16,704.00	22,600.00	贷	22,600.00
								合计	16,704.00	22,600.00	贷	22,600.00
								累计	16,704.00	22,600.00	贷	22,600.00

图 4-80　应付票据科目明细账

（2）查询 2020 年 1 月的应付业务总账

执行【业务账表】|【业务总账】命令，打开【查询条件选择—应付总账表】对话框，单击【确定】按钮，打开应付总账表，如图 4-81 所示。

应付总账表

期间	本期应付 本币	本期付款 本币	余额 本币	月回收率%	年回收率%
期初余额			82,400.00		
202001	109,260.00	100,185.00	91,475.00	91.69	91.69
总计	109,260.00	100,185.00	91,475.00		

图 4-81 应付总账表

问题与讨论

1．带有付款条件的业务，若在折扣期限内付款，相应税款是否享有现金折扣？

2．月结后是否能对当月业务做核销处理？如果有收付款业务尚未核销，该如何操作呢？

项目五 应收款管理系统

学习目标

知识目标

1. 掌握应收款管理系统的初始化设置。
2. 掌握应收单据的日常业务处理。
3. 掌握收款单据的日常业务处理。
4. 掌握其他操作处理。

能力目标

1. 能够进行应收款管理系统初始化设置,进行应收单据和收款单据的录入、审核、制单处理。
2. 能够处理票据的出票、结算、计息、贴现、背书业务。
3. 能够进行转账中的对冲、核销、坏账处理。
4. 能够进行取消操作等其他处理。

重点难点

1. 应收单据、收款单据的日常处理。
2. 票据管理、核销、转账对冲业务。
3. 已完成业务的逆向操作。

操作流程

本项目操作流程如图 5-1 所示。

项目五 应收款管理系统

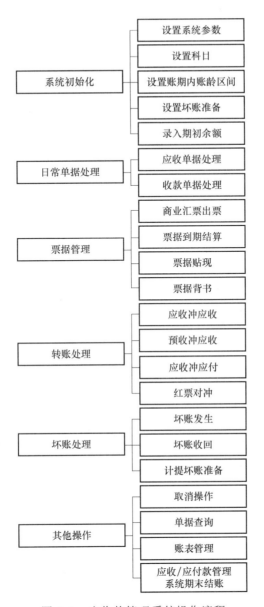

图 5-1 应收款管理系统操作流程

任务一 系统初始化

1. 设置系统参数

➔ 任务资料

根据表 5-1 设置天翼设备的应收款管理系统参数。

表 5-1 应收款管理系统参数

系统名称	选项卡	设置选项
应收款管理	常规	单据审核日期依据：单据日期 坏账处理方式：应收余额百分比法 自动计算现金折扣
	凭证	受控科目制单方式：明细到单据 销售科目依据：按存货分类
	权限与预警	取消勾选【控制操作员权限】选项 按信用方式提前 7 天自动单据报警

➥ 岗位说明

操作时间：2020-01-01，操作员【A01】登录企业应用平台，设置应收款管理系统参数。

➥ 操作细则

在【业务工作】|【财务会计】|【应收款管理】|【设置】选项卡下执行【选项】命令，打开【账套参数设置】对话框，单击【编辑】按钮，系统提示【选项修改需要重新登录才能生效】，单击【确定】按钮，开始进行参数设置。

在【常规】选项卡下，【单据审核日期依据】栏选择【单据日期】，【坏账处理方式】栏选择【应收余额百分比法】，勾选【自动计算现金折扣】项，如图 5-2 所示。

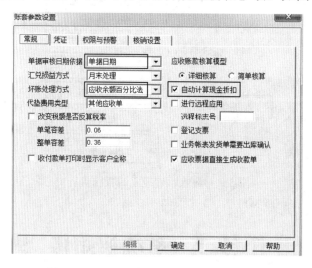

图 5-2 账套参数设置—【常规】选项卡

单击【凭证】标签，在其选项卡中的【受控科目制单方式】栏选择【明细到单据】，如图 5-3 所示。

单击【权限与预警】标签，在其选项卡中取消勾选【控制操作员权限】选项，单据报警的【提前天数】栏录入【7】，如图 5-4 所示。

项目五 应收款管理系统

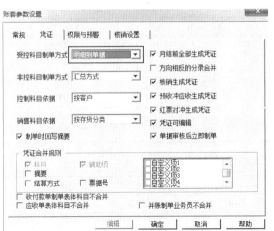 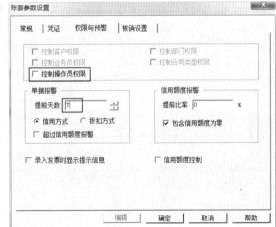

图 5-3 账套参数设置—【凭证】选项卡　　图 5-4 账套参数设置—【权限与预警】选项卡

> **温馨提示**
>
> *【控制科目依据】中的控制科目是指带有客户往来辅助核算并受应收款管理系统控制的会计科目。应收款管理系统有五类控制科目依据：【按存货分类】、【按存货】、【按客户分类】、【按客户】、【按销售类型】。根据选择的依据不同，可在【初始设置】|【产品科目设置】中对其设置不同的销售科目，则该依据在票据制单时会自动生成包含相关销售科目的会计分录。

2．设置科目

任务资料

根据表 5-2～表 5-5 设置应收款管理系统科目。

表 5-2　应收款管理系统基本科目

基本科目种类	科目	币种
应收科目	1122 应收账款	人民币
预收科目	2203 预收账款	人民币
销售收入科目	6001 主营业务收入	人民币
销售退回科目	6001 主营业务收入	人民币
商业承兑科目	1121 应收票据	人民币
银行承兑科目	1121 应收票据	人民币
税金科目	22210102 应交税费——应交增值税（销项税额）	人民币
票据利息科目	6603 财务费用	人民币
现金折扣科目	6603 财务费用	人民币
坏账入账科目	1231 坏账准备	人民币

表 5-3　应收款管理系统控制科目

客户编码	客户简称	应收科目	预收科目
001	伟峰建筑	1122	2203
002	下沙五金	1122	2203
003	苏湖贸易	1122	2203
004	欧意卖场	1122	2203
005	亮基家居	1122	2203
006	海派超市	1122	2203

表 5-4　应收款管理系统产品科目

类别编码	类别名称	销售收入科目	应交增值税科目	销售退回科目	税率（%）
2	产成品	6001	22210102	6001	13

表 5-5　应收款管理系统结算方式科目

结算方式	币种	本单位账号	科目
1 现金	人民币	2448790006224872218	1001
21 现金支票	人民币	2448790006224872218	100201
22 转账支票	人民币	2448790006224872218	100201
4 电汇	人民币	2448790006224872218	100201
9 其他	人民币	2448790006224872218	100201

➡ 岗位说明

操作时间：2020-01-01，操作员【A01】登录企业应用平台，设置应收款管理系统科目。

➡ 操作细则

（1）设置基本科目

在【业务工作】|【财务会计】|【应收款管理】|【设置】选项卡下执行【初始设置】命令，打开【初始设置】窗口。在左侧【设置科目】项下选择【基本科目设置】，单击【增加】按钮，根据任务资料（表 5-2）设置基本科目，如图 5-5 所示。

图 5-5　基本科目设置

（2）设置控制科目

在【设置科目】项下选择【控制科目设置】，单击【增加】按钮，根据任务资料（表 5-3）设置控制科目，如图 5-6 所示。

项目五 应收款管理系统

客户编码	客户简称	应收科目	预收科目
001	伟峰建筑	1122	2203
002	下沙五金	1122	2203
003	苏湖贸易	1122	2203
004	欧意卖场	1122	2203
005	亮基家居	1122	2203
006	海派超市	1122	2203

图 5-6　控制科目设置

（3）设置产品科目

在【设置科目】项下选择【产品科目设置】，单击【增加】按钮，根据任务资料（表 5-4）设置产品科目，如图 5-7 所示。

类别编码	类别名称	销售收入科目	应交增值税科目	销售退回科目	税率
1	原材料				
2	产成品	6001	22210102	6001	13
3	周转材料				
4	应税劳务				

图 5-7　产品科目设置

（4）设置结算方式科目

在【设置科目】项下选择【结算方式科目设置】，单击【增加】按钮，根据任务资料（表 5-5）设置结算方式科目，如图 5-8 所示。

	结算方式	币种	本单位账号	科...
1	现金	人民币	244879000...	1001
21	现金支票	人民币	244879000...	100201
22	转账支票	人民币	244879000...	100201
4	电汇	人民币	244879000...	100201
9	其他	人民币	244879000...	100201

图 5-8　结算方式科目设置

> ⊃温馨提示
>
> *只有设置为基本科目，在填制凭证时才能直接生成相应的会计科目，否则凭证中的会计科目需要手工录入。
>
> *【商业承兑汇票】和【银行承兑汇票】结算方式的入账科目需在【基本科目设置】中录入，而不在【结算方式科目设置】中录入。
>
> *制单时，【基本科目】、【控制科目】、【产品科目】、【结算方式科目】的选取顺序如下：先取【单据科目】，即单据上若有科目，则优先使用该科目。然后取【控制科目】、【产品科目】或【结算方式科目】，最后取【基本科目】。若没有设置相关科目，则须手工录入。

3. 设置账期内账龄区间

▶ 任务资料

根据表 5-6 设置应收款管理系统的账期内账龄区间。

表 5-6 应收款管理系统账期内账龄区间

序号	起止天数（天）	总天数（天）
01	1～10	10
02	11～30	30
03	31～60	60
04	61～90	90
05	91 以上（含）	

▶ 岗位说明

操作时间：2020-01-01，操作员【A01】登录企业应用平台，设置应收款管理系统的账期内账龄区间。

▶ 操作细则

在【业务工作】|【财务会计】|【应收款管理】|【设置】选项卡下执行【初始设置】命令，打开【初始设置】窗口。选择【账期内账龄区间设置】，根据任务资料（表 5-6）录入【总天数】，如图 5-9 所示。

图 5-9 账期内账龄区间设置

4. 设置坏账准备

▶ 任务资料

坏账准备的提取比率为 0.5%，期初余额为 547.49 元，坏账准备科目为【1231 坏账准备】，坏账准备对方科目为【6701 资产减值损失】。

▶ 岗位说明

操作时间：2020-01-01，操作员【A01】登录企业应用平台，设置应收款管理系统的坏账准备。

▶ 操作细则

在【业务工作】|【财务会计】|【应收款管理】|【设置】选项卡下执行【初始设置】命令，打开【初始设置】窗口。选择【坏账准备设置】，根据任务资料录入相关数

据，如图 5-10 所示。

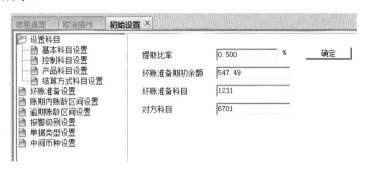

图 5-10 坏账准备设置

> ●温馨提示
>
> *只有将选项中的【坏账处理方式】设置为【应收余额百分比法】，后期才能进行坏账准备设置。
> *进行坏账处理（计提坏账准备、坏账发生、坏账收回）后，该参数将不能修改。进行坏账处理后应考虑该事项对所得税的影响。

5．录入期初余额

任务资料

根据表 5-7～表 5-9 录入应收款管理系统的期初余额。

表 5-7 应收票据期初余额

签发日期	客户	摘要	到期日期	方向	金额（元）
2019-10-29	下沙五金	银行承兑汇票，票号：19565501，承兑银行：中国银行，科目：1121	2020-01-29	借	44 544.00

表 5-8 应收账款期初余额

日期	客户	摘要	方向	金额（元）
2019-12-12	欧意卖场	销售人字梯 80 架，480 元/架，票号：15773988，科目：1122	借	43 392.00
2019-12-30	海派超市	销售挂梯 130 架，450 元/架，票号：36874492，科目：1122	借	66 105.00

表 5-9 预收账款期初余额

日期	供应商	摘要	方向	金额（元）
2019-12-26	苏湖贸易	预收货款，票据票号：23390102，结算方式：转账支票	贷	8 000.00

岗位说明

操作时间：2020-01-01，操作员【A01】登录企业应用平台，录入应收款管理系统的期初余额。

操作细则

（1）录入应收票据期初余额

在【业务工作】|【财务会计】|【应收款管理】|【设置】选项卡下执行【期初余额】命令，打开【期初余额—查询】对话框，单击【确认】按钮，打开【期初余额

录入应收票据期初余额

窗口。单击【增加】按钮，打开【单据类别】对话框，单据名称选择【应收票据】，单据类型选择【银行承兑汇票】，如图 5-11 所示。

单击【确定】按钮，打开【期初单据录入】窗口。单击工具栏中的【增加】按钮，根据任务资料（表 5-7），录入期初票据的表头及表体信息，如图 5-12 所示。单击【保存】按钮，关闭【期初单据录入】窗口，返回【期初余额】窗口。

图 5-11　单据类别选择

期初票据

币种 人民币	
票据编号 19565501	开票单位 下沙五金
承兑银行 中国银行	背书单位
票据面额 44544.00	票据余额 44544.00
面值利率 0.00000000	科目 1121
签发日期 2019-10-29	收到日期 2019-10-29
到期日 2020-01-29	部门 销售部
业务员 赵丽丽	项目
摘要	

图 5-12　录入期初应收票据

（2）录入应收账款期初余额

在【期初余额】窗口，单击【增加】按钮，打开【单据类别】对话框，单据名称选择【销售发票】，单据类型选择【销售专用发票】。

单击【增加】按钮，根据任务资料（表 5-8）录入销售专用发票的表头及表体信息，如图 5-13 所示，单击【保存】按钮。

录入应收票据
期初余额

销售专用发票

表体排序											
开票日期 2019-12-12			发票号 15773988					订单号			
客户名称 欧意实业			客户地址 重庆市解放北路348号					电话 023-654897315			
开户银行 中国银行重庆市解放北路支行			银行账号 4664888894662133221					税号 330725888666866			
付款条件			税率(%) 13.00					科目 1122			
币种 人民币			汇率 1					销售部门 销售部			
业务员 吴彬威			项目					备注			
	货物编号	货物名称	规格型号	主计量单位	税率(%)	数量	无税单价	含税单价	税额	无税金额	价税合计
1	2001	人字梯		架	13.00	80.00	480.00	542.40	4992.00	38400.00	43392.00
2											

图 5-13　录入期初应收账款

参照上述方法继续录入第二张销售专用发票。关闭【期初单据录入】窗口，返回【期初余额】窗口。

（3）录入预收账款期初余额

在【期初余额】窗口，单击【增加】按钮，打开【单据类别】对话框，单据名称选择【预收款】，单据类型选择【收款单】。

单击【增加】按钮，根据任务资料（表 5-9）录入收款单的表头及表体信息，如图 5-14 所示，单击【保存】按钮。关闭【期初单据录入】窗口，返回【期初余额】窗口。

录入预收账款
期初余额

项目五 应收款管理系统

收款单

图 5-14 录入期初预收账款

（4）应收款管理系统与总账系统对账

在【期初余额】窗口，单击【刷新】按钮，再单击【对账】按钮，打开【期初对账】对话框，查看应收款管理系统期初余额与总账系统期初余额的对账结果，如图 5-15 所示。

应收款管理系统与总账系统对账

科目		应收期初		总账期初		差额	
编号	名称	原币	本币	原币	本币	原币	本币
1121	应收票据	44,544.00	44,544.00	44,544.00	44,544.00	0.00	0.00
1122	应收账款	109,497.00	109,497.00	109,497.00	109,497.00	0.00	0.00
2203	预收账款	-8,000.00	-8,000.00	-8,000.00	-8,000.00	0.00	0.00
	合计		146,041.00		146,041.00		0.00

图 5-15 与总账期初余额对账结果

> ➡ 温馨提示
>
> *在录入期初余额时一定要注意期初余额的会计科目要设置正确，否则会导致应收款管理系统与总账系统期初余额对账错误。
> *对于销售发票以外的其他应收账款，录入期初余额时应填制其他应收单。

任务二　日常单据处理

1．应收单据处理

应收单据处理流程如图 5-16 所示。

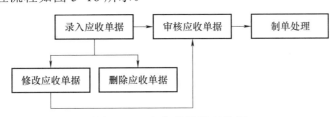

图 5-16 应收单据处理流程

（1）录入应收单据

➡ **任务资料**

① 销售专用发票

2020 年 1 月 2 日，销售部吴彬成向苏湖贸易销售挂梯 50 架，无税单价为 450.00 元/

架，增值税税率为13%，取得销售专用发票（发票号：35800672）。

2020年1月2日，销售部吴彬成向海派超市销售人字梯20架，无税单价为480.00元/架，增值税税率为13%，取得销售专用发票（发票号：36478821）。

2020年1月3日，销售部赵丽丽向亮基家居销售挂梯50架，无税单价为450.00元/架，增值税税率为13%，取得销售专用发票（发票号：39972245）。

2020年1月4日，销售部赵丽丽向下沙五金销售人字梯80架，无税单价为480.00元/架，增值税税率为13%，取得销售专用发票（发票号：39980225），付款条件：2/10，1/20，n/30。

② 销售普通发票

2020年1月5日，销售部赵丽丽向伟峰建筑销售人字梯100架，无税单价为480.00元/架，增值税税率为13%，取得普通销售发票（发票号：57229345）。

③ 其他应收单

2020年1月6日，销售部赵丽丽向亮基家居销售商品时，以工行转账支票（票号：21547233）代垫运费500.00元。

④ 负向应收单据

2020年1月6日，根据海派超市反馈，2019年12月30日吴彬成所售的10架挂梯出现质量问题，无税单价为450.00元/架。经协商予以退货，我公司当日收到所退货物，并开具了红字增值税专用发票（票号：59235874）。

▶ 岗位说明

操作时间：2020-01-××（××系业务发生日期），操作员【W02】登录企业应用平台，录入应收单据。

▶ 操作细则

① 销售专用发票

在【业务工作】|【财务会计】|【应收款管理】|【应收单据处理】选项卡下执行【应收单据录入】命令，打开【单据类别】对话框，单据名称选择【销售发票】，单据类型选择【销售专用发票】，方向选择【正向】。单击【确定】按钮，打开【销售专用发票】窗口。

销售专用发票

单击工具栏中的【增加】按钮，根据任务资料，表头录入【发票号】、【客户】、【业务员】、【税率】等信息，表体录入【存货编码】、【数量】、【无税单价】等信息，如图5-17所示，单击【保存】按钮。

| 销售专用发票 |

发票号	35800672	开票日期	2020-01-02	业务类型	
订单号		发货单号		客户简称	苏湖贸易
销售部门	销售部	业务员	吴彬成	付款条件	
客户地址	广州市工业路524号	联系电话	020-54795015	开户银行	中国工商银行广州工业路支行
账号	3555788464541247558	税号	330725888666585	币种	人民币
汇率	1	税率	13.00	备注	

	仓库名称	存货编码	存货名称	规格型号	主计量	数量	报价	含税单价	无税单价	无税金额	税额	价税合计	税率（%）
1		2002	挂梯		架	50.00	0.00	508.50	450.00	22500.00	2925.00	25425.00	13.00

图5-17 销售专用发票1

按照上述方法继续录入其他三张销售专用发票,如图 5-18~图 5-20 所示,最后一张发票表头的【付款条件】栏选择【2/10,1/20,n/30】。保存后关闭窗口。

销售专用发票

仓库名称	存货编码	存货名称	规格型号	主计量	数量	报价	含税单价	无税单价	无税金额	税额	价税合计	税率（%）
	2001	人字梯		架	20.00	0.00	542.40	480.00	9600.00	1248.00	10848.00	13.00

发票号 36478821 开票日期 2020-01-02 业务类型
订单号   发货单号   客户简称 海派超市
销售部门 销售部 业务员 吴彬威   付款条件
客户地址 西安市春江路167号 联系电话 029-63742286 开户银行 中国农业银行西安春江路支行
账号 6234005709640011454 税号 330725888666454 币种 人民币
汇率 1 税率 13.00 备注

图 5-18 销售专用发票 2

销售专用发票

发票号 39972245 开票日期 2020-01-03 业务类型
订单号   发货单号   客户简称 亮基家居
销售部门 销售部 业务员 赵丽丽   付款条件
客户地址 北京市朝阳区联合路305号 联系电话 010-84713151 开户银行 中国建设银行北京朝阳区联合路支
账号 5228795464136546488 税号 3307258886660323 币种 人民币
汇率 1 税率 13.00 备注

仓库名称	存货编码	存货名称	规格型号	主计量	数量	报价	含税单价	无税单价	无税金额	税额	价税合计	税率（%）
	2002	挂梯		架	50.00	0.00	508.75	450.00	22500.00	2925.00	25425.00	13.00

图 5-19 销售专用发票 3

销售专用发票

发票号 39980225 开票日期 2020-01-04 业务类型
订单号   发货单号   客户简称 下沙五金
销售部门 销售部 业务员 赵丽丽   付款条件 2/10,1/20,n/30
客户地址 杭州市下沙区中山路169号 联系电话 0571-83803666 开户银行 中国工商银行杭州下沙中山路支行
账号 6222085507664475176 税号 330725888666001 币种 人民币
汇率 1 税率 13.00 备注

仓库名称	存货编码	存货名称	规格型号	主计量	数量	报价	含税单价	无税单价	无税金额	税额	价税合计	税率（%）
	2001	人字梯		架	80.00	0.00	542.40	480.00	38400.00	4992.00	43392.00	13.00

图 5-20 销售专用发票 4

② 销售普通发票

执行【应收单据录入】命令,打开【单据类别】对话框,单据名称选择【销售发票】,单据类型选择【销售普通发票】,方向选择【正向】,如图 5-21 所示。

单击【确定】按钮,打开【销售普通发票】窗口。单击工具栏中的【增加】按钮,根据任务

销售普通发票

图 5-21 销售普通发票单据类别

资料，表头录入【发票号】、【客户】、【业务员】、【税率】等信息，表体录入【存货编码】、【数量】、【无税单价】等信息，如图5-22所示，单击【保存】按钮。

图5-22 销售普通发票

③ 其他应收单

执行【应收单据录入】命令，打开【单据类别】对话框，单据名称选择【应收单】，单据类型选择【其他应收单】，方向选择【正向】，如图5-23所示。

单击【确定】按钮，打开【应收单】窗口。单击工具栏中的【增加】按钮，根据任务资料，表体的【科目】栏选择【100201 银行存款|人民币】，如图5-24所示，单击【保存】按钮。

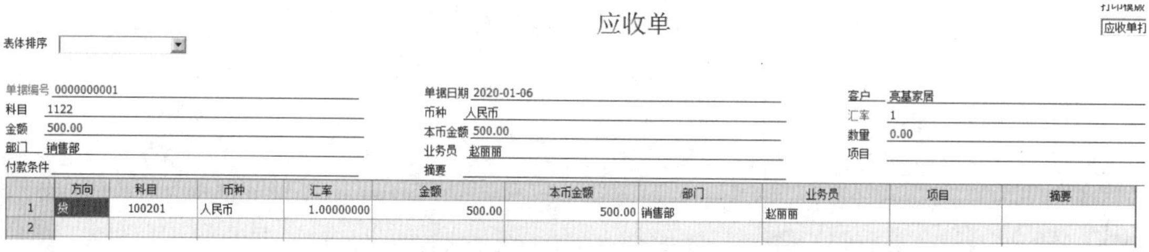

其他应收单

图5-23 正向应收单单据类别

图5-24 其他应收单

④ 负向应收单据

执行【应收单据录入】命令，打开【单据类别】对话框，单据名称选择【销售发票】，单据类型选择【销售专用发票】，方向选择【负向】，如图5-25所示。

单击【确定】按钮，打开【销售专用发票】窗口。单击工具栏中的【增加】按钮，根据任务资料，表头录入【发票号】、【客户】、【业务员】等信息，表体录入【存货编码】、【无税单价】等信息，【数量】栏录入【-10】，如图5-26所示，单击【保存】按钮。

负向应收单据

图5-25 负向应收单单据类别

项目五 应收款管理系统

销售专用发票

表体排序										
发票号	59235874		开票日期	2020-01-06		业务类型				
订单号			发货单号			客户简称	海派超市			
销售部门	销售部		业务员	吴彬威		付款条件				
客户地址	西安市春江路167号		联系电话	029-63742286		开户银行	中国农业银行西安春江路支行			
账号	6234005709640011354		税号	330725888666454		币种	人民币			
汇率	1		税率	13.00		备注				

	存货名称	规格型号	主计量	数量	报价	含税单价	无税单价	无税金额	税额	价税合计	税率（%）
1	挂梯		架	-10.00	0.00	508.50	450.00	-4500.00	-585.00	-5085.00	13.00

图 5-26　负向销售专用发票

➲ **温馨提示**

*若启用销售管理系统，则应收款管理系统中只能录入应收单，而销售发票、代垫运费应在销售管理系统中录入，并传递到应收款管理系统中进行审核。

*若未启用销售管理系统，则伴随销售业务而产生的代垫运费在应收款管理系统中录入。

*销售中如果发生退货、折让等情况，则需要填制负向销售发票。

*销售退货负向发票表体需要录入退货的【数量】。对于销售折让业务，负向销售专用发票的表体录入【存货编码】、【无税金额】和【退补标志】，【数量】栏填【空】，并在【退补标志】栏选择【退补】。

*与采购普通发票表头、表体的【税率】均为 0 不同，销售普通发票应正常计算销项税额，表头、表体的【税率】均不为 0。

➤ **课堂思考**

为什么销售普通发票要正常录入税率，计算销项税额？

（2）修改应收单据

➤ **任务资料**

2020 年 1 月 6 日，发现本月 3 日所填制的向亮基家居销售 50 架挂梯的销售专用发票（发票号：39972245）有误，所售货物应为人字梯，无税单价为 480.00 元/架。

➤ **岗位说明**

操作时间：2020-01-06，操作员【W02】登录企业应用平台，修改应收单据。

修改应收单据

➤ **操作细则**

在【业务工作】|【财务会计】|【应收款管理】|【应收单据处理】选项卡下执行【应收单据录入】命令，打开【单据类别】对话框，单击【确定】按钮，打开【销售专用发票】窗口。

单击工具栏中的【定位】按钮，打开【单据定位条件】对话框，在【单据编号】栏录入【39972245】，如图 5-27 所示，单击【确定】找到该发票。

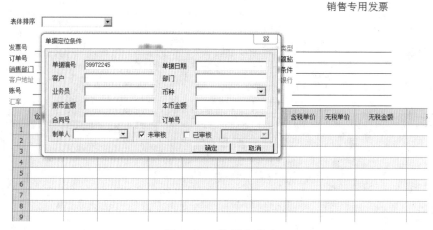

图 5-27　单据定位

单击【修改】按钮，双击表体第一行的【存货编码】单元格，将【2002】删除后选择【2001】，【无税单价】录入【480.00】，单击【保存】按钮，关闭【销售专用发票】窗口。

> ⇨ 温馨提示
>
> *单据名称、单据类型不可修改。
>
> *通过单击【定位】按钮右侧的【⬅】（上张）、【➡】（下张）、【⏮】（首张）、【⏭】（末张）也可实现单据查找。
>
> *在操作中，若提示【当前操作员无操作权限】，则须到【系统服务】|【权限】|【数据权限控制设置】中取消勾选【用户】和【科目】选项。

（3）删除应收单据

⇨ **任务资料**

2020 年 1 月 10 日，发现本月 2 日所填制的向海派超市销售人字梯的发票（发票号：36478821）有误，应删除。

⇨ **岗位说明**

操作时间：2020-01-10，操作员【W02】登录企业应用平台，删除应收单据。

删除应收单据

⇨ **操作细则**

在【业务工作】|【财务会计】|【应收款管理】|【应收单据处理】选项卡下执行【应收单据录入】命令，打开【单据类别】对话框，单击【确定】按钮，打开【销售专用发票】窗口。

单击工具栏中的【定位】按钮，打开【单据定位条件】对话框，在【单据编号】栏录入【36478821】，单击【确定】找到该发票。单击【删除】按钮，弹出【单据删除后不能恢复，是否继续？】提示框，单击【是】按钮，删除该单据。

项目五 应收款管理系统

> ○温馨提示
>
> *若单据已有后续处理,如审核、制单、转账、核销等,则该单据不能直接修改或删除,须将后续处理全部取消,才能再修改或删除该单据。

(4) 审核应收单据

任务资料

2020 年 1 月 10 日,将本月应收单据全部审核。

岗位说明

操作时间:2020-01-10,操作员【W02】登录企业应用平台,审核应收单据。

审核应收单据

操作细则

在【业务工作】|【财务会计】|【应收款管理】|【应收单据处理】选项卡下执行【应收单据审核】命令,打开【应收单查询条件】对话框。单击【确定】按钮,打开【单据处理】窗口,显示【应收单据列表】。

单击工具栏中的【全选】按钮,列表左侧的【选择】列显示【Y】字样,表示已选中该单据。单击【审核】按钮,弹出审核结果提示框,单击【确定】按钮,完成选中单据的审核操作,此时单据列表中【审核人】列均显示【汪奇】,如图 5-28 所示。

应收单据列表

选择	审核人	单据日期	单据类型	单据号	客户名称	部门	业务员	制单人	币种	汇率	原币金额	本币金额
	汪奇	2020-01-02	销售专...	35800672	广州苏湖贸易有限公司	销售部	吴彬成	汪奇	人民币	1.00000000	25,425.00	25,425.00
	汪奇	2020-01-03	销售专...	39972245	北京亮基家居有限公司	销售部	赵丽丽	汪奇	人民币	1.00000000	27,120.00	27,120.00
	汪奇	2020-01-04	销售专...	39980225	杭州下沙五金外贸公司	销售部	赵丽丽	汪奇	人民币	1.00000000	43,392.00	43,392.00
	汪奇	2020-01-05	销售专...	57229345	武汉伟峰建筑有限公司	销售部	赵丽丽	汪奇	人民币	1.00000000	54,240.00	54,240.00
	汪奇	2020-01-06	其他应收单	0000000001	北京亮基家居有限公司	销售部	赵丽丽	汪奇	人民币	1.00000000	500.00	500.00
	汪奇	2020-01-06	销售普...	59235874	西安海派超市有限公司	销售部	吴彬成	汪奇	人民币	1.00000000	-5,085.00	-5,085.00
合计											145,592.00	145,592.00

图 5-28 应收单据审核

> ○温馨提示
>
> *审核有三层含义:一是确认应收账款;二是对单据录入的正确性进行核查;三是对应收单据进行记账。

课堂思考

如何修改已审核的销售专用发票?

(5) 制单处理

任务资料

2020 年 1 月 10 日,对本月已审核的应收单据进行制单处理。

岗位说明

操作时间:2020-01-10,操作员【W02】登录企业应用平台,进行应收单据的制单处理。

应收单据制单处理

操作细则

在【业务工作】|【财务会计】|【应收款管理】选项卡下,执行【制单处理】命令,打开【制单查询】对话框,系统已默认勾选【发票制单】选项,再勾选【应收单制单】选项,单击【确定】按钮,打开【制单】窗口,显示应收单据列表。

在【凭证类别】栏的下拉框中选择【记账凭证】(也可在后续生成的凭证界面修改凭证类别)。单击工具栏中的【全选】按钮,列表左侧【选择标志】列自动生成数字序号。

单击【制单】按钮,进入填制凭证界面,再单击【保存】按钮,系统提示【第2条分录:项目核算科目的项目不能为空】,选中第2条分录【6001】,将光标移至分录下方,光标转换为钢笔头图标时双击,弹出【辅助项】对话框,参照业务内容补全项目名称【挂梯】,如图5-29所示。

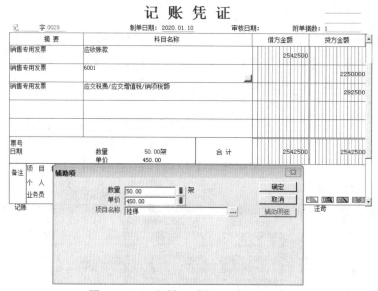

图5-29 记账凭证【辅助项】对话框

单击【确定】,再单击【保存】按钮,保存当前记账凭证并将其传递到总账系统,如图5-30所示。

图5-30 已制单记账凭证1

单击【➡】按钮依次补全相关科目辅助项信息，单击【保存】按钮保存凭证，如图 5-31～图 5-35 所示。

图 5-31　已制单记账凭证 2

图 5-32　已制单记账凭证 3

图 5-33　已制单记账凭证 4

已生成		记 账 凭 证		
记 字 0052		制单日期：2020.01.10	审核附单据数：1	
摘要	科目名称		借方金额	贷方金额
销售专用发票	应收账款		508500	
销售专用发票	主营业务收入			450000
销售专用发票	应交税费/应交增值税/销项税额			58500
票号 日期	数量 单价	合 计	508500	508500
备注	项 目 个 人 业务员	部 门 客 户		
记账		审核	出纳 制单	

图 5-34　已制单记账凭证 5

已生成		记 账 凭 证		
记 字 0053		制单日期：2020.01.10	审核附单据数：1	
摘要	科目名称		借方金额	贷方金额
其他应收单	应收账款		50000	
其他应收单	银行存款/人民币户			50000
票号　22 - 21547233 日期　2020.01.06	数量 单价	合 计	50000	50000
备注	项 目 个 人 业务员	部 门 客 户		
记账		审核	出纳 制单	

图 5-35　已制单记账凭证 6

> ◎ 温馨提示
>
> *系统默认登录日期为制单日期。

▶ 课堂思考

如何删除已生成的凭证？

2. 收款单据处理

收款单据处理流程如图 5-36 所示。

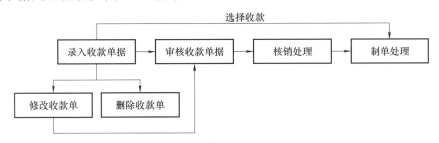

图 5-36　收款单据处理流程

（1）录入收款单据

➥ 任务资料

① 收回前欠货款

2020 年 1 月 11 日，销售部吴彬成通知财务处，收到苏湖贸易电汇款 18 000.00 元（票号：62830472），用于偿还本月 2 日所欠货款。

2020 年 1 月 11 日，销售部吴彬成通知财务处，收到海派超市转账支票一张（票号：97661248），金额为 10 848.00 元，用于支付本月 2 日所欠货款。

2020 年 1 月 11 日，销售部赵丽丽通知财务处，收到下沙五金电汇款 42 624.00 元（票号：16822495），用于支付本月 4 日所欠货款。

② 预收货款

2020 年 1 月 12 日，销售部吴彬成通知财务处，预收苏湖贸易货款 50 000.00 元，结算方式：电汇，票号：34795612。

③ 虚拟收款

2020 年 1 月 12 日，欧意卖场出现经营困难，经协商我公司同意免除其 2019 年 12 月 12 日所欠货款 13 392.00 元。

➥ 岗位说明

操作时间：2020-01-××（××系业务发生日期），操作员【W02】登录企业应用平台，录入收款单据。

➥ 操作细则

① 收回前欠货款

在【业务工作】|【财务会计】|【应收款管理】|【收款单据处理】选项卡下执行【收款单据录入】命令，打开【收付款单录入】窗口。

单击工具栏中的【增加】按钮，根据任务资料，表头录入【客户】、【结算方式】、【金额】、【票据号】、【业务员】等信息，如图 5-37 所示，单击【保存】按钮。

收回前欠货款

收款单

表体排序

单据编号	0000000002	日期	2020-01-11	客户	苏湖贸易
结算方式	电汇	结算科目	100201	币种	人民币
汇率	1	金额	18000.00	本币金额	18000.00
客户银行	中国工商银行广州工业路支行	客户账号	3555788464541247558	票据号	62830472
部门	销售部	业务员	吴彬成	项目	
摘要					

	款项类型	客户	部门	业务员	金额	本币金额	科目
1	应收款	苏湖贸易	销售部	吴彬成	18000.00	18000.00	1122
2							

图 5-37　收回前欠货款的收款单

按照上述方法继续录入其他两张收款单，保存后关闭该窗口。

② 预收货款

执行【收款单据录入】命令，打开【收付款单录入】窗口。单击工具栏中的【增加】按钮，根据任务资料，表头录入【客户】、【结算方式】、【金额】、【票据号】、【业务员】等信息；表体第一行【款项类型】单元格选择【预收款】，如图 5-38 所示，单击【保存】按钮。

预收货款

收款单

打印模版：应收收款单打印模板

表体排序

单据编号	0000000005	日期	2020-01-12	客户	苏湖贸易
结算方式	电汇	结算科目	100201	币种	人民币
汇率	1	金额	50000.00	本币金额	50000.00
客户银行	中国工商银行广州工业路支行	客户账号	3555788464541247558	票据号	34795612
部门	销售部	业务员	吴彬成	项目	
摘要					

	款项类型	客户	部门	业务员	金额	本币金额	科目
1	预收款	苏湖贸易	销售部	吴彬成	50000.00	50000.00	2203
2							

图 5-38　预收货款的收款单

③ 虚拟收款单

执行【收款单据录入】命令，打开【收付款单录入】窗口。

单击工具栏中的【增加】按钮，根据任务资料，表头【客户】选择【欧意卖场】，【结算方式】选择【其他】，【结算科目】修改为【6711 营业外支出】，【金额】输入【13 392.00】，如图 5-39 所示，单击【保存】按钮。

虚拟收款单

收款单

表体排序

单据编号	0000000006	日期	2020-01-12	客户	欧意卖场
结算方式	其他	结算科目	6711	币种	人民币
汇率	1	金额	13392.00	本币金额	13392.00
客户银行	中国银行重庆市解放北路支行	客户账号	4664888894662133221	票据号	
部门	销售部	业务员	吴彬成	项目	
摘要					

	款项类型	客户	部门	业务员	金额	本币金额	
1	应收款	欧意卖场	销售部	吴彬成	13392.00	13392.00	1122

图 5-39　虚拟收款单

➲温馨提示

*增值税不能享受现金折扣。

*在填制收款单后，可以直接单击工具栏中的【核销】按钮进行单据核销。

*若发生退款业务，可以单击工具栏中的【切换】按钮，填制红字收款单。

项目五 应收款管理系统

> *虚拟收款单是指结算方式为【其他】,结算科目为非现金、银行科目的收款单。
> *应收、预收用途的付款单可与应收、预收用途的收款单进行红票对冲或核销处理。
> *应收款:用于冲销应收账款,表体对应的科目为受控科目。
> *预收款:用于形成预收账款,表体对应的科目为受控科目。
> *其他费用:表体对应的科目为非受控科目。
> *现款结算:用于核销现款结算的发票,表体对应的科目为受控科目。该类收款单只能在对应发票审核时才能核销。
> *销售定金:表体对应的科目为非受控科目。

(2) 修改收款单据

➡ **任务资料**

2020年1月13日,发现本月11日所填制的收到苏湖贸易电汇款收款单有误,正确金额应为17 425.00元。

➡ **岗位说明**

操作时间:2020-01-13,操作员【W02】登录企业应用平台,修改收款单据。

修改收款单据

➡ **操作细则**

在【业务工作】|【财务会计】|【应收款管理】|【收款单据处理】选项卡下执行【收款单据录入】命令,打开【收付款单录入】窗口。

单击工具栏中的【定位】按钮,打开【收付款单定位条件】对话框,在【单据日期】栏选择【2020-01-11】,【客户】栏选择【苏湖贸易】。单击【确定】找到该收款单。单击【修改】按钮,修改表头、表体中的【金额】为【17 425.00】,单击【保存】按钮,如图5-40所示。

图5-40 修改收款单据

> ➡ **温馨提示**
> *通过单击【定位】按钮右侧的【⬅】(上张)、【➡】(下张)、【⏮】(首张)、【⏭】(末张)也可以实现单据的查找。

(3) 删除收款单据

➡ **任务资料**

2020年1月14日,发现本月11日所填制的收取海派超市10 848.00元货款的收款单有误，应删除。

岗位说明

操作时间：2020-01-14，操作员【W02】登录企业应用平台，删除收款单据。

删除收款单据

操作细则

在【业务工作】|【财务会计】|【应收款管理】|【收款单据处理】选项卡下执行【收款单据录入】命令，打开【收付款单录入】窗口。

单击工具栏中的【定位】按钮，打开【收付款单定位条件】对话框，在【客户】栏选择【006 海派超市】，【本币金额】栏录入【10 848.00】，如图 5-41 所示。

图 5-41 【收付款单定位条件】对话框

单击【确定】按钮找到该收款单。单击【删除】按钮，弹出【单据删除后不能恢复，是否继续？】提示框，单击【是】按钮，删除该收款单。

温馨提示

*若收款单已有后续处理，如审核、制单、转账、核销等，则不能直接修改或删除，须将后续处理全部取消，才能再进行修改或删除操作。

（4）审核收款单据

任务资料

2020 年 1 月 20 日，审核本月生成的全部收款单据。

岗位说明

操作时间：2020-01-20，操作员【W02】登录企业应用平台，审核收款单据。

审核收款单据

操作细则

在【业务工作】|【财务会计】|【应收款管理】|【收款单据处理】选项卡下执行【收款单据审核】命令，打开【收付单查询条件】对话框。单击【确定】按钮，打开【收付款单列表】。单击工具栏中的【全选】按钮，列表左侧的【选择】列显示【Y】字样，表示已选中该单据。

单击【审核】按钮，弹出审核结果提示框，单击【确定】按钮，此时单据列表的【审核人】列均显示【汪奇】，完成选中单据的审核操作。

⊃ 温馨提示

*月末结账前本月生成的收款单必须全部审核。不能在已结账月份中进行审核或弃审处理。

（5）核销处理

✐ 任务资料

2020 年 1 月 20 日，对苏湖贸易、下沙五金、欧意卖场本月发生的销售业务进行核销处理。

✐ 岗位说明

操作时间：2020-01-20，操作员【W02】登录企业应用平台，进行核销处理。

核销处理

✐ 操作细则

在【业务工作】|【财务会计】|【应收款管理】|【核销处理】选项卡下执行【手工核销】命令，打开【核销条件】对话框，【客户】栏选择【苏湖贸易】。

单击【确定】按钮，打开【单据核销】窗口，在窗口下方【35800672】号发票的【本次结算】栏录入【17 425.00】，如图 5-42 所示。单击【保存】按钮，完成核销。

单据日期	单据类型	单据编号	客户	款项类型	结算方式	币种	汇率	原币金额	原币余额	本次结算金额	订单
2019-12-26	收款单	0000000001	苏湖贸易	预收款	转账支票	人民币	1.00000000	8,000.00	8,000.00		
2020-01-11	收款单	0000000002	苏湖贸易	应收款	电汇	人民币	1.00000000	17,425.00	17,425.00	17,425.00	
2020-01-12	收款单	0000000005	苏湖贸易	预收款	电汇	人民币	1.00000000	50,000.00	50,000.00		
合计									75,425.00	75,425.00	17,425.00

单据日期	单据类型	单据编号	到期日	客户	币种	原币金额	原币余额	可享受折扣	本次折扣	本次结算
2020-01-02	销售专...	35800672	2020-01-02	苏湖贸易	人民币	25,425.00	25,425.00	0.00	0.00	17,425.00
合计						25,425.00	25,425.00	0.00		17,425.00

图 5-42 苏湖贸易核销界面

按照上述方法完成对下沙五金的核销处理。该笔业务涉及现金折扣，根据付款条件，客户享受 2% 的折扣，实际收款为 42 624.00 元。核销时，需在【39980225】号发票的【本次折扣】栏录入【768.00】，【本次结算】栏录入【42 624.00】，如图 5-43 所示。单击【保存】按钮，完成核销。

单据日期	单据类型	单据编号	客户	款项类型	结算方式	币种	汇率	原币金额	原币余额	本次结算金额	订单号
2020-01-11	收款单	0000000004	下沙五金	应收款	电汇	人民币	1.00000000	42,624.00	42,624.00	42,624.00	
合计									42,624.00	42,624.00	

单据日期	单据类型	单据编号	到期日	客户	币种	原币金额	原币余额	可享受折扣	本次折扣	本次结算
2020-01-04	销售专...	39980225	2020-02-03	下沙五金	人民币	43,392.00	43,392.00	0.00	768.00	42,624.00
合计						43,392.00	43,392.00	0.00	768.00	42,624.00

图 5-43 下沙五金核销界面

按照上述方法完成对欧意卖场的核销处理，如图 5-44 所示。单击【保存】按钮，完成核销。

图 5-44 欧意卖场核销界面

➲ 温馨提示

*通过核销功能可将收款单与发票或应收单相冲抵,减少企业债权。
*在下沙五金业务中,实际收款金额=43 392.00−480.00×80×2% =42 624.00(元)。
*核销后不能再对单据做其他处理,除非在期末处理中执行【取消操作】命令。
*若发票中同时存在红蓝业务,则核销时应先进行单据的红票对冲操作。

➲ 课堂思考

什么情况下需要进行核销处理?

(6)制单处理

➲ 任务资料

2020 年 1 月 20 日,按客户对本月已核销的收款单据进行制单处理。

➲ 岗位说明

操作时间:2020-01-20,操作员【W02】登录企业应用平台,在应收款管理系统中进行制单处理。

收款单据制单处理

➲ 操作细则

在【业务工作】|【财务会计】|【应收款管理】选项卡下执行【制单处理】命令,打开【制单查询】对话框,勾选【收付款单制单】和【核销制单】选项,如图 5-45 所示。单击【确定】按钮,打开【制单】窗口,显示应收制单列表。

图 5-45 【制单查询】对话框

单击列表表头【客户名称】项,单据即按客户名称排序,在列表左侧的【选择标志】

列录入制单序号,相同客户名称录入同一序号,如图 5-46 所示。

图 5-46 应收制单列表

单击【制单】按钮,进入填制凭证界面,单击【保存】按钮,保存当前记账凭证并将其传递到总账系统。单击【➡】后再单击【保存】按钮,将后续凭证逐一保存,如图 5-47~图 5-49 所示。

图 5-47 已制单记账凭证 1

图 5-48 已制单记账凭证 2

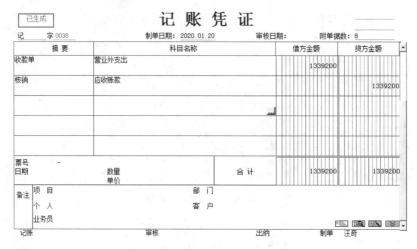

图 5-49 已制单记账凭证 3

⟹ 温馨提示

在实际操作中，一般将【收付款单制单】和【核销制单】合并处理。

（7）选择收款

⟹ 任务资料

2020 年 1 月 28 日，销售部赵丽丽通知财务，收到亮基家居本月货款及代垫运费 27 620.00 元。结算方式：电汇，票据号：73698214。

⟹ 岗位说明

操作时间：2020-01-28，操作员【W02】登录企业应用平台，选择收款并制单。

选择收款

⟹ 操作细则

在【业务工作】|【财务会计】|【应收款管理】选项卡下执行【选择收款】命令，打开【选择收款—条件】对话框，在【客户】栏选择【亮基家居】，如图 5-50 所示。

图 5-50 【选择收款—条件】对话框

单击【确定】按钮，打开选择收款列表。单击【全选】按钮，如图 5-51 所示。

项目五 应收款管理系统

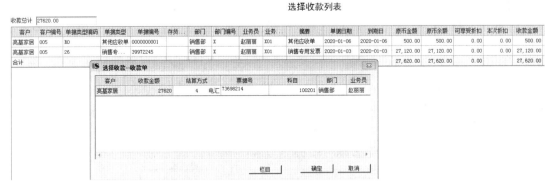

图 5-51 选择收款列表

单击【确认】按钮,打开【选择收款—收款单】对话框,【结算方式】栏选择【电汇】,【票据号】录入【73698214】,如图 5-52 所示。单击【确定】按钮,完成选择收款。

图 5-52 【选择收款—收款单】对话框

执行【制单处理】命令,打开【制单查询】对话框,勾选【收付款单制单】和【核销制单】,单击【确定】按钮,显示应收单据列表。

依次单击【全选】、【合并】、【制单】按钮,进入填制凭证界面,单击【保存】按钮,保存当前记账凭证并将其传递到总账系统,如图 5-53 所示。

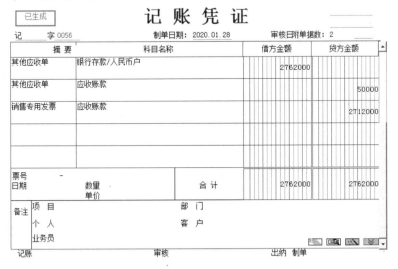

图 5-53 已制单记账凭证

➲ 温馨提示

* 如果只收取了某单据的部分金额,可以手工录入收款金额。

* 选择收款也可以处理有现金折扣的收款核销业务。

*选择收款后系统自动生成已审核、已核销的收款单。

*若要修改或删除已生成的选择收款单,需要先取消其核销及审核处理。

任务三 票据管理

1. 商业汇票出票

➥ 任务资料

2020年1月28日,销售部赵丽丽通知财务,收到伟峰建筑签发并承兑的银行承兑汇票一张(票号:42516829),用于支付2020年1月5日发生的货款。汇票面值为54 240.00元,到期日为2020年4月28日。票面记载的收款人开户银行为中国工商银行杭州江滨路支行。

2020年1月29日,销售部吴彬成通知财务,收到欧意卖场签发并承兑的银行承兑汇票一张(票号:71023827),用于偿还2019年12月12日的欠款。汇票面值为20 000.00元,到期日为2020年7月29日。票面记载的收款人开户银行为中国工商银行杭州江滨路支行。

应收款管理系统商业汇票出票流程如图5-54所示。

图5-54 应收款管理系统商业汇票出票流程

➥ 岗位说明

操作时间:2020-01-××(××系业务发生日期),操作员【W02】登录企业应用平台,在应收款管理系统中录入、审核商业汇票并制单。

➥ 操作细则

在【业务工作】|【财务会计】|【应收款管理】选项卡下执行【票据管理】命令,打开【条件查询选择】对话框,单击【确定】按钮,打开【票据管理】窗口。

票据管理

单击【增加】按钮,根据任务资料填制银行承兑汇票,如图5-55所示,单击【保存】按钮。

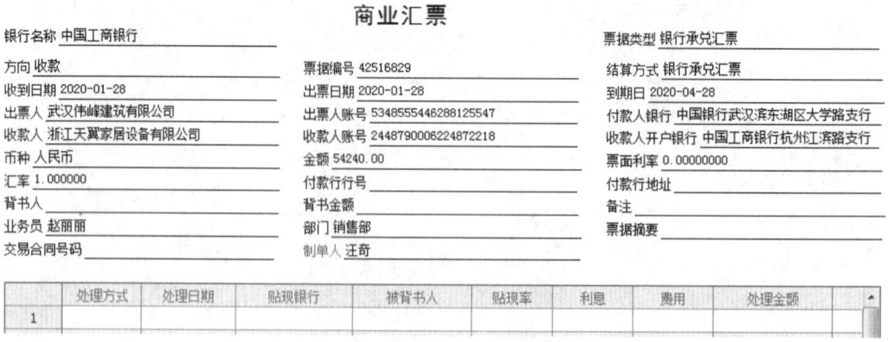

图5-55 银行承兑汇票1

按照上述方法填制第二张银行承兑汇票,如图5-56所示。

商业汇票

银行名称 中国工商银行	票据编号 71023827	票据类型 银行承兑汇票
方向 收款		结算方式 银行承兑汇票
收到日期 2020-01-29	出票日期 2020-01-29	到期日 2020-07-29
出票人 重庆欧意卖场有限公司	出票人账号 4664888894662133221	付款人银行 中国银行重庆市解放北路支行
收款人 浙江天翼家居设备有限公司	收款人账号 2448790006224872218	收款人开户银行 中国工商银行杭州江滨路支行
币种 人民币	金额 20000.00	票面利率 0.00000000
汇率 1.000000	付款行行号	付款行地址
背书人	背书金额	备注
业务员 吴彬成	部门 销售部	票据摘要
交易合同号码	制单人 汪奇	

	处理方式	处理日期	贴现银行	被背书人	贴现率	利息	费用	处理金额
1								

图 5-56　银行承兑汇票 2

执行【收款单据处理】|【收款单据审核】命令，审核上述两张收款单据。

执行【制单处理】命令，在【制单查询】对话框中勾选【收付款单制单】选项，进行收款单据制单，生成两张记账凭证并保存，如图 5-57、图 5-58 所示。

图 5-57　已制单记账凭证 1

图 5-58　已制单记账凭证 2

> **温馨提示**
>
> *若所收商业汇票为预收款，则保存商业汇票后可到【收款单据录入】中查询到该票据，然后将表体的【款项类别】修改为【预收款】即可。

课堂思考

商业承兑汇票与银行承兑汇票有何区别？在录入用友系统时有何操作区别？

2. 票据到期结算

任务资料

2020年1月29日，【19565501】号银行承兑汇票到期，财务人员到中国工商银行杭州江滨路支行办理结算，当日收到票款。

应收票据的到期结算流程如图5-59所示。

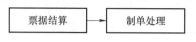

图5-59　应收票据到期结算流程

岗位说明

操作时间：2020-01-29，操作员【W02】登录企业应用平台，进行应收票据到期结算、制单处理。

票据到期结算

操作细则

在【业务工作】|【财务会计】|【应收款管理】选项卡下执行【票据管理】命令，打开【条件查询选择】对话框，单击【确定】按钮，打开【票据管理】窗口。

双击【19565501】号票据左侧的【选择】栏，该栏显示【Y】字样，表示选中该票据。单击【结算】按钮，弹出【票据结算】对话框，【结算科目】栏选择【100201】，【托收单位】栏选择【中国工商银行杭州江滨路支行】，如图5-60所示。

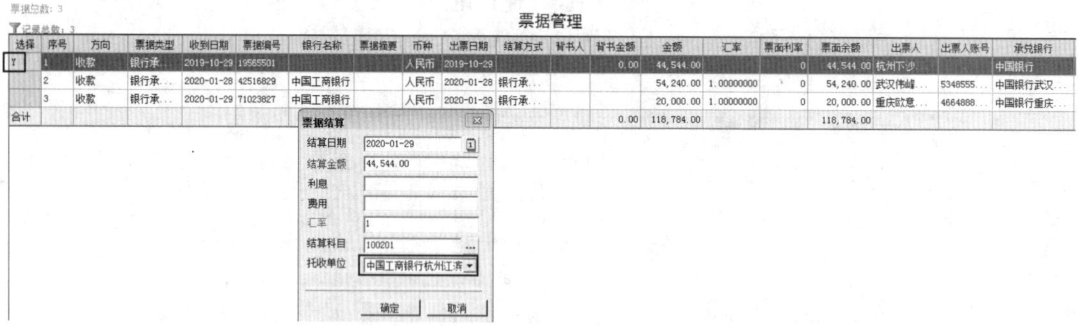

图5-60　【票据结算】对话框

单击【确定】按钮，系统提示【是否立即制单？】，单击【是】，进入填制凭证界面，录入相应科目，单击【保存】按钮，制单结果如图5-61所示。

项目五 应收款管理系统

图 5-61 票据结算凭证制单结果

3．票据贴现

📌 任务资料

2020 年 1 月 31 日，财务人员到工行杭州江滨路支行将【42516829】号商业承兑汇票办理贴现。贴现率为 7%，贴现款当日存入银行。贴息计入【财务费用】科目。

📌 岗位说明

操作时间：2020-01-31，操作员【W02】登录企业应用平台，在应收款管理系统中进行票据贴现。

票据贴现

📌 操作细则

在【业务工作】|【财务会计】|【应收款管理】选项卡下执行【票据管理】命令，打开【条件查询选择】对话框，单击【确定】按钮，打开【票据管理】窗口。

双击【42516829】号票据左侧的【选择】栏，该栏显示【Y】字样，表示选中该票据。单击【贴现】按钮，弹出【票据贴现】对话框，根据任务资料，【贴现率】栏录入【7】，【结算科目】栏选择【100201】，如图 5-62 所示。

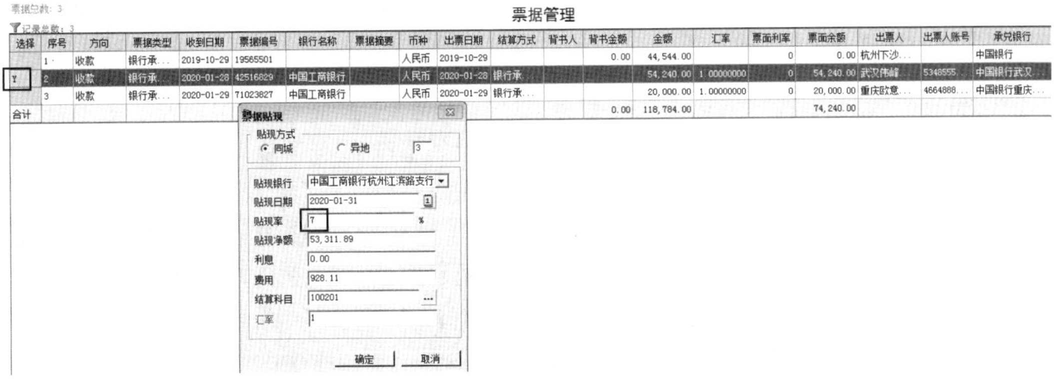

图 5-62 【票据贴现】对话框

单击【确定】按钮，系统提示【是否立即制单？】，单击【是】，进入填制凭证界面，添加记账凭证科目【6603 财务费用】，单击【保存】按钮，制单结果如图 5-63 所示。

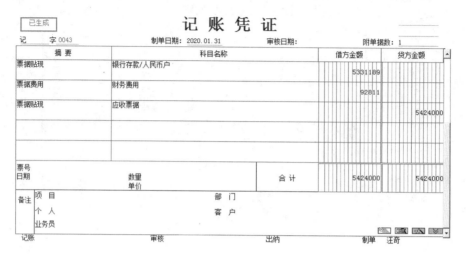

图 5-63　票据贴现凭证制单结果

➲ 温馨提示

*本例中，贴现利息=54 240.00×7%×88/360=928.11（元）。

➢ 课堂思考

已结算的票据是否能贴现？

4．票据背书

➢ 任务资料

2020 年 1 月 31 日，将【71023827】号银行承兑汇票转让给建昌五金，用于偿还 2019 年 12 月 20 日的欠款。

➢ 岗位说明

操作时间：2020-01-31，操作员【W02】登录企业应用平台，在应收款管理系统中进行票据背书。

➢ 操作细则

票据背书

在【业务工作】|【财务会计】|【应收款管理】选项卡下执行【票据管理】命令，打开【条件查询选择】对话框，单击【确定】按钮，打开【票据管理】窗口。

双击【71023827】号票据左侧的【选择】栏，该栏显示【Y】字样，表示选中该票据。单击【背书】按钮，弹出【票据背书】对话框，根据任务资料，【背书金额】栏录入【20 000.00】，【被背书人】栏选择【001 建昌五金】，如图 5-64 所示。

单击【确定】按钮，弹出【冲销应付账款】对话框，在 2019 年 12 月 20 日票据的【转账金额】栏录入【20 000.00】，单击【确定】按钮，系统提示【是否立即制单？】，单击

项目五 应收款管理系统

【是】,进入填制凭证界面,单击【保存】按钮,制单结果如图 5-65 所示。

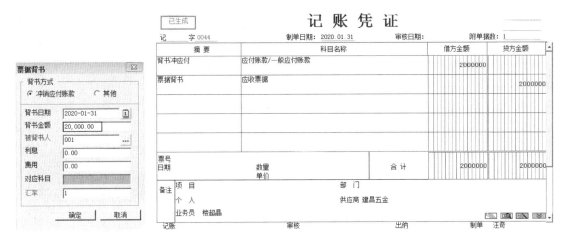

图 5-64 【票据背书】对话框　　　　图 5-65 票据背书凭证制单结果

> ○ 温馨提示
> *票据经过贴现、背书、结算等处理后,不能再进行其他处理。

任务四　转 账 处 理

1. 应收冲应收

➤ 任务资料

2020 年 1 月 31 日,经三方协商一致,将 2019 年 12 月 12 日应收欧意卖场货款中的 10 000.00 元转至伟峰建筑名下。

➤ 岗位说明

操作时间:2020-01-31,操作员【W02】登录企业应用平台,进行应收冲应收操作。

应收冲应收

➤ 操作细则

在【业务工作】|【财务会计】|【应收款管理】|【转账】选项卡下执行【应收冲应收】命令,打开【应收冲应收】对话框。

在转出的【客户】栏选择【欧意卖场】,在转入的【客户】栏选择【伟峰建筑】,单击左上角的【查询】按钮,在【15773988】号发票的【并账金额】栏录入【10 000.00】,如图 5-66 所示。

单击【保存】按钮,系统提示【是否立即制单?】,单击【是】,进入填制凭证界面,单击【保存】按钮,制单结果如图 5-57 所示。

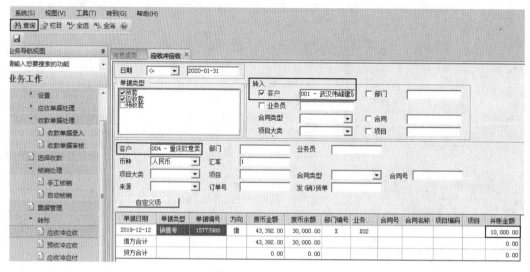

图 5-66　应收冲应收

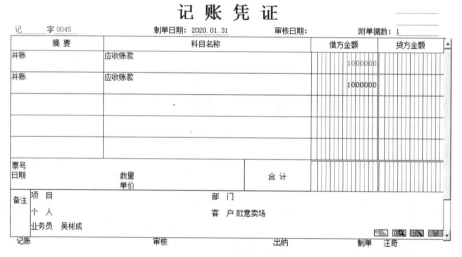

图 5-67　应收冲应收凭证制单结果

➡ 温馨提示

*应收冲应收也称并账，是指将应收款在客户、部门、业务员、项目之间进行转移，实现应收业务间的调整。

2．预收冲应收

➡ 任务资料

2020 年 1 月 31 日，经双方协商一致，将苏湖贸易 2019 年 12 月 26 日的 8 000.00 元预收款冲抵本月 2 日的应收款。

➡ 岗位说明

操作时间：2020-01-31，操作员【W02】登录企业应用平台，进行预收冲应收操作。

项目五 应收款管理系统

➤ **操作细则**

在【业务工作】|【财务会计】|【应收款管理】|【转账】选项卡下执行【预收冲应收】命令,打开【预收冲应收】对话框。

在【预收款】选项卡中,【客户】栏选择【苏湖贸易】,单击【过滤】按钮,在所过滤销售专用发票的【转账金额】栏录入【8 000.00】,如图 5-68 所示。

预收冲应收

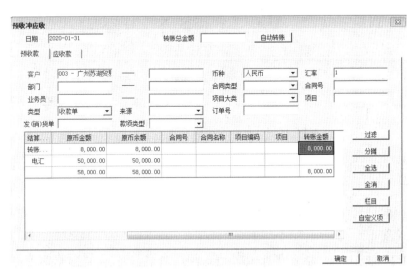

图 5-68 预收冲应收—【预收款】选项卡

在【应收款】选项卡中,单击【过滤】按钮,在所过滤销售专用发票的【转账金额】栏录入【8 000.00】,如图 5-69 所示。

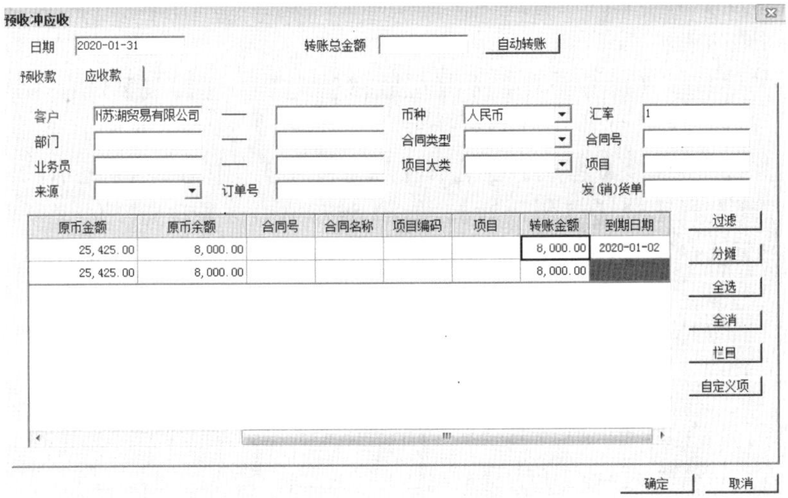

图 5-69 预收冲应收—【应收款】选项卡

单击【确定】按钮,系统提示【是否立即制单?】,单击【是】,进入填制凭证界面,单击【保存】按钮,制单结果如图 5-70 所示。

```
┌─────────────────────────────────────────────────────────────┐
│ 已生成                     记 账 凭 证                        │
│   记    字 0045    制单日期：2020.01.31   审核日期：   附单据数：1 │
│      摘 要          科目名称          借方金额      贷方金额    │
│   预收冲应收      预收账款                         800000      │
│   销售专用发票    应收账款                         800000      │
│                                                              │
│   票号                                                        │
│   日期            数量              合 计                     │
│                   单价                                        │
│   备注  项 目                部 门                            │
│         个 人                客 户 苏湖贸易                   │
│         业务员 吴彬成                                         │
│   记账         审核          出纳         制单 汪奇           │
└─────────────────────────────────────────────────────────────┘
```

图 5-70 预收冲应收凭证制单结果

> ⊃温馨提示
>
> *预收冲应收就是将预收款与应收款进行对冲。

3. 应收冲应付

↘ 任务资料

2020 年 1 月 31 日，经三方协商一致，将 2019 年 12 月 12 日应收欧意卖场货款中的 800.00 元冲销本月应付杭州快通的 800.00 元运输包车费。

↘ 岗位说明

操作说明：2020-01-31，操作员【W02】登录企业应用平台，进行应收冲应付操作。

应收冲应付

↘ 操作细则

在【业务工作】|【财务会计】|【应收款管理】|【转账】选项卡下执行【应收冲应付】命令，打开【应收冲应付】对话框。

在【应收】选项卡中，【客户】栏选择【欧意卖场】，如图 5-71 所示。在【应付】选项卡中，【供应商】栏选择【杭州快通】，如图 5-72 所示。

```
┌─────────────────────────────────────────────────┐
│ 应收冲应付                               ☒      │
│ 日期 2020-01-31   □负单据  转账总金额        自动转账 │
│ ┌应收┐ 应付                                       │
│                                                  │
│   客户   004 - 重庆欧意卖场    币种 人民币   汇率 1 │
│   部门                       业务员       款项类型   │
│   合同类型            ▼      合同号                │
│   项目大类            ▼      项目                  │
│   来源                ▼      订单号                │
│                              发(销)货单              │
│                                                  │
│   ○ 应收冲应付   ○ 预收冲预付    自定义项 确定 取消 │
└─────────────────────────────────────────────────┘
```

图 5-71 应收冲应付—【应收】选项卡

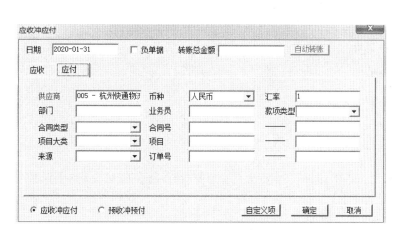

图 5-72 应收冲应付—【应付】选项卡

单击【确定】按钮，打开【应收冲应付】窗口。在窗口上方销售专用发票的【转账金额】栏录入【800.00】，在窗口下方其他应付单的【转账金额】栏录入【800.00】，如图 5-73 所示。

转账总金额

单据日期	单据类型	单据编号	原币余额	合同号	合同名称	项目编码	项目	转账金额
2019-12-12	销售专...	15773988	20,000.00					800.00
合计			20,000.00					800.00

单据日期	单据类型	单据编号	原币余额	合同号	合同名称	项目编码	项目	转账金额
2020-01-08	其他应付单	0000000001	800.00					800.00
合计			800.00					800.00

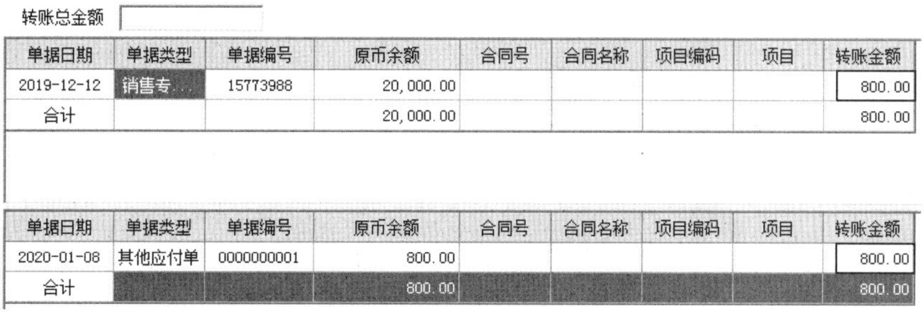

图 5-73 应收冲应付

单击【保存】按钮，系统提示【是否立即制单？】，单击【是】，进入填制凭证界面，单击【保存】按钮，制单结果如图 5-74 所示。

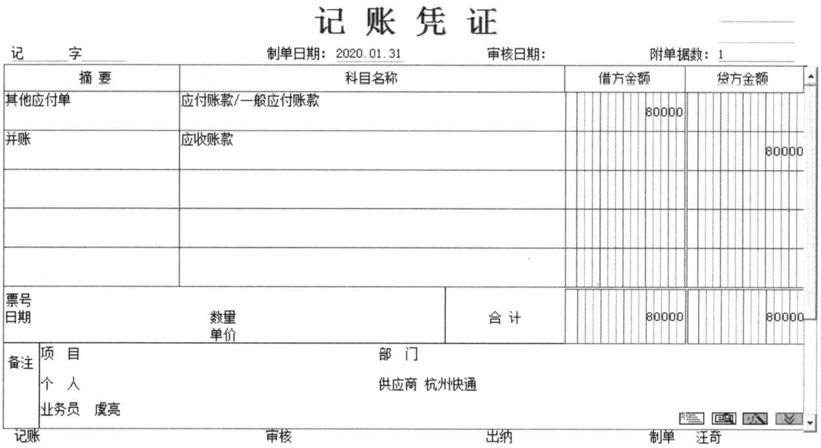

图 5-74 应收冲应付凭证制单结果

➲温馨提示

*应收冲应付即是用应收某客户的款项冲抵应付某供应商的款项。

4．红票对冲

➘ 任务资料

2020 年 1 月 31 日，对海派超市的退货业务进行红票对冲。

➘ 岗位说明

操作时间：2020-01-31，操作员【W02】登录企业应用平台，在应收款管理系统中进行红票对冲操作。

➘ 操作细则

在【业务工作】|【财务会计】|【应收款管理】|【转账】选项卡下执行【红票对冲】|【手工对冲】命令，打开【红票对冲条件】对话框。在【通用】选项卡中，【客户】栏选择【006 海派超市】，如图 5-75 所示。

应收款管理系统
红票对冲

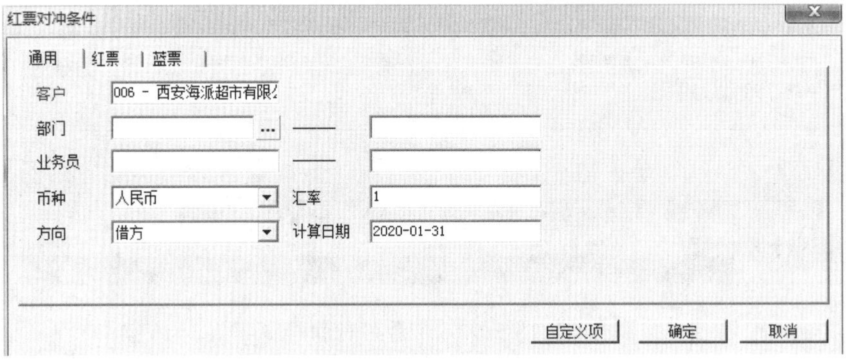

图 5-75　红票对冲条件—【通用】选项卡

单击【确定】按钮，打开【红票对冲】窗口。在窗口下方销售专用发票的【对冲金额】栏录入【5 085.00】，如图 5-76 所示。

单据日期	单据类型	单据编号	客户	币种	原币金额	原币余额	对冲金额	部门	业务员
2020-01-06	销售专...	59235874	海派超市	人民币	5,085.00	5,085.00	5,085.00	销售部	吴彬成
合计					5,085.00	5,085.00	5,085.00		

单据日期	单据类型	单据编号	客户	币种	原币金额	原币余额	对冲金额	部门	业务员
2019-12-30	销售专...	36874492	海派超市	人民币	66,105.00	66,105.00	5,085.00	销售部	吴彬成
合计					66,105.00	66,105.00	5,085.00		

图 5-76　红票对冲

单击【保存】按钮，系统提示【是否立即制单？】，单击【是】，进入填制凭证界面，单击【保存】按钮，制单结果如图 5-77 所示。

图 5-77 红票对冲凭证制单结果

> ● 温馨提示
>
> *红票对冲即是用某客户的红字发票与其蓝字发票进行对冲抵扣。
> *红票对冲单击【保存】按钮后,若系统不提示【是否立即制单?】,则应打开【应收款管理】|【设置】|【选项】对话框,在【凭证】选项卡的【受控科目制单方式】栏右侧下拉选择【明细到单据】选项即可。

任务五 坏账处理

1. 坏账发生

➡ 任务资料

2020 年 1 月 31 日,欧意卖场于 2019 年 12 月 12 日产生的应收款中有 4 200.00 元发生坏账。

➡ 岗位说明

操作时间:2020-01-31,操作员【W02】登录企业应用平台,在应收款管理系统中进行坏账处理。

坏账发生

➡ 操作细则

在【业务工作】|【财务会计】|【应收款管理】|【坏账处理】选项卡下执行【坏账发生】命令,打开【坏账发生】对话框。在【客户】栏选择【欧意卖场】,如图 5-78 所示。

图 5-78 【坏账发生】对话框

单击【确定】按钮,打开【发生坏账单据明细】。在【本次发生坏账金额】栏录入【4 200】,如图 5-79 所示。

坏账发生单据明细

单据类型	单据编号	单据日期	合同号	合同名称	到期日	余 额	部 门	业务员	本次发生坏账金额
销售专用发票	15773988	2019-12-12			2019-12-12	19,200.00	销售部	吴彬成	4200
合 计						19,200.00			4,200.00

图 5-79　坏账发生单据明细

单击【保存】按钮,系统提示【是否立即制单?】,单击【是】,进入填制凭证界面,单击【保存】按钮,制单结果如图 5-80 所示。

记 账 凭 证

记　　字	制单日期:2020.01.31	审核日期:	附单据数:1
摘　要	科目名称	借方金额	贷方金额
坏账发生	坏账准备	420000	
开账	应收账款		420000
票号 日期	数量 单价	合计　　420000	420000
备注	项 目 个 人 业务员	部 门 客 户	
记账	审核	出纳	制单　汪奇

图 5-80　坏账发生凭证制单结果

2. 坏账收回

▶ 任务资料

2020 年 1 月 31 日,销售部吴彬成通知财务,收到银行通知,收回已做坏账处理的应向欧意卖场收取的应收账款 4 200.00 元(结算方式:电汇,票号:28924732)。

▶ 岗位说明

操作时间:2020-01-31,操作员【W02】登录企业应用平台,录入收款单并进行坏账收回操作。

▶ 操作细则

坏账收回

在【业务工作】|【财务会计】|【应收款管理】选项卡下执行【收款单据处理】|【收款单据录入】命令,打开【收款单据录入】窗口。单击【增加】按钮,根据任务资料填制一张【收款单】,如图 5-81 所示,保存收款单。

项目五　应收款管理系统

图 5-81　坏账收回收款单

执行【坏账处理】|【坏账收回】命令，打开【坏账收回】对话框。【客户】栏选择【欧意卖场】，【结算单号】选择上一步所填制的收款单号，如图 5-82 所示。

单击【保存】按钮，系统提示【是否立即制单？】，单击【是】，进入填制凭证界面，单击【保存】按钮，制单结果如图 5-83 所示。

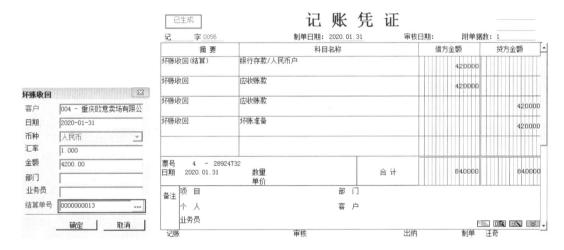

图 5-82　【坏账收回】对话框　　　　图 5-83　坏账收回凭证制单结果

⇨ 温馨提示

*坏账收回收款单应单独填制，且不需进行审核。

3．计提坏账准备

📎 **任务资料**

2020 年 1 月 31 日，计提坏账准备（视同年末）。

📎 **岗位说明**

操作时间：2020-01-31，操作员【W02】登录企业应用平台，在应收款管理系统中计提坏账准备。

📎 **操作细则**

计提坏账准备

在【业务工作】|【财务会计】|【应收款管理】|【坏账处理】选项卡下执行【计提坏账准备】命令，打开【应收账款百分比法】窗口，如图 5-84 所示。

应收账款...	计提比率	坏账准备	坏账准备余额	本次计提
16,020.00	0.500%	80.10	547.49	-467.39

图5-84 计提坏账准备

单击【确认】按钮,系统提示【是否立即制单?】,单击【是】,进入填制凭证界面,单击【保存】按钮,制单结果如图5-85所示。

记 账 凭 证

记 字		制单日期:2020.01.31	审核日期:	附单据数:1	
摘 要	科目名称			借方金额	贷方金额
计提坏账准备	资产减值损失			467.39	
计提坏账准备	坏账准备				467.39
			合 计	467.39	467.39

图5-85 计提坏账准备凭证制单结果

➲ 温馨提示

*应收账款总额为本会计年度最后一天的所有未结算完的发票和应收单余额合计数减去预收款余额。

任务六 其他操作

1. 取消操作

➥ 任务资料

2020年1月31日,取消本月对海派超市的红票对冲操作。

➥ 岗位说明

操作时间:2020-01-31,操作员【W02】登录企业应用平台,在应收款管理系统中查询并删除目标凭证,取消红票对冲。

应收款管理系统
取消操作

➥ 操作细则

在【业务工作】|【财务会计】|【应收款管理】选项卡下执行【单据查询】|【凭证查询】命令,打开【凭证查询条件】对话框,【业务类型】选择【转账制单】,单击【确定】按钮,打开【凭证查询】窗口。选中【红票对冲】凭证,单击【删除】按钮,系统提示【确定要删除此凭证吗?】,如图5-86

所示。单击【是】，成功删除该记账凭证。

图 5-86 删除红票对冲凭证

执行【其他处理】|【取消操作】命令，打开【取消操作条件】对话框。在【操作类型】下拉框中选择【红票对冲】，如图 5-87 所示。

图 5-87 【取消操作条件】对话框

单击【确定】按钮，打开【取消操作】窗口，双击【红票对冲】栏左侧的【选择标志】栏，即选中该单据，如图 5-88 所示。

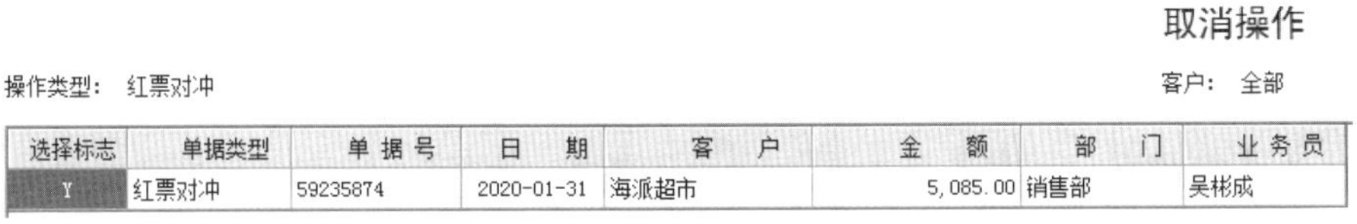

图 5-88 【取消操作】窗口

单击【确认】按钮，完成取消操作。

◎ 温馨提示

*如果某操作类型业务已经制单，则在进行【取消操作】之前，需先在【单据查询】|【凭证查询】中将其对应的记账凭证删除，再进行该业务的取消操作。

*如果待取消业务的记账凭证已经审核、签字、记账处理，则要到总账系统先进行反记账、取消凭证审核和出纳签字等操作，再到应收款管理系统删除凭证。

▷ 课堂思考

哪些业务可以通过【取消操作】进行处理？

2. 单据查询

➡ 任务资料

查询 2020 年 1 月填制的全部销售专用发票和收款单。

➡ 岗位说明

操作时间：2020-01-31，操作员【W02】登录企业应用平台，在应收款管理系统中进行单据查询操作。

➡ 操作细则

（1）查询 2020 年 1 月填制的全部销售专用发票

在【业务工作】|【财务会计】|【应收款管理】|【单据查询】选项卡下执行【发票查询】命令，打开【查询条件选择—发票查询】对话框，在【发票类型】栏选择【销售专用发票】，【包含余额=0】栏选择【是】，单击【确定】按钮，打开销售专用发票查询列表，如图 5-89 所示。

单据日期	单据类型	单据编号	客户	币种	汇率	原币金额	原币余额	本币金额	本币余额	打印次数
2020-01-02	销售专...	35800672	广州苏湖贸易有限公司	人民币	1.00000000	25,425.00	0.00	25,425.00	0.00	0
2020-01-03	销售专...	39972245	北京真基家居有限公司	人民币	1.00000000	27,120.00	0.00	27,120.00	0.00	0
2020-01-04	销售专...	39980225	杭州下沙五金外贸公司	人民币	1.00000000	43,392.00	0.00	43,392.00	0.00	0
2020-01-06	销售专...	59235874	西安海派超市有限公司	人民币	1.00000000	-5,085.00	-5,085.00	-5,085.00	-5,085.00	0
合计						90,852.00	-5,085.00	90,852.00	-5,085.00	

图 5-89　销售专用发票查询列表

（2）查询 2020 年 1 月填制的全部收款单

执行【收付款单查询】命令，打开【查询条件选择—收付款单查询】对话框，在【单据类型】栏选择【收款单】，【包含余额=0】栏选择【是】，单击【确定】按钮，打开收款单查询列表，如图 5-90 所示。

选择打印	单据日期	单据类型	单据编号	客户	币种	汇率	原币金额	原币余额	本币金额	本币余额	打印次数
	2020-01-11	收款单	0000000002	广州苏湖贸易有限公司	人民币	1.00000000	17,425.00	0.00	17,425.00	0.00	0
	2020-01-11	收款单	0000000004	杭州下沙五金外贸公司	人民币	1.00000000	42,624.00	0.00	42,624.00	0.00	0
	2020-01-12	收款单	0000000005	广州苏湖贸易有限公司	人民币	1.00000000	50,000.00	50,000.00	50,000.00	50,000.00	0
	2020-01-12	收款单	0000000006	重庆欧意卖场有限公司	人民币	1.00000000	13,392.00	0.00	13,392.00	0.00	0
	2020-01-28	收款单	0000000015	北京真基家居有限公司	人民币	1.00000000	27,620.00	0.00	27,620.00	0.00	0
	2020-01-28	收款单	0000000016	武汉伟峰建筑有限公司	人民币	1.00000000	54,240.00	54,240.00	54,240.00	54,240.00	0
	2020-01-29	收款单	0000000012	重庆欧意卖场有限公司	人民币	1.00000000	20,000.00	20,000.00	20,000.00	20,000.00	0
	2020-01-31	收款单	0000000013	重庆欧意卖场有限公司	人民币	1.00000000	4,200.00	0.00	4,200.00	0.00	0
合计							229,501.00	124,240.00	229,501.00	124,240.00	

图 5-90　收款单查询列表

3. 账表管理

➡ 任务资料

查询 2020 年 1 月的全部业务总账和应收账款科目余额表。

➡ 岗位说明

操作时间：2020-01-31，操作员【W02】登录企业应用平台，查询应收款管理系统账表。

项目五　应收款管理系统

➢ 操作细则

（1）查询2020年1月的全部业务总账

在【业务工作】|【财务会计】|【应付款管理】|【账表管理】选项卡下执行【业务账表】|【业务总账】命令，打开【查询条件选择—应收总账表】对话框，单击【确定】按钮，打开应收总账表，如图5-91所示。

应收总账表

期间	本期应收 本币	本期收回 本币	余额 本币	月回收率%	年回收率%
期初余额			101,497.00		
202001	149,792.00	235,269.00	16,020.00	157.06	157.06
总计	149,792.00	235,269.00	16,020.00		

图5-91　应收总账表

（2）查询2020年1月的应收账款科目余额表

执行【科目账查询】|【科目余额表】命令，打开【客户往来科目余额表】对话框，在查询条件的【科目】栏选择【1122 应收账款】，单击【确定】按钮，打开【应收账款科目余额表】，如图5-92所示。

科目余额表

科目 1122 应收账款

| 科目 | | 客户 | | 方向 | 期初余额 | 借方 | | 贷方 | 方向 | 期末余额 |
编号	名称	编号	名称		本币	本币		本币		本币
1122	应收账款	001	武汉伟峰建筑有限公司	平		64,240.00		54,240.00	借	10,000.00
1122	应收账款	002	杭州下沙五金外贸公司	平		43,392.00		43,392.00	平	
1122	应收账款	003	广州苏潮贸易有限公司	平		25,425.00		25,425.00	平	
1122	应收账款	004	重庆欧意卖场有限公司	借	43,392.00	-5,800.00		42,592.00	贷	5,000.00
1122	应收账款	005	北京高基家居有限公司	平		27,620.00		27,620.00	平	
1122	应收账款	006	西安海派超市有限公司	借	66,105.00	-5,085.00			借	61,020.00
小计：				借	109,497.00	149,792.00		193,269.00	借	66,020.00
合计：				借	109,497.00	149,792.00		193,269.00	借	66,020.00

图5-92　应收账款科目余额表

4. 应收/应付款管理系统期末结账

➢ 任务资料

2020年1月31日，对应收和应付款管理系统进行期末结账。

➢ 岗位说明

操作时间：2020-01-31，操作员【W02】登录企业应用平台，进行应收和应付款管理系统的期末结账。

➢ 操作细则

（1）应收款管理系统期末结账

在【业务工作】|【财务会计】选项卡下执行【应收款管理】|【期末处理】|【月末结账】命令，打开【月末结账】窗口，双击2020年1月的【结账标志】栏使其显示【Y】字样，单击【下一步】按钮，弹出【月末处理】对话框，显示本月各处理类型的处理情

况，如图 5-93 所示。单击【完成】按钮，系统提示【1 月份结账成功】，单击【确定】按钮。

（2）应付款管理系统期末结账

在【业务工作】|【财务会计】选项卡下执行【应付款管理】|【期末处理】|【月末结账】命令，打开【月末结账】窗口，双击 2020 年 1 月的【结账标志】栏，单击【下一步】按钮，弹出【月末处理】对话框，显示本月各处理类型的处理情况，如图 5-94 所示。单击【完成】按钮，系统提示【1 月份结账成功】，单击【确定】按钮。

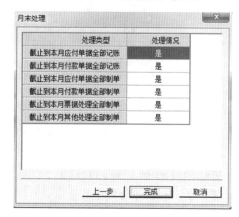

图 5-93　应收款管理系统【月末处理】对话框　　图 5-94　应付款管理系统【月末处理】对话框

➲ 温馨提示

*系统进行月末结账后，该月将不能再进行任何处理。
*如果上月未结账，则本月不能结账。
*如果本月尚有未审核的收付单据，则本月不能结账。
*应付款管理系统与采购管理系统集成使用时，采购管理系统先结账，应付款管理系统后结账。同理，应收款管理系统与销售管理系统集成使用时，销售管理系统先结账，应收款管理系统后结账。

➲ 课堂思考

如何取消应收款管理系统的月末结账？

问题与讨论

1．具有操作权限的会计人员在应收款管理系统中看不到待审核的应收单据，请问该如何解决？

2．试述核销处理与转账处理的区别。

项目六
薪资管理系统

学习目标

知识目标
1. 掌握用友U8平台薪资管理系统日常业务的核算与管理。
2. 掌握薪资管理系统初始化处理。
3. 掌握薪资分摊的操作流程。

能力目标
1. 能够进行工资套的初始化设置及修改。
2. 能够进行薪资分摊和账务处理的设置和应用。

重点难点

1. 薪资分摊设置。
2. 分摊账务处理。

操作流程

本项目操作流程如图6-1所示。

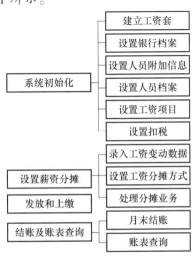

图6-1 薪资管理系统操作流程

任务一　系统初始化

1. 建立工资套

➢ 任务资料

根据表 6-1 建立天翼设备的工资套。

表 6-1　薪资管理系统建账参数

建账向导	设置选项
参数设置	单个工资类别，不核算计件工资
扣税设置	从工资中代扣个人所得税
扣零设置	扣零设置且扣零至元
人员编码	与公共平台的人员编码一致

➢ 岗位说明

操作时间：2020-01-01，操作员【A01】登录企业应用平台，建立薪资管理系统工资套。

建立工资套

➢ 操作细则

在【业务工作】|【人力资源】选项卡下执行【薪资管理】命令，打开【建立工资套】对话框，根据任务资料（表 6-1）依次完成建账步骤，如图 6-2 所示。

a)
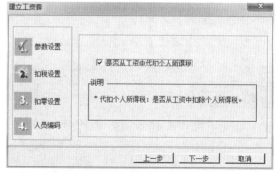
b)

c)

d)

图 6-2　【建立工资套】对话框

单击【完成】按钮,退出【建立工资套】对话框,完成工资套的初始设置。

2．设置银行档案

➢ 任务资料

根据表 6-2 设置天翼设备的银行档案。

表 6-2　设置银行档案

银行编码	银行名称	个人账户规则
01	中国工商银行	定长,账号长度 19,自动带出账号长度 15

➢ 岗位说明

操作时间:2020-01-01,操作员【A01】登录企业应用平台,设置收付结算的银行档案。

➢ 操作细则

在【基础设置】|【基础档案】|【收付结算】选项卡下执行【银行档案】命令,打开【银行档案】窗口,选择【01 中国工商银行】条目,双击打开【修改银行档案】对话框。

在【修改银行档案】对话框的个人账户规则下,勾选【定长】选项,【账号长度】栏录入【19】,【自动带出账号长度】栏录入【15】,如图 6-3 所示。

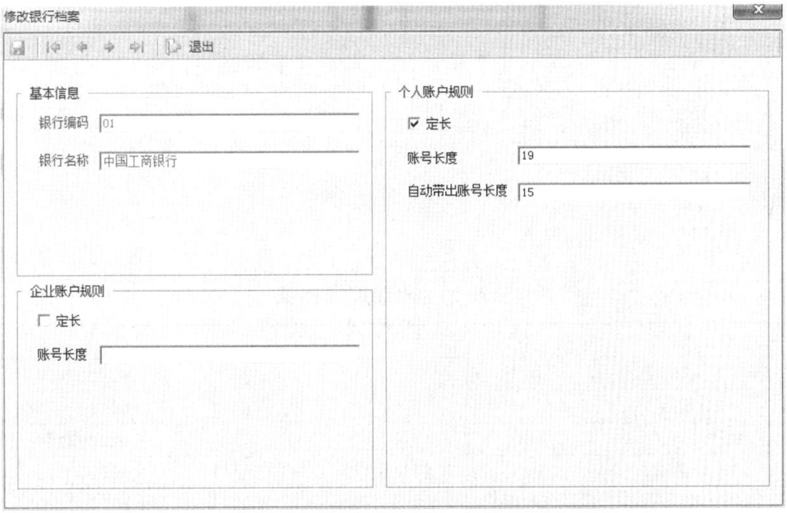

图 6-3　【修改银行档案】对话框

单击【保存】按钮以保存修改,单击【退出】按钮返回主界面。

➢ 温馨提示

*修改银行档案的操作亦可参阅本书项目二-任务三的相关操作指导。

3．设置人员附加信息

➢ 任务资料

新增人员附加信息:学历。

岗位说明

操作时间：2020-01-01，操作员【A01】登录企业应用平台，设置薪资管理系统的人员附加信息。

操作细则

在【业务工作】|【人力资源】|【薪资管理】|【设置】选项卡下执行【人员附加信息设置】命令，打开【人员附加信息设置】对话框。单击【增加】按钮，在【信息名称】栏输入【学历】，单击【确定】按钮以保存修改，如图6-4所示。

图6-4 【人员附加信息设置】对话框

4．设置人员档案

任务资料

根据表6-3设置天翼设备的人员档案。

表6-3 设置人员档案

人员编码	姓名	学历	银行名称	银行账号
M01	陈义宁	硕士	中国工商银行	6222021208001171501
A01	学生姓名	硕士		6222021208001171502
W01	李红	硕士		6222021208001171503
W02	汪奇	硕士		6222021208001171504
W03	李兰青	本科		6222021208001171505
G01	楼超晶	本科		6222021208001171506
G02	虞亮	本科		6222021208001171507
X01	赵丽丽	本科		6222021208001171508
X02	吴彬成	本科		6222021208001171509
P01	杨华	本科		6222021208001171510
P02	冯力文	本科		6222021208001171511
P03	王群靖	本科		6222021208001171512
P04	吴天波	本科		6222021208001171513
P05	陈宇嘉	本科		6222021208001171514
P06	李文超	本科		6222021208001171515
C01	赵敏	大专		6222021208001171516

项目六 薪资管理系统

➢ **岗位说明**

操作时间：2020-01-01，操作员【A01】登录企业应用平台，设置薪资管理系统的人员档案。

➢ **操作细则**

在【业务工作】|【人力资源】|【薪资管理】|【设置】选项卡下执行【人员档案】命令，打开【人员档案】窗口，如图6-5所示。

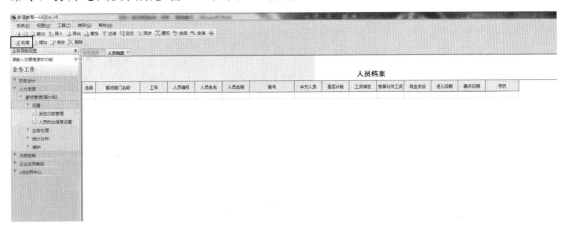

图6-5 【人员档案】窗口

单击【批增】按钮，打开【人员批量增加】对话框，勾选所有科室，单击【查询】按钮，获取企业所有员工信息，单击【全选】按钮，选择所有员工，如图6-6所示。

图6-6 【人员批量增加】对话框

单击【确定】按钮，向人员档案内导入全体员工信息，如图6-7所示。

图 6-7 导入全体员工信息

输入学历和银行账号信息,以【M01 陈义宁】为例:双击【M01 陈义宁】条目,打开【人员档案明细】对话框,在【基本信息】选项卡下的【银行名称】和【银行账号】栏中分别输入【中国工商银行】和【6222021208001171501】,在【附加信息】选项卡下的【学历】栏中输入【硕士】,如图 6-8、图 6-9 所示。

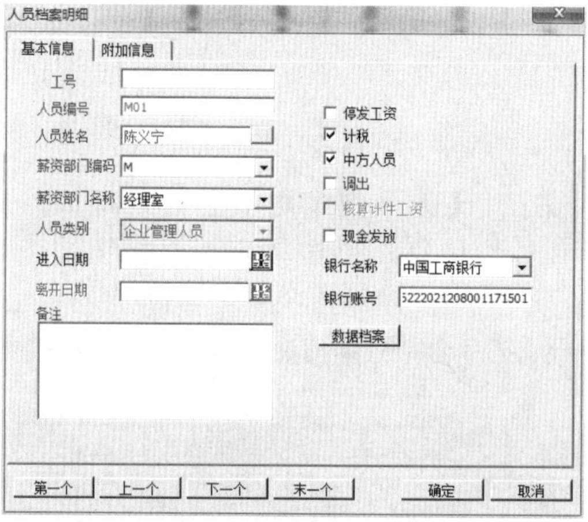

图 6-8 人员档案明细—【基本信息】选项卡

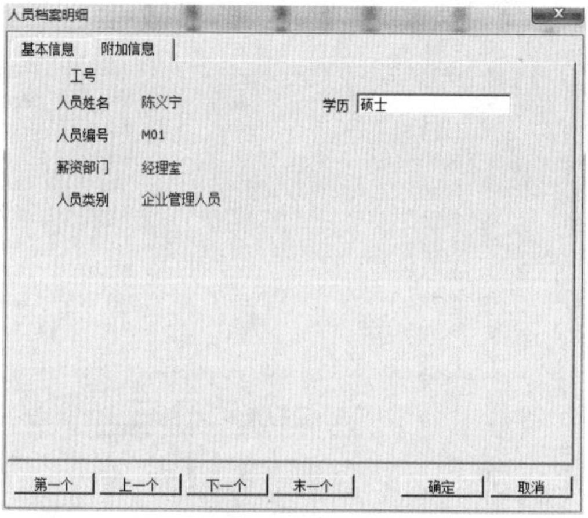

图 6-9 人员档案明细—【附加信息】选项卡

单击【确定】按钮，弹出【薪资管理】对话框，单击【确定】以保存修改，完成人员档案信息录入，如图 6-10 所示。

人员档案

选择	薪资部门名称	工号	人员编号	人员姓名	人员类别	账号	中方人员	是否计税	工资停发	核算计件工资	现金发放	进入日期	离开日期	【学历】
	仓储部	C01		赵敏	企业管理人员	6222021200000117151	否	是	否	否	是			大专
	采购部	G01		徽超品	采购人员	6222021208001171510	是	是	否	否	是			本科
	采购部	G02		虞亮	采购人员	6222021208001171510	是	是	否	否	是			本科
	经理室	A01		学生姓名	企业管理人员	6222021208001171510	是	是	否	否	是			硕士
	经理室	M01		陈义宁	企业管理人员	6222021208001171510	是	是	否	否	是			硕士
	一车间	P01		杨华	车间管理人员	6222021208001171510	是	是	否	否	是			本科
	一车间	P02		冯力文	生产人员	6222021208001171510	是	是	否	否	是			本科
	一车间	P03		王群清	生产人员	6222021208001171510	是	是	否	否	是			本科
	二车间	P04		吴天波	车间管理人员	6222021208001171510	是	是	否	否	是			本科
	二车间	P05		陈宇嘉	生产人员	6222021208001171510	是	是	否	否	是			本科
	二车间	P06		李文超	生产人员	6222021208001171510	是	是	否	否	是			本科
	财务部	W01		李红	企业管理人员	6222021208001171510	是	是	否	否	是			硕士
	财务部	W02		汪兰	企业管理人员	6222021208001171510	是	是	否	否	是			硕士
	财务部	W03		李兰青	企业管理人员	6222021208001171510	是	是	否	否	是			本科
	销售部	X01		赵丽丽	销售人员	6222021208001171510	否	是	否	否	是			本科
	销售部	X02		吴彬成	销售人员	6222021208001171510	是	是	否	否	是			本科

图 6-10 人员档案设置

> 课堂思考

人员档案中的人员编号、人员姓名、人员类别等信息如何修改？

5．设置工资项目

> 任务资料

根据表 6-4 和表 6-5 设置天翼设备的工资项目和计算公式。

表 6-4 设置工资项目

增减项	工资项目名称	类别	长度	小数
增项	基本工资	数字	8	2
	奖金			
	交通补贴			
	岗位工资			
	物价补贴			
减项	养老保险			
	医疗保险			
	失业保险			
	住房公积金			
	缺勤扣款			
其他	缺勤天数			
	应付工资			
	计税工资			
	五险一金计提基数			
	工资分配基数			

表 6-5 工资项目计算公式

工资项目	计算公式
交通补贴	企业管理人员 600 元/月，采购人员 800 元/月，销售人员 1 000 元/月，车间管理人员、生产人员 500 元/月
缺勤扣款	如果缺勤天数≤3 天，缺勤扣款=（基本工资/22）×缺勤天数×60% 如果缺勤天数>3 天，缺勤扣款=（基本工资/22）×缺勤天数
五险一金计提基数	基本工资+岗位工资
工资分配基数	基本工资+奖金+交通补贴+岗位工资+物价补贴 −缺勤扣款
计税工资	基本工资+奖金+交通补贴+岗位工资+物价补贴−医疗保险−养老保险−失业保险−住房公积金
养老保险	五险一金计提基数×0.08
医疗保险	五险一金计提基数×0.02
失业保险	五险一金计提基数×0.01
住房公积金	五险一金计提基数×0.1

▶ **岗位说明**

- 操作时间：2020-01-01，操作员【A01】登录企业应用平台，设置工资项目和计算公式。

设置工资项目

▶ **操作细则**

（1）设置工资项目

在【业务工作】|【人力资源】|【薪资管理】|【设置】选项卡下执行【工资项目设置】命令，打开【工资项目设置】对话框，其中【工资项目设置】选项卡如图 6-11 所示。

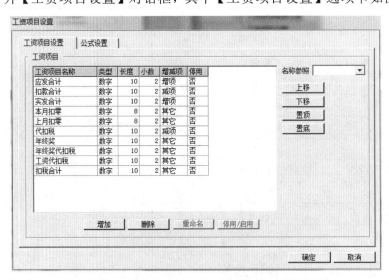

图 6-11 工资项目设置—【工资项目设置】选项卡

在【工资项目设置】选项卡下，单击【增加】按钮，在【工资项目】下出现新的待填充条目。以【基本工资】为例：在【工资项目名称】栏输入【基本工资】，保持【类型】、【长度】、【小数】为默认，在【增减项】下拉框中选择【增项】，如图 6-12 所示。

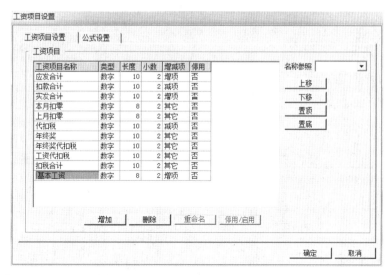

图 6-12　设置【基本工资】项目

以【养老保险】为例：单击【增加】按钮，在【工资项目名称】栏输入【养老保险】，保持【类型】、【长度】、【小数】为默认，在【增减项】下拉框中选择【减项】，如图 6-13 所示。

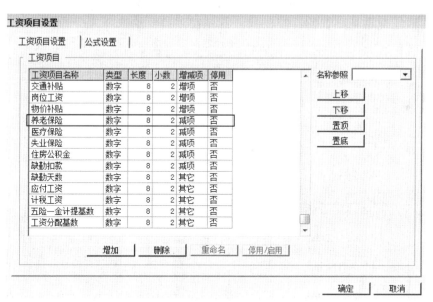

图 6-13　设置【养老保险】项目

参照上述方法完成其他工资项目的设置。
（2）设置工资项目计算公式
① 设置交通补贴公式

打开【工资项目设置】对话框中的【公式设置】选项卡，如图 6-14 所示。

设置交通补贴公式

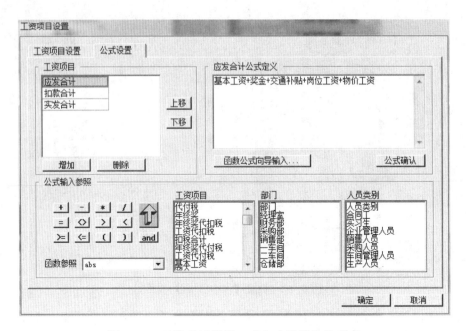

图 6-14　工资项目设置—【公式设置】选项卡

单击【增加】按钮,在【工资项目】下出现新的待填充条目,根据任务资料(表 6-5)新增工资项目【交通补贴】的计算公式。首先在下拉框中选择【交通补贴】,如图 6-15 所示。

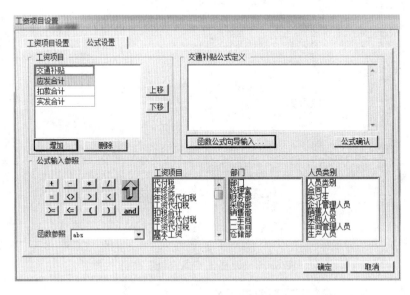

图 6-15　交通补贴公式设置界面

单击【函数公式向导输入…】按钮,打开【函数向导—步骤之 1】对话框,选择【iff 函数】。单击【下一步】,打开【函数向导—步骤之 2】对话框,如图 6-16 所示。

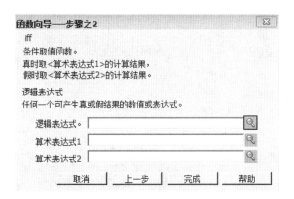

图 6-16 【函数向导—步骤之 2】对话框

单击【逻辑表达式】栏右侧的【】按钮，打开【参照】对话框，在参照列表下拉框中选择【人员类别】，在下方的备选项中选择【企业管理人员】，如图 6-17 所示。

单击【确定】按钮，回到【函数向导—步骤之 2】对话框，在【算术表达式 1】栏输入【600】，如图 6-18 所示。

图 6-17 【参照】对话框

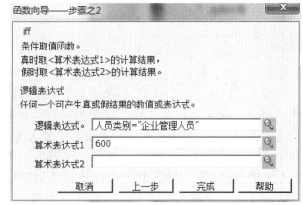

图 6-18 输入算术表达式

单击【完成】按钮，回到【公式设置】选项卡，在【交通补贴公式定义】文本框内出现公式：【iff(人员类别="企业管理人员",600,)】，将光标移至公式括号内的【600,】后，单击【函数公式向导输入…】按钮，继续选择【iff 函数】，在【函数向导—步骤之 2】对话框下的【逻辑表达式】栏选择【人员类别="采购人员"】，在【算术表达式 1】栏输入【800】。

单击【完成】按钮，回到【公式设置】选项卡，将光标移至【交通补贴公式定义】文本框中公式括号内的【800,】后，继续单击【函数公式向导输入…】按钮，选择【iff 函数】，在【函数向导—步骤之 2】对话框下的【逻辑表达式】栏选择【人员类别="销售人员"】，在【算术表达式 1】栏输入【1 000】，在【算术表达式 2】栏输入【500】。

单击【完成】按钮，回到【公式设置】选项卡，单击【公式确认】按钮，结果如图 6-19 所示。

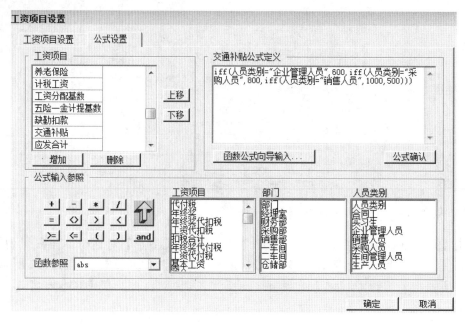

图 6-19 完成交通补贴公式设置

② 设置缺勤扣款公式

单击【工资项目】列表下的【增加】按钮,新增工资项目【缺勤扣款】的计算公式。单击【函数公式向导输入...】按钮,打开【函数向导—步骤之 1】对话框,选择【iff 函数】。单击【下一步】,打开【函数向导—步骤之 2】对话框,在【逻辑表达式】栏选择【工资项目】|【缺勤天数】,在【算术表达式 1】栏录入【基本工资/22*缺勤天数*0.6】,在【算术表达式 2】栏录入【基本工资/22*缺勤天数】,单击【完成】按钮,回到【公式设置】选项卡,将光标移动到【缺勤扣款公式定义】文本框内【iff(缺勤天数】后,选择【公式输入参照】框中的【<=】键,再录入【3】,如图 6-20 所示。单击【公式确认】按钮,完成缺勤扣款公式的设置。

设置缺勤扣款公式

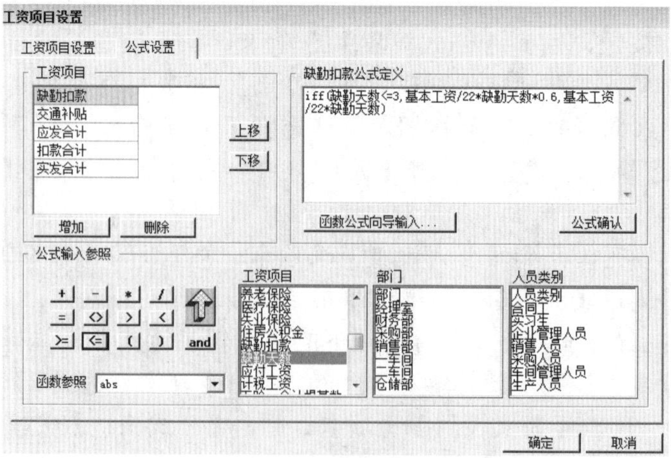

图 6-20 完成缺勤扣款公式设置

③ 设置五险一金计提基数公式

继续单击【工资项目】列表下的【增加】按钮，新增工资项目【五险一金计提基数】的计算公式。在公式定义框内直接录入【基本工资+岗位工资】，如图 6-21 所示。单击【公式确认】按钮。

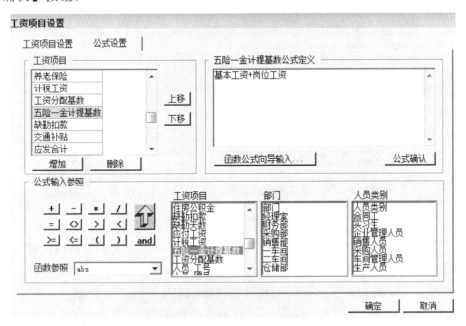

图 6-21 完成五险一金计提基数公式设置

参照上述流程根据表 6-5 资料完成其他工资项目公式的设置。

⊃ **温馨提示**

*函数的输入可以通过函数向导，或直接键盘输入，也可通过单击【公式设置】窗口下方的【公式输入参照】、【工资项目】、【部门】及【人员类别】等选项进行选择。

*直接输入函数时需要注意：函数格式中的字符必须用英文输入法输入，如 iff(,,) 函数中的括号和逗号等；运算过程中不能出现百分数，百分数一律用小数代替；运算符 or 的前后必须带有空格。

6．设置扣税

↘ **任务资料**

根据表 6-6 设置天翼设备的扣税方式。

表 6-6 设置扣税

扣税依据	扣税基数
计税工资	5 000 元/月

↘ **岗位说明**

操作时间：2020-01-01，操作员【A01】登录企业应用平台，设置员工薪资的扣税方式。

操作细则

在【业务工作】|【人力资源】|【薪资管理】|【设置】选项卡下执行【选项】命令，打开【选项】对话框，单击【编辑】按钮，在【扣税设置】选项卡下，将个人所得税申报表中【收入额合计】项所对应的工资项目修改为【计税工资】，如图 6-22 所示。

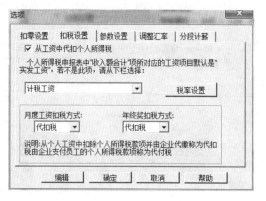

图 6-22 选项—【扣税设置】选项卡　　　　　设置扣税

单击【税率设置】按钮，打开【个人所得税申报表—税率表】对话框，修改【基数】为【5 000】，如图 6-23 所示。

图 6-23 【个人所得税申报表—税率表】对话框

单击【确定】按钮以保存修改并关闭对话框，在【选项】对话框单击【确定】按钮，保存修改并关闭对话框。

任务二　设置薪资分摊

1．录入工资变动数据

任务资料

所有员工的物价补贴都是 800 元。员工的工资变动如表 6-7 所示。

项目六 薪资管理系统

表 6-7 工资变动表

人员编码	姓名	性别	行政部门	人员类别	基本工资（元/月）	奖金（元/月）	岗位工资（元/月）	缺勤天数
M01	陈义宁	男	经理室	企业管理人员	6 000	2 000	1 200	
A01	学生姓名	学生性别	经理室	企业管理人员	5 000	1 500	1 100	
W01	李红	女	财务部	企业管理人员	5 000	1 500	1 100	
W02	汪奇	男	财务部	企业管理人员	4 000	1 200	1 000	2
W03	李兰青	女	财务部	企业管理人员	4 000	500	800	
G01	楼超晶	男	采购部	采购人员	4 000	800	1 000	4
G02	虞亮	女	采购部	采购人员	4 000	800	1 000	
X01	赵丽丽	女	销售部	销售人员	5 000	1 500	1 200	
X02	吴彬成	男	销售部	销售人员	4 000	1 200	1 200	
P01	杨华	男	一车间	车间管理人员	4 000	1 200	1 000	3
P02	冯力文	男	一车间	生产人员	4 000	1 000	800	
P03	王群靖	男	一车间	生产人员	4 000	1 000	800	
P04	吴天波	男	二车间	车间管理人员	4 000	1 200	1 000	
P05	陈宇嘉	男	二车间	生产人员	4 000	1 000	800	
P06	李文超	男	二车间	生产人员	4 000	1 000	800	
C01	赵敏	女	仓储部	企业管理人员	4 000	500	500	
合计					69 000	17 900	15 300	9

➥ **岗位说明**

操作时间：2020-01-31，操作员【W02】登录企业应用平台，录入员工的工资变动数据。

➥ **操作细则**

录入工资变动数据

在【业务处理】|【人力资源】|【薪资管理】|【业务处理】选项卡下执行【工资变动】命令，打开【工资变动】窗口，单击【全选】按钮，如图 6-24 所示。

单击【替换】按钮，打开【工资项数据替换】对话框，在【将工资项目】栏下拉框中选择【物价补贴】，在【替换成】文本框中输入【800】，如图 6-25 所示。

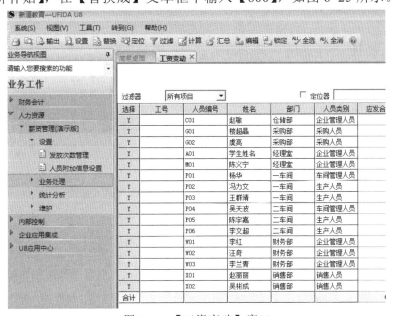

图 6-24 【工资变动】窗口

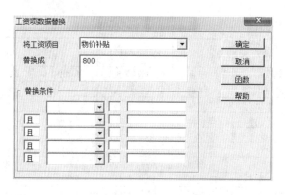

图 6-25 【工资项数据替换】对话框

单击【确定】按钮，系统提示【数据替换后将不可恢复，是否继续？】，单击【是】，系统提示【16条记录被替换，是否重新计算？】，单击【是】，完成物价补贴的录入。

在过滤器下拉框中选择【<过滤设置>】，打开【项目过滤】对话框，选择【基本工资】、【奖金】、【岗位工资】、【缺勤天数】，单击【>】按钮将选中的项目移动到【已选项目】栏，如图6-26所示。

单击【确定】按钮，在【工资变动】窗口显示过滤后的工资项目，按照表6-7资料输入数据，如图6-27所示。单击【计算】按钮，再点击【汇总】按钮以保存修改。

图 6-26 【项目过滤】对话框

工资变动

姓名	部门	人员类别	应发合计	扣款合计	实发合计	本月扣零	代扣税		基本工资	奖金	交通补贴
赵敏	仓储部	企业管理人员	6,400.00	958.65	5,440.00	1.35	13.65		4,000.00	500.00	600.00
耿超晶	采购部	采购人员	7,400.00	1,817.77	5,580.00	2.23	40.50		4,000.00	800.00	800.00
虞亮	采购部	采购人员	7,400.00	1,090.50	6,300.00	9.50	40.50		4,000.00	800.00	800.00
学生姓名	经理室	企业管理人员	9,000.00	1,447.90	7,550.00	2.10	166.90		5,000.00	1,500.00	600.00
陈义宁	经理室	企业管理人员	10,600.00	1,815.80	8,780.00	4.20	303.80		6,000.00	2,000.00	600.00
杨华	一车间	车间管理人员	7,500.00	1,420.77	6,070.00	9.23	43.50		4,000.00	1,200.00	500.00
冯力文	一车间	生产人员	7,100.00	1,040.76	6,050.00	9.24	32.76		4,000.00	1,000.00	500.00
王群靖	一车间	生产人员	7,100.00	1,040.76	6,050.00	9.24	32.76		4,000.00	1,000.00	500.00
吴天波	二车间	车间管理人员	7,500.00	1,093.50	6,400.00	6.50	43.50		4,000.00	1,200.00	500.00
陈宇嘉	二车间	生产人员	7,100.00	1,040.76	6,050.00	9.24	32.76		4,000.00	1,000.00	500.00
李文超	二车间	生产人员	7,100.00	1,040.76	6,050.00	9.24	32.76		4,000.00	1,000.00	500.00
李红	财务部	企业管理人员	9,000.00	1,447.90	7,550.00	2.10	166.90		5,000.00	1,500.00	600.00
汪奇	财务部	企业管理人员	7,600.00	1,318.18	6,280.00	1.82	50.00		4,000.00	1,200.00	600.00
李兰青	财务部	企业管理人员	6,700.00	1,028.76	5,670.00	1.24	20.76		4,000.00	500.00	600.00
赵丽丽	销售部	销售人员	9,500.00	1,516.80	7,980.00	3.20	214.80		5,000.00	1,500.00	1,000.00
吴彬成	销售部	销售人员	8,200.00	1,197.80	7,000.00	2.20	105.80		4,000.00	1,200.00	1,000.00
			125,200.00	20,317.37	104,800.00	82.63	1,341.65		59,000.00	17,900.00	10,200.00

图 6-27 工资变动数据录入

⊃ 温馨提示

＊先通过替换法输入批量相同的数据，再通过【过滤】筛选法选出需要逐项输入的项目，能显著提高会计的工作效率。

2．设置工资分摊方式

任务资料

根据表 6-8～表 6-13 设置天翼设备的工资分摊方式。

表 6-8 计提工资（计提比例 100%）

部门名称	人员类别	项目	借方科目	贷方科目
经理室、财务部、仓储部	企业管理人员	工资分配基数	660201	应付职工薪酬/工资（221101）
采购部	采购人员		660201	
销售部	销售人员		660101	
一车间、二车间	车间管理人员		510109	
一车间	生产人员		500102（人字梯）	
二车间	生产人员		500102（挂梯）	

表 6-9 计提工会经费（计提比例 2%）

部门名称	人员类别	项目	借方科目	贷方科目
经理室、财务部、仓储部	企业管理人员	应发合计	660201	应付职工薪酬/工会经费（221107）
采购部	采购人员		660201	
销售部	销售人员		660101	
一车间、二车间	车间管理人员		510109	
一车间	生产人员		500102（人字梯）	
二车间	生产人员		500102（挂梯）	

表 6-10 计提教育经费（计提比例 2.5%）

部门名称	人员类别	项目	借方科目	贷方科目
经理室、财务部、仓储部	企业管理人员	应发合计	660201	应付职工薪酬/教育经费（221108）
采购部	采购人员		660201	
销售部	销售人员		660101	
一车间、二车间	车间管理人员		510109	
一车间	生产人员		500102（人字梯）	
二车间	生产人员		500102（挂梯）	

表 6-11 计提公司—社会保险费（计提比例 11.8%）

部门名称	人员类别	项目	借方科目	贷方科目
经理室、财务部、仓储部	企业管理人员	五险一金计提基数	660203	应付职工薪酬/社会保险费（221104）
采购部	采购人员		660203	
销售部	销售人员		660103	
一车间、二车间	车间管理人员		510109	
一车间	生产人员		500102（人字梯）	
二车间	生产人员		500102（挂梯）	

表 6-12　计提公司—住房公积金（计提比例 12%）

部门名称	人员类别	项目	借方科目	贷方科目
经理室、财务部、仓储部	企业管理人员	五险一金计提基数	660201	应付职工薪酬/住房公积金（221106）
采购部	采购人员		660201	
销售部	销售人员		660101	
一车间、二车间	车间管理人员		510109	
一车间	生产人员		500102（人字梯）	
二车间	生产人员		500102（挂梯）	

表 6-13　计提代扣个人所得税（计提比例 100%）

部门名称	人员类别	项目	借方科目	贷方科目
经理室、财务部、仓储部	企业管理人员	扣税合计	应付职工薪酬/工资（221101）	应交个人所得税（222107）
采购部	采购人员			
销售部	销售人员			
一车间、二车间	车间管理人员			
一车间	生产人员			
二车间	生产人员			

➤ 岗位说明

操作时间：2020-01-31，操作员【W02】登录企业应用平台，设置工资分摊方式。

➤ 操作细则

在【业务处理】|【人力资源】|【薪资管理】|【业务处理】选项卡下执行【工资分摊】命令，打开【工资分摊】对话框，如图 6-28 所示。

单击【工资分摊设置…】按钮，打开【分摊类型设置】对话框，如图 6-29 所示。

设置工资分摊

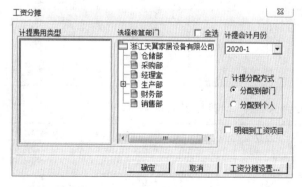

图 6-28　【工资分摊】对话框

图 6-29　【分摊类型设置】对话框

单击【增加】按钮，打开【分摊计提比例设置】对话框。在【计提类型名称】栏输入【计提工资】，在【分摊计提比例】栏输入【100%】，如图 6-30 所示。

单击【下一步】，打开【分摊构成设置】窗口，按照表 6-8 资料完成【部门名称】、

【人员类别】、【工资项目】、【借方科目】、【贷方科目】等信息的录入，如图 6-31 所示。单击【完成】按钮。

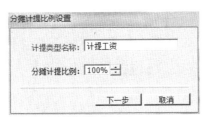

图 6-30 【分摊计提比例设置】对话框

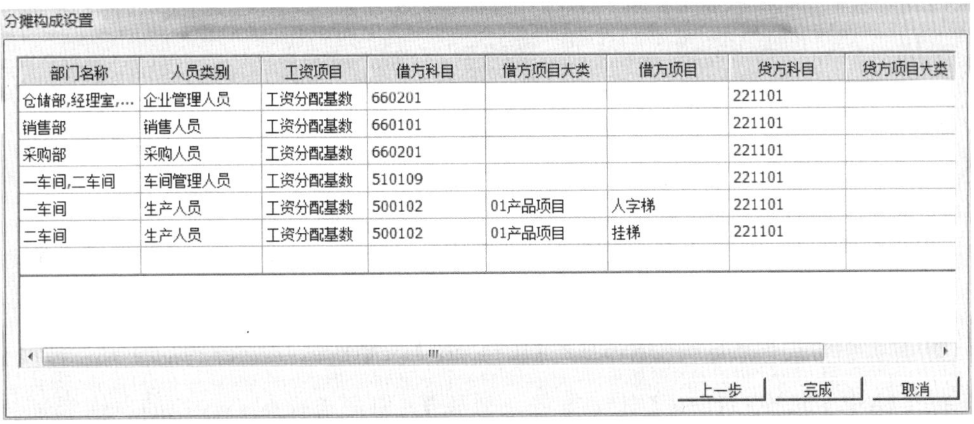

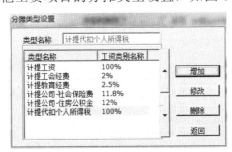

图 6-31 【分摊构成设置】窗口

参照上述流程完成其他工资项目的分摊类型设置，如图 6-32 所示。

图 6-32 完成工资分摊类型设置

3．处理分摊业务

➡ 任务资料

按上述工资分摊类型设置逐项计提、生成记账凭证，并完成凭证的审核、记账处理。

➡ 岗位说明

操作时间：2020-01-31，操作员【W02】登录企业应用平台，处理工资分摊业务并生成记账凭证。

处理分摊业务

操作员【A01】登录总账系统,完成凭证的审核、记账处理。

➡ 操作细则

在【业务处理】|【人力资源】|【薪资管理】|【业务处理】选项卡下执行【工资分摊】命令,打开【工资分摊】对话框,在【计提费用类型】下勾选【计提工资】,在【选择核算部门】下勾选各科室,并勾选【明细到工资项目】、【按项目核算】选项,如图 6-33 所示。

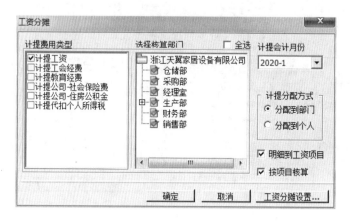

图 6-33 【工资分摊】对话框

单击【确定】按钮,打开【计提工资一览表】,勾选【合并科目相同、辅助项相同的分录】,如图 6-34 所示。

计提工资一览表

部门名称	人员类别	分配金额	借方科目	借方项目大类	借方项目	贷方科目	贷方项目大类	贷方项目
财务部	企业管理人员	23081.82	660201			221101		
经理室	企业管理人员	19600.00	660201			221101		
销售部	销售人员	17700.00	660101			221101		
一车间	生产人员	14200.00	500102	产品项目	人字梯	221101		
二车间	生产人员	14200.00	500102	产品项目	挂梯	221101		
采购部	采购人员	14072.73	660201			221101		
二车间	车间管理人员	7500.00	510109			221101		
一车间	车间管理人员	7172.73	510109			221101		
仓储部	企业管理人员	6400.00	660201			221101		

图 6-34 计提工资一览表

单击【制单】按钮,改凭证类型为【记】字,如图 6-35 所示。

单击【保存】按钮,关闭【填制凭证】窗口。参照上述流程完成工会经费、教育经费、公司—社会保险费、公司—住房公积金和代扣个人所得税的分摊设置,如图 6-36~图 6-40 所示。

项目六 薪资管理系统

图 6-35 计提工资记账凭证

图 6-36 计提工会经费记账凭证

图 6-37 计提教育经费记账凭证

已生成		记 账 凭 证		
记 字 0059 - 0001/0002	制单日期：2020.01.31	审核日期：	附单据数：0	
摘 要	科目名称		借方金额	贷方金额
计提公司—社会保险费	制造费用/其他		118000	
计提公司—社会保险费	销售费用/社会保险费		134520	
计提公司—社会保险费	管理费用/社会保险费		53100	
计提公司—社会保险费	管理费用/社会保险费		118000	
计提公司—社会保险费	管理费用/社会保险费		156940	
票号 日期	数量 单价	合 计	994740	994740
备注	项 目 个 人 业务员	部 门 客 户		
记账	审核	出纳	制单 汪奇	

图 6-38　计提公司—社会保险费记账凭证

已生成		记 账 凭 证		
记 字 0060 - 0001/0002	制单日期：2020.01.31	审核日期：	附单据数：0	
摘 要	科目名称		借方金额	贷方金额
计提公司—住房公积金	制造费用/其他		120000	
计提公司—住房公积金	销售费用/工资		138800	
计提公司—住房公积金	管理费用/工资		54000	
计提公司—住房公积金	管理费用/工资		120000	
计提公司—住房公积金	管理费用/工资		159600	
票号 日期	数量 单价	合 计	1011600	1011600
备注	项 目 个 人 业务员	部 门 客 户		
记账	审核	出纳	制单 汪奇	

图 6-39　计提公司—住房公积金记账凭证

已生成		记 账 凭 证		
记 字 0056	制单日期：2020.01.31	审核日期：	附单据数：0	
摘 要	科目名称		借方金额	贷方金额
计提代扣个人所得税	应付职工薪酬/工资		134165	
计提代扣个人所得税	应交税费/应交个人所得税			134165
票号 日期	数量 单价	合 计	134165	134165
备注	项 目 个 人 业务员	部 门 客 户		
记账	审核	出纳	制单 汪奇	

图 6-40　计提代扣个人所得税记账凭证

操作员【A01】审核上述全部记账凭证并记账。

任务三　发放和上缴

任务资料

2020 年 1 月 31 日，汪奇发放 1 月职工工资 123 927.28 元，并缴纳社保 9 947.40 元和住房公积金 10 116.00 元。

岗位说明

操作时间：2020-01-31，操作员【W02】登录企业应用平台，发放工资并缴纳社保和公积金。

操作员【W03】对记账凭证进行出纳签字。操作员【A01】对记账凭证进行审核、记账。

操作细则

在【业务工作】|【财务会计】|【总账】|【凭证】选项卡下【W02】执行【填制凭证】命令，打开【填制凭证】窗口，单击【】按钮，根据任务资料填入发放工资的凭证信息，单击【保存】按钮，如图 6-41 所示。

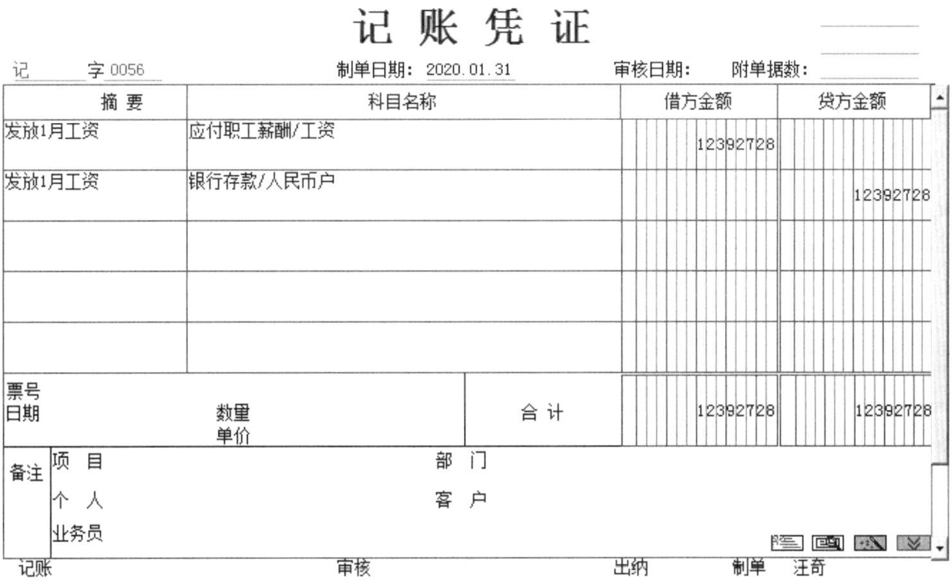

记 账 凭 证

记 字 0056　　制单日期：2020.01.31　　审核日期：　　附单据数：

摘要	科目名称	借方金额	贷方金额
发放1月工资	应付职工薪酬/工资	12392728	
发放1月工资	银行存款/人民币户		12392728
票号 日期 数量 单价	合 计	12392728	12392728

备注　项 目　　部 门
个 人　　客 户
业务员

记账　审核　出纳　制单 汪奇

图 6-41　发放工资记账凭证

单击【增加】按钮，根据任务资料填入缴纳社保和住房公积金的凭证信息，单击【保存】按钮，如图 6-42 所示。

操作员【W03】对上述记账凭证进行出纳签字。操作员【A01】对上述记账凭证进行审核、记账。

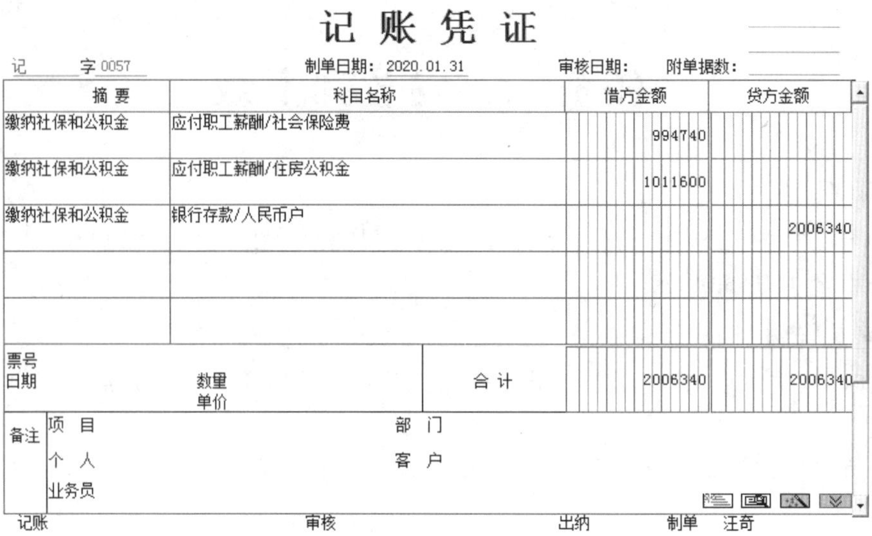

图 6-42　缴纳社保和公积金记账凭证

任务四　结账及账表查询

1. 月末结账

➡ 任务资料

2020 年 1 月 31 日，汪奇对薪资管理系统进行月末结账。

➡ 岗位说明

操作时间：2020-01-31，操作员【W02】登录企业应用平台，进行薪资管理的月末结账。

➡ 操作细则

在【业务工作】|【薪资管理】|【业务处理】选项卡下执行【月末处理】命令，打开【月末处理】对话框，如图 6-43 所示。

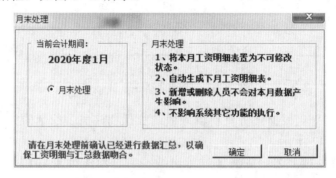

图 6-43　【月末处理】对话框

单击【确定】按钮，系统提示【月末处理后，本月工资将不许变动！继续月末处理吗？】，单击【是】，系统提示【是否选择清零？】，单击【是】，打开【选择清零项目】对话框，在左侧【请选择清零项目...】栏选中【代扣税】、【缺勤扣款】、【缺勤天数】，单击【>】按钮，如图6-44所示。

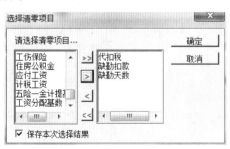

图6-44 【选择清零项目】对话框

单击【确定】按钮，系统提示【月末处理完毕】，单击【确定】按钮，完成月末结账。

2．账表查询

任务资料

2020年1月31日，汪奇查询薪资管理系统本月的扣缴个人所得税报表、银行代发一览表和工资分钱清单。

岗位说明

操作时间：2020-01-31，操作员【W02】登录企业应用平台，查询本月薪资管理账表。

操作细则

（1）查询扣缴个人所得税报表

在【业务工作】|【薪资管理】|【业务处理】选项卡下执行【扣缴所得税】命令，打开【个人所得税申报模板】对话框，如图6-45所示。

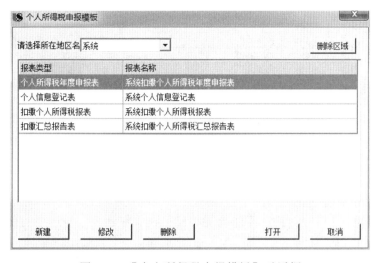

图6-45 【个人所得税申报模板】对话框

选择【个人所得税年度申报表】，单击【打开】按钮，打开【所得税申报】对话框，如图 6-46 所示。

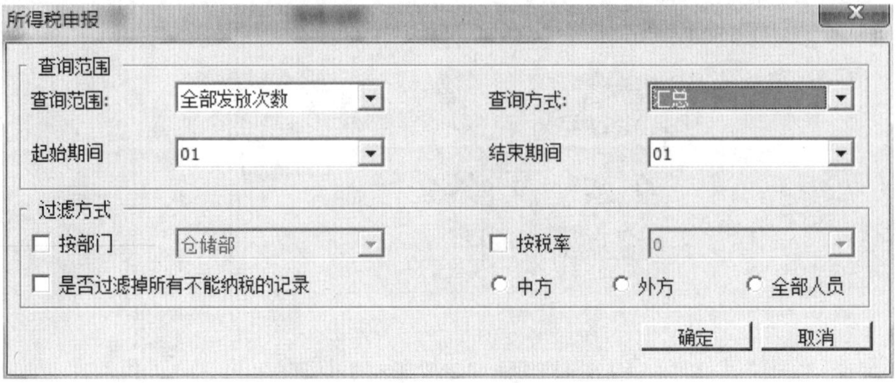

图 6-46 【所得税申报】对话框

单击【确定】按钮，打开【系统扣缴个人所得税年度申报表】，如图 6-47 所示。

系统扣缴个人所得税年度申报表
2020年1月 – 2020年1月

姓名	证件号码	所得项目	所属期间	所属期间	收入额	减费用额	应纳税所…	税率	速算扣除数	应纳税额	已扣缴税款
学生姓名		工资	20200101	20201231			2719.00	10	105.00	166.90	166.90
赵敏		工资	20200101	20201231			455.00	3	0.00	13.65	13.65
楼超晶		工资	20200101	20201231			1350.00	3	0.00	40.50	40.50
虞亮		工资	20200101	20201231			1350.00	3	0.00	40.50	40.50
陈义宁		工资	20200101	20201231			4088.00	10	105.00	303.80	303.80
杨华		工资	20200101	20201231			1450.00	3	0.00	43.50	43.50
冯力文		工资	20200101	20201231			1092.00	3	0.00	32.76	32.76
王群靖		工资	20200101	20201231			1092.00	3	0.00	32.76	32.76
吴天波		工资	20200101	20201231			1450.00	3	0.00	43.50	43.50
陈宇嘉		工资	20200101	20201231			1092.00	3	0.00	32.76	32.76
李文超		工资	20200101	20201231			1092.00	3	0.00	32.76	32.76
李红		工资	20200101	20201231			2719.00	10	105.00	166.90	166.90
汪奇		工资	20200101	20201231			1550.00	10	105.00	50.00	50.00
李兰青		工资	20200101	20201231			692.00	3	0.00	20.76	20.76
赵丽丽		工资	20200101	20201231			3198.00	10	105.00	214.80	214.80
吴彬成		工资	20200101	20201231			2108.00	10	105.00	105.80	105.80
合计							27497.00		630.00	1341.65	1341.65

图 6-47 系统扣缴个人所得税年度申报表

（2）查询银行代发一览表

执行【银行代发】命令，打开【请选择部门范围】对话框，勾选所有部门，如图 6-48 所示。

单击【确定】按钮，弹出【银行文件格式设置】对话框，在【银行模板】下拉框中选择【中国工商银行】，如图 6-49 所示。

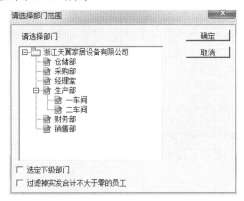

图 6-48 【请选择部门范围】对话框

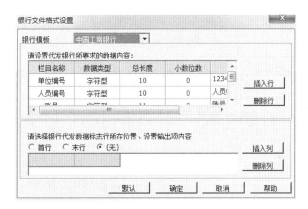

图 6-49 【银行文件格式设置】对话框

单击【确定】按钮，系统提示【确认设置的银行文件格式】，单击【是】，打开【银行代发一览表】，如图 6-50 所示。

名称：中国工商银行

单位编号	人员编号	账号	金额	录入日期
1234934325	A01	08001171502	7550.00	20200131
1234934325	C01	08001171516	5440.00	20200131
1234934325	G01	08001171506	5580.00	20200131
1234934325	G02	08001171507	6300.00	20200131
1234934325	M01	08001171501	8780.00	20200131
1234934325	P01	08001171510	6070.00	20200131
1234934325	P02	08001171511	6050.00	20200131
1234934325	P03	08001171512	6050.00	20200131
1234934325	P04	08001171513	6400.00	20200131
1234934325	P05	08001171514	6050.00	20200131
1234934325	P06	08001171515	6050.00	20200131
1234934325	W01	08001171503	7550.00	20200131
1234934325	W02	08001171504	6280.00	20200131
1234934325	W03	08001171505	5670.00	20200131
1234934325	X01	08001171508	7980.00	20200131
1234934325	X02	08001171509	7000.00	20200131
合计			104,800.00	

图 6-50 银行代发一览表

（3）查询工资分钱清单

执行【工资分钱清单】命令，打开【票面额设置】对话框。单击【确定】按钮，打开【工资分钱清单】，如图 6-51 所示。可以切换选项卡分别查看部门分钱清单、人员分钱清单和工资发放取款单。

分钱清单

部门分钱清单 | 人员分钱清单 | 工资发放取款单

请选择部门级别：2级

部门	壹佰元	伍拾元	贰拾元	拾元	伍元	贰元	壹元	伍角	贰角	壹角	伍分	贰分	壹分	金额合计
一车间	180	3	1											18170.00
二车间	184	2												18500.00
票面合计数	364	5	1	0	0	0	0	0	0	0	0	0	0	------
金额合计数	36400.00	250.00	20.00	0.00	0.00	0.00	0.00	0.00	0.00	0.00	0.00	0.00	0.00	36670.00

图 6-51　工资分钱清单

问题与讨论

1．如果在发生了薪资变动，但在制单后忘记审核和记账，月末结账时会遇到什么提示？

2．简述工资项目的计算公式有几种录入方式，各有什么优缺点。

项目七

固定资产系统

学习目标

知识目标

1. 掌握用友 U8 平台固定资产系统日常业务的核算与管理。
2. 掌握生成固定资产卡片的方法。
3. 掌握按月反映固定资产的增加、减少、原值及其他变动、按月计提折旧的方法。
4. 理解固定资产系统与其他系统的关系。

能力目标

1. 能够进行固定资产系统初始化。
2. 能够进行固定资产增减变动业务处理。
3. 能够进行固定资产系统期末业务处理。

重点难点

1. 卡片录入。
2. 计提折旧。
3. 固定资产盘点业务处理。

操作流程

本项目操作流程如图 7-1 所示。

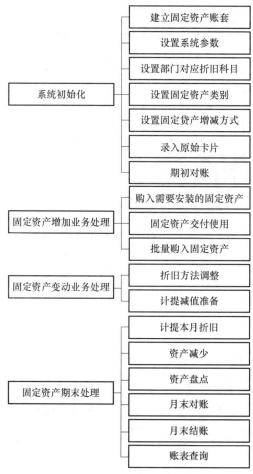

图 7-1 固定资产系统操作流程

任务一 系统初始化

1．建立固定资产账套

➲ 任务资料

根据表 7-1 建立天翼设备的固定资产账套。

表 7-1 固定资产管理系统建账参数

建账向导	参数设置
约定与说明	勾选【我同意】
启用月份	2020 年 1 月
折旧信息	采用"平均年限法（一）"计提折旧 折旧汇总分配周期：1 个月 当（月初已计提月份=可使用月份–1）时将剩余折旧全部提足
编码方式	资产类别编码方式为：1-1-1-2 固定资产编码方式采用"类别编号+序号"的自动编码方式，序号长度为4
账务接口	固定资产对账科目为"1601 固定资产" 累计折旧对账科目为"1602 累计折旧"

项目七 固定资产系统

> **岗位说明**

操作时间：2020-01-01，操作员【A01】登录企业应用平台，建立固定资产账套。

建立固定资产账套

> **操作细则**

在【业务工作】|【财务会计】选项卡下执行【固定资产】命令，系统提示是否进行初始化，如图 7-2 所示。

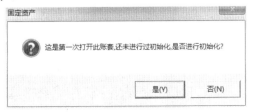

图 7-2 系统初始化提示

单击【是】按钮，打开固定资产【初始化账套向导】对话框，在【1．约定及说明】选项卡中勾选【我同意】，如图 7-3 所示。

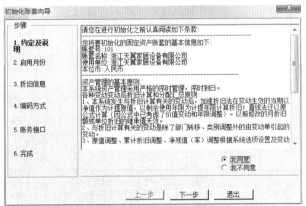

图 7-3 初始化账套向导—【1．约定及说明】选项卡

单击【下一步】按钮，转至【2．启用月份】选项卡。系统默认账套启用月份为"2020.01"，如图 7-4 所示。

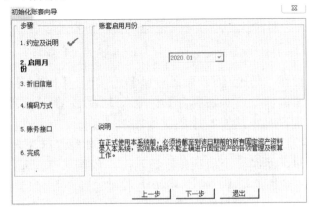

图 7-4 初始化账套向导—【2．启用月份】选项卡

单击【下一步】按钮，转至【3．折旧信息】选项卡，从【主要折旧方法】下拉框中选择【平均年限法（一）】，并勾选【当（月初已计提月份=可使用月份–1）时将剩余折旧全部提足（工作量法除外）】选项，如图 7-5 所示。

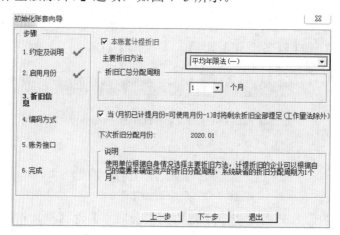

图 7-5　初始化账套向导—【3．折旧信息】选项卡

单击【下一步】按钮，转至【4．编码方式】选项卡，将【资产类别编码方式】修改为【1-1-1-2】；【固定资产编码方式】栏选择【自动编码】及【类别编号+序号】选项；将【序号长度】调整为【4】，如图 7-6 所示。

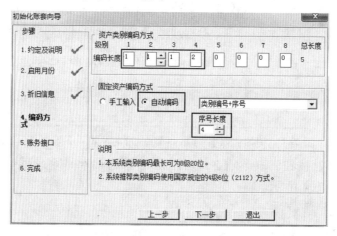

图 7-6　初始化账套向导—【4．编码方式】选项卡

单击【下一步】按钮，转至【5．账务接口】选项卡，【固定资产对账科目】栏输入【1601，固定资产】，【累计折旧对账科目】栏输入【1602，累计折旧】，并勾选【在对账不平情况下允许固定资产月末结账】选项，如图 7-7 所示。

单击【下一步】按钮，转至【6．完成】选项卡，如图 7-8 所示。

单击【完成】按钮，系统弹出确认建账提示框，如图 7-9 所示。

单击【是】按钮，系统提示【已成功初始化本固定资产账套！】，如图 7-10 所示。单击【确定】按钮，固定资产系统建账完成。

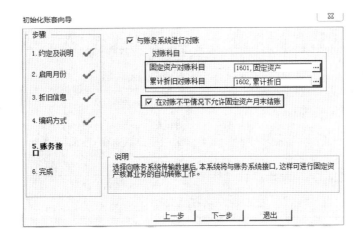

图 7-7 初始化账套向导—【5．账务接口】选项卡

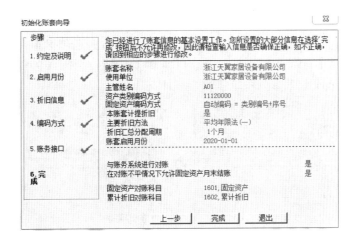

图 7-8 初始化账套向导—【6．完成】对话框

图 7-9 确认建账提示框

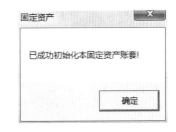

图 7-10 固定资产系统建账完成提示框

2．设置系统参数

➥ 任务资料

根据表 7-2 设置天翼设备的固定资产系统参数。

表 7-2　固定资产系统参数

系统名称	选项卡	选项设置
固定资产	与账务系统接口	【固定资产】缺省入账科目：1601 【累计折旧】缺省入账科目：1602 【减值准备】缺省入账科目：1603 【增值税进项税额】缺省入账科目 22210101 【固定资产清理】缺省入账科目：1606 业务发生后立即制单
	其他	已发生资产减少的卡片 10 年后可删除 卡片金额型数据显示千分位格式

➡ **岗位说明**

操作时间：2020-01-01，操作员【A01】登录企业应用平台，设置固定资产系统参数。

➡ **操作细则**

在【业务工作】|【财务会计】|【固定资产】|【设置】选项卡下执行【选项】命令，打开【选项】对话框，单击【编辑】按钮，根据任务资料（表 7-2），在相应选项卡下修改系统参数，如图 7-11、图 7-12 所示。

设置系统参数

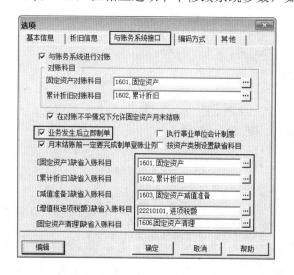

图 7-11　选项—【与账务系统接口】选项卡

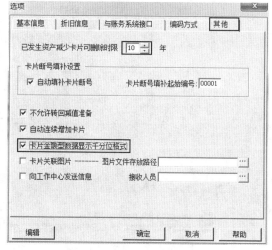

图 7-12　选项—【其他】选项卡

➡ **温馨提示**

*若勾选【按资产类别设置缺省科目】选项，则【固定资产对账科目】和【累计折旧对账科目】最多可选 10 个，同时，可在【资产类别】中录入【缺省入账科目】。

*系统制单时，首先会带出卡片所属末级资产类别的缺省入账科目；若在资产类别中没有设置缺省入账科目，则带出【选项】中设置的缺省入账科目；若在【选项】中没有设置缺省入账科目，则生成的记账凭证中相关科目为空，此时需手工参照选择相关科目。

3. 设置部门对应折旧科目

▶ 任务资料

根据表 7-3 设置天翼设备的部门对应折旧科目。

表 7-3 部门对应折旧科目

部门名称	折旧科目
经理室	管理费用/折旧费（660206）
财务部	管理费用/折旧费（660206）
采购部	管理费用/折旧费（660206）
销售部	销售费用/折旧费（660106）
仓储部	管理费用/折旧费（660206）
生产部	制造费用/折旧费（510101）

▶ 岗位说明

操作时间：2020-01-01，操作员【A01】登录企业应用平台，在固定资产系统中设置部门对应折旧科目。

▶ 操作细则

在【业务工作】|【财务会计】|【固定资产】|【设置】选项卡下执行【部门对应折旧科目】命令，打开【列表视图】窗口，如图 7-13 所示。

设置部门对应折旧科目

图 7-13 部门对应折旧科目—【列表视图】窗口

单击【经理室】，打开【单张视图】窗口，单击工具栏中的【修改】按钮，根据任务资料（表 7-3）在【折旧科目】栏录入或选择【660206，折旧费】，如图 7-14 所示。

图 7-14 部门对应折旧科目—【单张视图】窗口

单击工具栏中的【 ￼ 】（保存）按钮，并依次继续录入其他部门对应的折旧科目，结果如图 7-15 所示。

图 7-15 完成部门对应折旧科目设置

> **温馨提示**
>
> *设置生产部对应折旧科目为【510101 制造费用/折旧费】时,系统会提示【是否将生产部的所有下级部门的折旧科目替换为"制造费用/折旧费"?如果选择"是",请在成功保存后单击"刷新"按钮查看】。单击【是】按钮,即将生产部的两个下级部门的折旧科目一并设置完成。

课堂思考

不同部门的折旧科目应如何设置?

4. 设置固定资产类别

任务资料

根据表 7-4 设置天翼设备的固定资产类别。

表 7-4 固定资产类别

类别编码	类别名称	使用年限(工作总量)(年)	净残值率(%)	计提属性	折旧方法	卡片样式
1	房屋及建筑物	30	5	正常计提	平均年限法(一)	含税卡片样式
2	生产设备	5	5			
3	办公设备	3	1			

岗位说明

操作时间:2020-01-01,操作员【A01】登录企业应用平台,设置固定资产类别。

设置固定资产类别

操作细则

在【业务工作】|【财务会计】|【固定资产】|【设置】选项卡下执行【资产类别】命令,打开【列表视图】窗口,如图 7-16 所示。

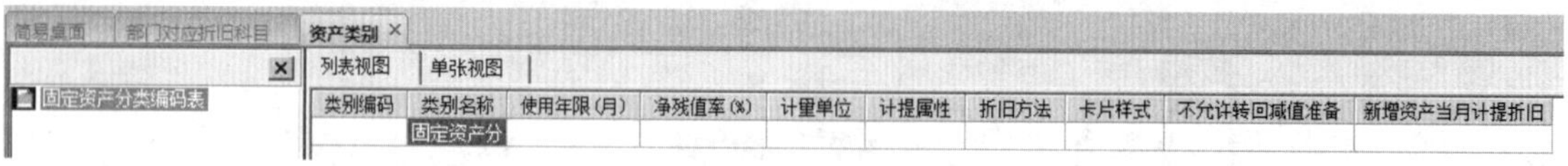

图 7-16 资产类别—【列表视图】窗口

单击工具栏中的【增加】按钮,打开【单张视图】窗口,在【类别名称】栏录入【房屋及建筑物】,在【使用年限】栏录入【30】年,在【净残值率】栏录入【5】%,如图 7-17 所示。

项目七 固定资产系统

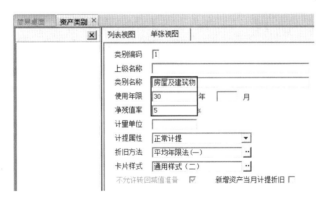

图 7-17 资产类别—【单张视图】窗口

单击【卡片样式】栏右侧的【┈】按钮，打开【卡片样式参照】对话框，选择【含税卡片样式】，如图 7-18 所示。单击【确定】|【💾】按钮，如图 7-19 所示。

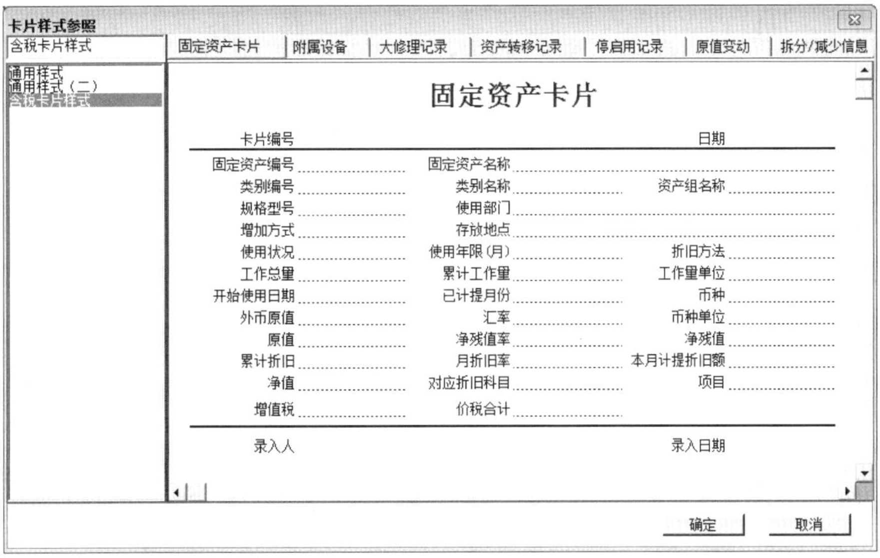

图 7-18 【卡片样式参照】对话框

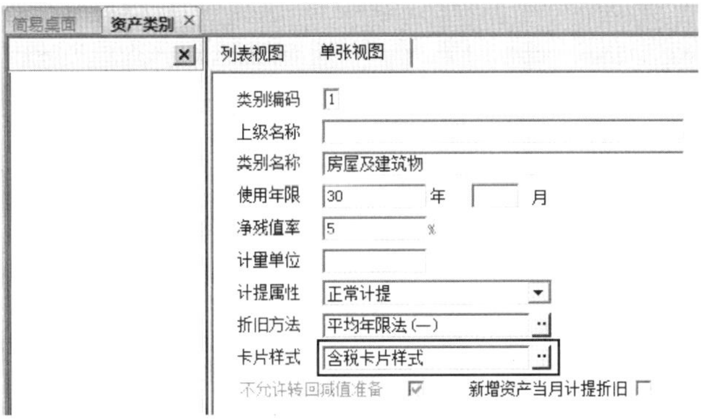

图 7-19 资产类别—【单张视图】窗口

继续录入【2 生产设备】与【3 办公设备】的相关信息，分别单击【保存】按钮。

单击【放弃】按钮，系统提示【是否取消本次操作？】，单击【是】，返回【列表视图】窗口，完成固定资产类别的设置，如图 7-20 所示。

图 7-20 完成固定资产类别设置

➡ **温馨提示**

＊若要建立多级固定资产类别，则应先建立上级固定资产类别后再建立下级类别。由于在建立上级固定资产类别时就设置了使用年限和净残值率，其下级类别如果与上级类别设置相同，可自动集成，不用修改；如果下级类别与上级类别设置不同，可以修改。

＊类别编码、类别名称、计提属性及卡片样式不能为空。

＊非明细级别类别编码不能修改或删除；明细级别类别编码可修改，但只能修改本级的编码。

＊使用过的资产类别的计提属性不能修改。

＊系统已使用的资产类别不允许增加下级或删除。

5．设置固定资产增减方式

➡ **任务资料**

根据表 7-5 设置天翼设备的固定资产增减方式。

表 7-5 固定资产增减方式

项目	增减方式名称	对应入账科目
增加方式	直接购入	100201 银行存款/人民币户
	在建工程转入	1604 在建工程
减少方式	出售	1606 固定资产清理
	报废	1606 固定资产清理
	盘亏	1901 待处理财产损溢

➡ **岗位说明**

操作时间：2020-01-01，操作员【A01】登录企业应用平台，设置固定资产的增减方式。

➡ **操作细则**

在【业务工作】|【财务会计】|【固定资产】|【设置】选项卡下执行【增减方式】命令，打开【列表视图】窗口，如图 7-21 所示。

设置固定资产增减方式

项目七　固定资产系统

图 7-21　增减方式—【列表视图】窗口

执行【增加方式】|【直接购入】|【单张视图】命令，单击工具栏中的【修改】按钮，在【对应入账科目】栏录入【100201，人民币户】，如图 7-22 所示，单击【保存】按钮。

依次继续设置其他增减方式和对应入账科目，结果如图 7-23 所示。

图 7-22　增减方式—【单张视图】窗口

图 7-23　完成固定资产增减方式设置

6. 录入原始卡片

▶ 任务资料

根据表 7-6 录入天翼设备的固定资产原始卡片。

表 7-6　固定资产原始卡片

固定资产编号	固定资产名称	类别编号	使用部门	增加方式	开始使用日期	原值（元）	累计折旧（元）	使用状况
10001	厂房	1	一车间、二车间（各50%）	在建工程转入	2018-07-21	80 000.00	9 000.00	在用
10002	厂房	1	经理室、采购部、销售部、仓储部（各25%）	在建工程转入	2018-07-21	87 600.00	9 800.00	在用
20001	生产线	2	一车间	直接购入	2018-07-23	50 000.00	9 413.12	在用
20002	A设备	2	二车间	直接购入	2018-07-23	36 000.00	5 533.34	在用
30001	联想电脑	3	采购部	直接购入	2019-07-26	3 500.00	583.30	在用
30002	联想电脑	3	销售部	直接购入	2019-07-26	3 500.00	583.30	在用
30003	联想电脑	3	财务部	直接购入	2019-07-26	3 500.00	583.30	在用
30004	爱普森打印机	3	财务部	直接购入	2019-07-26	5 000.00	833.50	在用
30005	联想电脑	3	仓储部	直接购入	2019-07-26	3 500.00	583.30	在用
30006	爱普森打印机	3	财务部	直接购入	2019-07-26	5 000.00	833.50	在用
合计						277 600.00	37 746.66	

▶ 岗位说明

操作时间：2020-01-01，操作员【A01】登录企业应用平台，录入固定资产原始卡片。

▶ 操作细则

在【业务工作】|【财务会计】|【固定资产】|【卡片】选项卡下执行【录入原始卡片】命令，打开【固定资产类别档案】窗口，如图 7-24 所示。

录入原始卡片

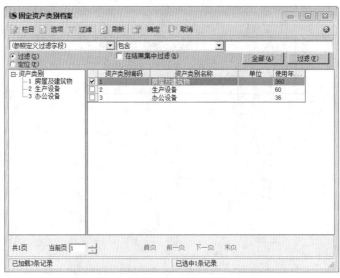

图 7-24　【固定资产类别档案】窗口

选择【1 房屋及建筑物】，单击【确定】按钮后进入【固定资产卡片】窗口，如图 7-25 所示。

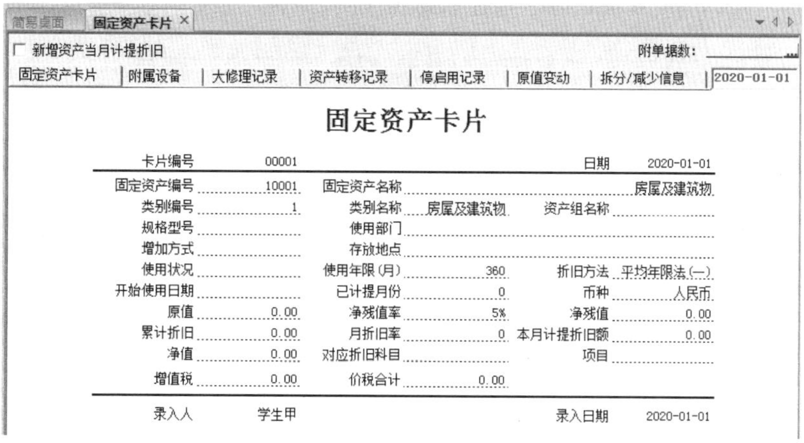

图 7-25 【固定资产卡片】窗口

在【固定资产名称】栏录入【厂房】，单击【使用部门】栏，打开【固定资产】对话框，选择【多部门使用】单选框，如图 7-26 所示。

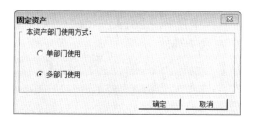

图 7-26 【固定资产】对话框

单击【确定】，打开【使用部门】对话框。单击【增加】按钮，在第一行【使用部门】栏选择【一车间】，【使用比例%】栏录入【50.00】。继续单击【增加】按钮，在第二行【使用部门】栏选择【二车间】，【使用比例%】栏录入【50.00】，如图 7-27 所示。单击【确定】按钮，退出【使用部门】对话框。

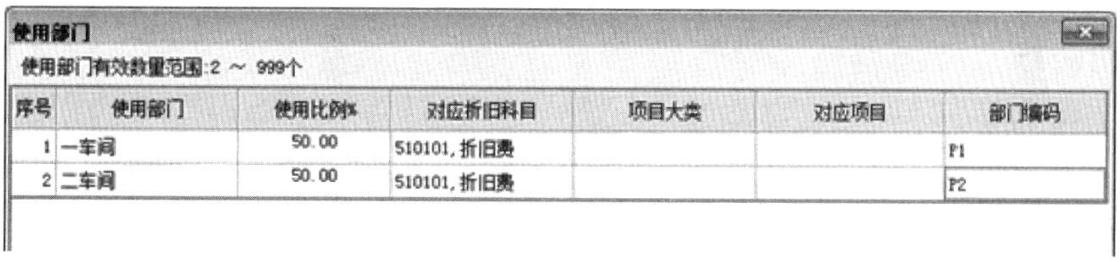

图 7-27 【使用部门】对话框

在卡片中单击【增加方式】栏，打开【固定资产增加方式】对话框，选择【105 在建工程转入】，单击【确定】按钮返回。

在卡片中单击【使用状况】栏，打开【使用状况参照】对话框，选择【在用】，单击

【确定】按钮返回。

在卡片中的【开始使用日期】栏录入【2018-07-21】,【原值】栏录入【80 000.00】,【累计折旧】栏录入【9 000.00】，其他选项默认，如图 7-28 所示。

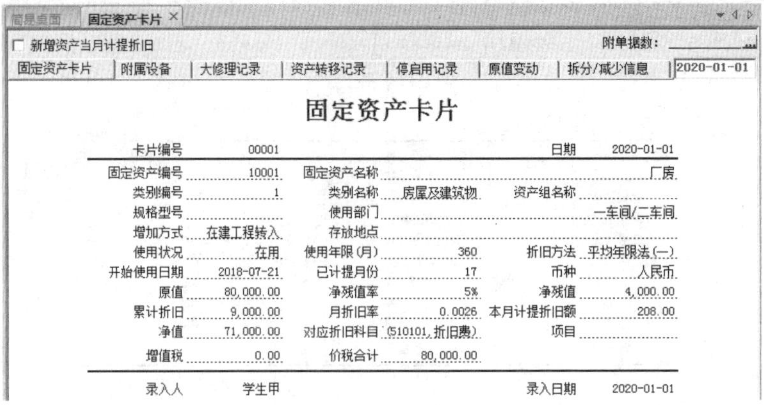
简易桌面 固定资产卡片
新增资产当月计提折旧 附单据数：
固定资产卡片 | 附属设备 | 大修理记录 | 资产转移记录 | 停启用记录 | 原值变动 | 拆分/减少信息 | 2020-01-01

固定资产卡片

卡片编号 00001 日期 2020-01-01
固定资产编号 10001 固定资产名称 厂房
类别编号 1 类别名称 房屋及建筑物 资产组名称
规格型号 使用部门 一车间/二车间
增加方式 在建工程转入 存放地点
使用状况 在用 使用年限(月) 360 折旧方法 平均年限法(一)
开始使用日期 2018-07-21 已计提月份 17 币种 人民币
原值 80,000.00 净残值率 5% 净残值 4,000.00
累计折旧 9,000.00 月折旧率 0.0026 本月计提折旧额 208.00
净值 71,000.00 对应折旧科目 (510101,折旧费) 项目
增值税 0.00 价税合计 80,000.00
录入人 学生甲 录入日期 2020-01-01

图 7-28 完成厂房的固定资产卡片录入

单击【保存】按钮，系统提示【数据保存成功!】。单击【确定】按钮。依次继续录入其他固定资产原始卡片。

执行【固定资产】|【卡片】|【卡片管理】命令，打开【查询条件选择—卡片管理】对话框，在【开始日期】栏中选择【2018-07-01】，单击【确定】按钮，即可查询所有固定资产卡片信息，如图 7-29 所示。

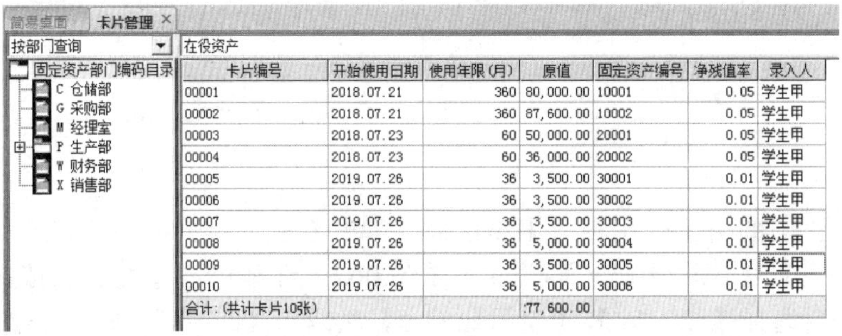

卡片编号	开始使用日期	使用年限(月)	原值	固定资产编号	净残值率	录入人
00001	2018.07.21	360	80,000.00	10001	0.05	学生甲
00002	2018.07.21	360	87,600.00	10002	0.05	学生甲
00003	2018.07.23	60	50,000.00	20001	0.05	学生甲
00004	2018.07.23	60	36,000.00	20002	0.05	学生甲
00005	2019.07.26	36	3,500.00	30001	0.01	学生甲
00006	2019.07.26	36	3,500.00	30002	0.01	学生甲
00007	2019.07.26	36	3,500.00	30003	0.01	学生甲
00008	2019.07.26	36	5,000.00	30004	0.01	学生甲
00009	2019.07.26	36	3,500.00	30005	0.01	学生甲
00010	2019.07.26	36	5,000.00	30006	0.01	学生甲
合计:(共计卡片10张)			277,600.00			

图 7-29 【卡片管理】窗口

7. 期初对账

任务资料

进行固定资产期初对账。

岗位说明

操作时间：2020-01-01，操作员【A01】登录企业应用平台，进行固定资产期初对账。

期初对账

操作细则

在【业务工作】|【财务会计】|【固定资产】|【处理】选项卡下执行

【对账】命令,弹出【与账务对账结果】提示框,提示【结果:平衡】,如图7-30所示。单击【确定】按钮,关闭该提示框。

图 7-30 【与账务对账结果】提示框

⊃温馨提示

*录入完成后,执行【处理】|【对账】命令,验证固定资产系统中录入的固定资产明细资料是否与总账中的固定资产数据一致。如果不一致,需要检查总账期初余额中固定资产的原值和累计折旧的期初余额是否录入错误,确保总账期初余额准确无误;再检查原始卡片的原值和累计折旧是否录入错误,最终要保证固定资产系统【固定资产原值】和【累计折旧原值】与总账系统【固定资产】和【累计折旧】的期初余额平衡。

任务二　固定资产增加业务处理

1. 购入需要安装的固定资产

➤ 任务资料

2020年1月15日,因生产需要,一车间购入一台需要安装的B设备,原值50 000.00元,增值税13%,以工行存款支付,电汇凭证单据号:20201883。

➤ 岗位说明

操作时间:2020-01-15,操作员【W02】登录企业应用平台,在总账系统录入购入需要安装的固定资产的会计凭证。

➤ 操作细则

在【业务工作】|【财务会计】|【总账】|【凭证】选项卡下执行【填制凭证】命令,单击【增加】按钮,修改【制单日期】为【2020.01.15】,根据任务资料录入凭证信息。

单击【保存】按钮,凭证保存成功,如图7-31所示。

购入需要安装的
固定资产

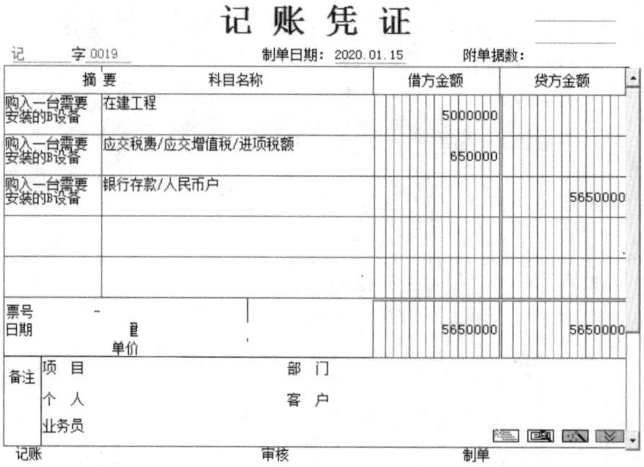

记 账 凭 证

记 字 0019　　制单日期：2020.01.15　　附单据数：

摘要	科目名称	借方金额	贷方金额
购入一台需要安装的B设备	在建工程	5000000	
购入一台需要安装的B设备	应交税费/应交增值税/进项税额	650000	
购入一台需要安装的B设备	银行存款/人民币户		5650000
票号 日期	数量 单价	5650000	5650000

备注　项　目　　部　门
　　　个　人　　客　户
　　　业务员

记账　　审核　　制单

图 7-31　购入待安装设备记账凭证

➲温馨提示

*【资产增加】操作与【原始卡片录入】操作相对应。固定资产通过哪种方式录入，取决于资产的开始使用日期，只有当开始使用日期的期间等于录入期间时，才能通过【资产增加】操作录入。

2．固定资产交付使用

➘ 任务资料

2020 年 1 月 18 日，支付 B 设备的安装费 2 000.00 元，增值税 6%，以工行存款支付，电汇凭证单据号：20201884。

➘ 岗位说明

操作时间：2020-01-18，操作员【W02】登录企业应用平台，在总账系统录入增加固定资产安装费的会计凭证，在固定资产系统录入资产增加的卡片，并生成会计凭证。

➘ 操作细则

在【业务工作】|【财务会计】选项卡下执行【总账】|【凭证】|【填制凭证】命令，单击【增加】按钮，修改【制单日期】为【2020.01.18】，根据任务资料录入凭证信息。单击【保存】按钮，凭证保存成功，如图 7-32 所示。

固定资产交付使用（一）

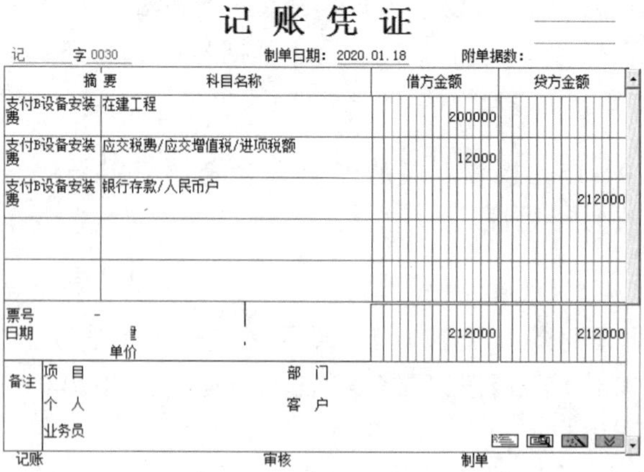

记 账 凭 证

记 字 0030　　制单日期：2020.01.18　　附单据数：

摘要	科目名称	借方金额	贷方金额
支付B设备安装费	在建工程	200000	
支付B设备安装费	应交税费/应交增值税/进项税额	12000	
支付B设备安装费	银行存款/人民币户		212000
票号 日期	数量 单价	212000	212000

备注　项　目　　部　门
　　　个　人　　客　户
　　　业务员

记账　　审核　　制单

图 7-32　支付设备安装费记账凭证

项目七 固定资产系统

执行【固定资产】|【卡片】|【资产增加】命令，打开【固定资产类别参照档案】对话框。双击【2 生产设备】，进入【固定资产卡片】窗口。

在【固定资产名称】栏录入【B 设备】，【使用部门】栏选择【一车间】，【增加方式】栏选择【在建工程转入】，【使用状况】栏选择【在用】，【原值】栏录入【52 000.00】，其他项默认，如图7-33所示。

固定资产交付使用（二）

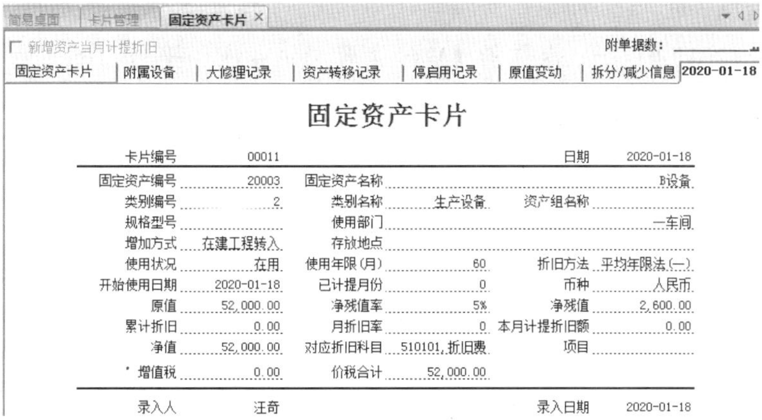

图7-33 资产增加界面

单击【保存】按钮，系统提示【数据成功保存！】。单击【确定】按钮，系统弹出一张在建工程转入资产的会计凭证，修改凭证类型为【记账凭证】，单击【保存】按钮，凭证保存成功，如图7-34所示。

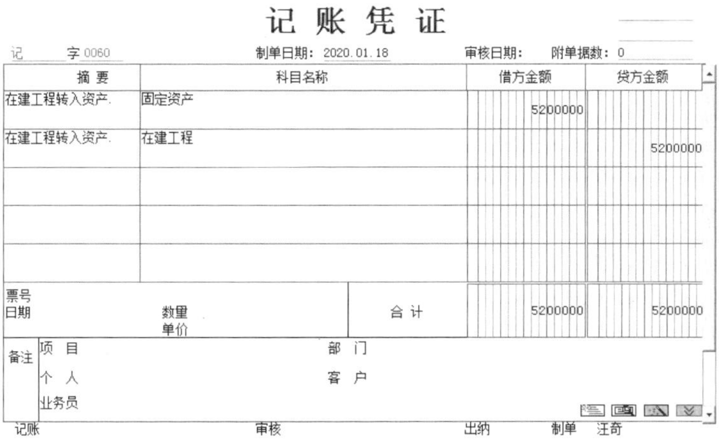

图7-34 在建工资转入资产记账凭证

> ◆ 温馨提示
>
> *只有在固定资产系统的【选项】中勾选了【业务发生后立即制单】选项，系统才能在新增固定资产卡片后，自动弹出【填制凭证】窗口，否则须在【批量制单】窗口进行凭证处理。
>
> *如果发现凭证录入有误，可以通过固定资产系统的【凭证查询】窗口找到错误凭证，单击【编辑】按钮进行修改。
>
> *如果是因为卡片的错误而导致凭证错误，则需要删除凭证，修改卡片后再次生成正确的凭证。

3. 批量购入固定资产

📌 任务资料

2020年1月20日，因企业发展需要，财务部购入三台联想电脑，单价3 500.00元，合计10 500.00元，税率13%。以工行转账支票支付，票据号：35884684，价税合计11 865.00元。固定资产编号分别为30007、30008、30009。

📌 岗位说明

操作时间：2020-01-20，操作员【W02】登录企业应用平台，批量增加固定资产卡片并生成会计凭证。

📌 操作细则

在【业务工作】|【财务会计】|【固定资产】选项卡下执行【卡片】|【资产增加】命令，打开【固定资产类别参照档案】对话框。双击【3 办公设备】，进入【固定资产卡片】窗口。根据任务资料录入相应信息，在【固定资产名称】栏录入【联想电脑】,【使用部门】栏选择【财务部】,【增加方式】栏选择【直接购入】,【使用状况】栏选择【在用】,【原值】栏录入【3 500.00】,【增值税】栏录入【455.00】, 其他项默认, 如图7-35所示。

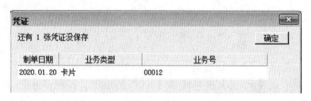

批量购入固定资产

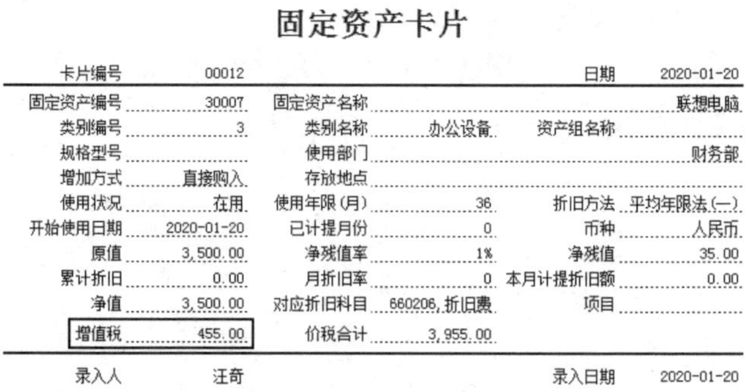

图7-35 资产增加界面

单击【保存】按钮，系统提示【数据成功保存！】。单击【确定】按钮，系统弹出一张会计凭证，关闭填制凭证窗口，弹出【凭证】对话框，提示【还有1张凭证没保存】，如图7-36所示。

图7-36 【凭证】对话框

单击【确定】按钮，系统提示【还有没有保存的凭证，是否退出？】，单击【是】按钮，即先不保存记账凭证，退出凭证填制窗口并回到固定资产卡片界面。

单击【复制】按钮，打开【固定资产】对话框，在【起始资产编号】栏录入【30008】，【终止资产编号】栏录入【30009】，【卡片复制数量】栏选择【2】，如图7-37所示。

单击【确定】按钮，系统提示【卡片批量复制完成】，如图7-38所示。单击【确定】按钮，关闭【固定资产卡片】窗口。

图7-37 【固定资产—新增卡片批量复制】对话框

图7-38 【固定资产—卡片批量复制完成】提示框

执行【处理】|【批量制单】命令，打开【查询条件选择—批量制单】窗口，【常用条件】全部默认，单击【确定】按钮，打开【批量制单】对话框，双击需要进行凭证制单的业务相应的【选择】栏，打上【Y】标记，并输入合并号【1】，凭证类别选择【记账凭证】，如图7-39所示。

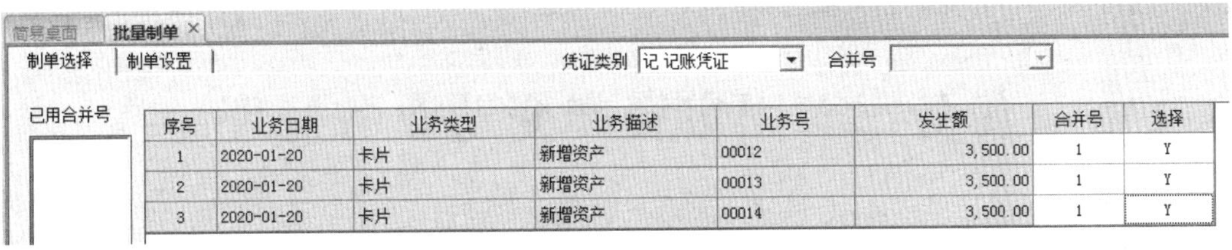

图7-39 【批量制单】窗口

单击【制单设置】标签，打开新增资产卡片列表，如图7-40所示。

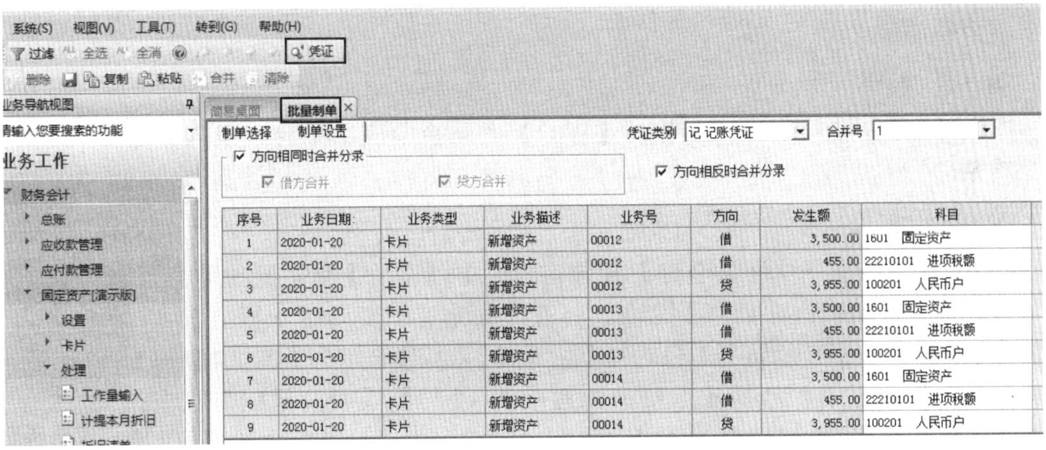

图7-40 新增资产卡片列表

单击【凭证】按钮，系统弹出一张直接购入资产会计凭证，单击【保存】按钮，凭证保存成功，如图 7-41 所示。

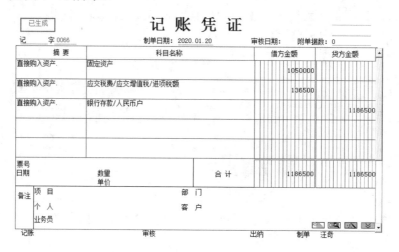

图 7-41　直接购入资产记账凭证

> **温馨提示**
>
> *上述任务中增加固定资产卡片时，增值税=3 500.00×13%=455.00（元）。

任务三　固定资产变动业务处理

1. 折旧方法调整

➤ 任务资料

2020 年 1 月 25 日，因工作需要，将 A 设备折旧方法由"平均年限法（一）"变更为"双倍余额递减法（一）"。

➤ 岗位说明

操作时间：2020-01-25，操作员【W02】登录企业应用平台，录入固定资产折旧方法变动单。

➤ 操作细则

在【业务工作】|【财务会计】|【固定资产】|【卡片】|【变动单】选项卡下执行【折旧方法调整】命令，打开【固定资产变动单—折旧方法调整】窗口，在【卡片编号】栏选择【A 设备】，编号显示为【00004】，【变动后折旧方法】栏选择【双倍余额递减法（一）】，【变动原因】栏输入【工作需要】，结果如图 7-42 所示。

折旧方法调整

单击【保存】按钮，系统提示【数据成功保存！】，单击【确定】按钮。

折旧方法调整

固定资产变动单

— 折旧方法调整 —

变动单编号	00001			变动日期	2020-01-25
卡片编号	00004	资产编号	20002	开始使用日期	2018-07-23
资产名称			A设备	规格型号	
变动前折旧方法			平均年限法(一)	变动后折旧方法	双倍余额递减法(一)
变动原因					工作需要
				经手人	汪奇

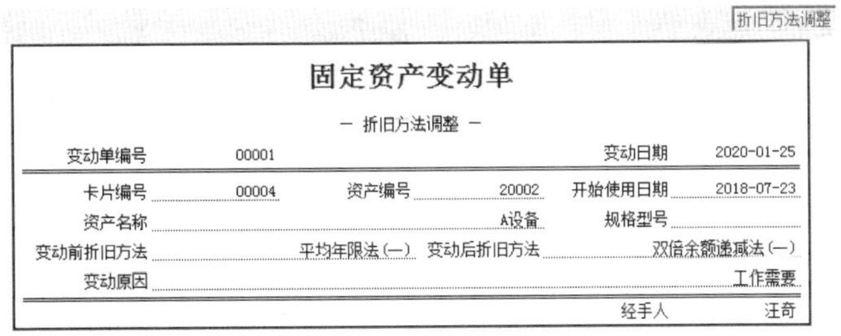

图 7-42 【固定资产变动单—折旧方法调整】窗口

➲温馨提示

*注意区分因录入错误导致的卡片修改与正常的资产变动。前者须到卡片管理中心完成，后者则应通过变动单处理。

*以下业务的变动单均须生成凭证：原值增加、原值减少、累计折旧调整、类别调整、计提减值准备、转回减值准备、增值税调整。

2. 计提减值准备

➘ 任务资料

2020 年 1 月 31 日，对 20001 生产线计提 1 000.00 元减值准备。

➘ 岗位说明

操作时间：2020-01-31，操作员【W02】登录企业应用平台，计提固定资产减值准备并生成会计凭证。

➘ 操作细则

在【业务工作】|【财务会计】|【固定资产】|【卡片】|【变动单】选项卡下执行【计提减值准备】命令，打开【固定资产变动单—计提减值准备】窗口。

在【卡片编号】栏选择【20001 生产线】，编号显示为【00003】，【减值准备金额】栏录入【1 000.00】，【变动原因】栏输入【资产减值】，结果如图 7-43 所示。

计提减值准备

固定资产变动单

—计提减值准备—

变动单编号	00002			变动日期	2020-01-31
卡片编号	00003	资产编号	20001	开始使用日期	2018-07-23
资产名称			生产线	规格型号	
减值准备金额	1000.00	币种	人民币	汇率	1
原值	50000.00	累计折旧			9413.12
累计减值准备金额	1000.00	累计转回准备金额			0.00
可回收市值	39586.00				
变动原因					资产减值
				经手人	汪奇

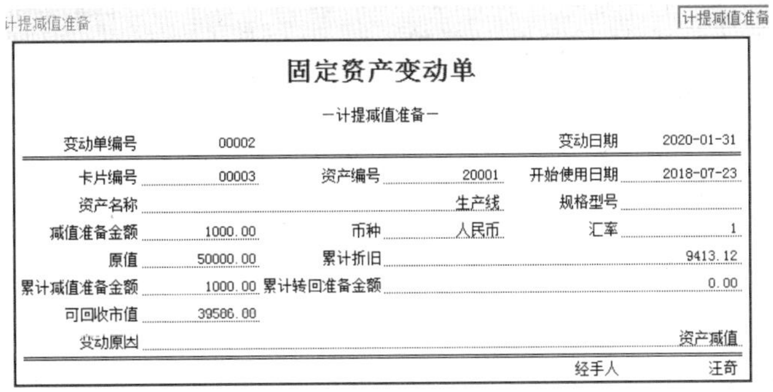

图 7-43 【固定资产变动单—计提减值准备】窗口

计提减值准备

单击【保存】按钮，系统提示【数据成功保存！】。单击【确定】按钮，系统弹出一张计提减值准备会计凭证（若未弹出凭证，则单击工具栏中的【凭证】按钮），修改凭证字为【记 记账凭证】，借方科目选择【6701 资产减值损失】，如图 7-44 所示。单击【保存】按钮，凭证保存成功。

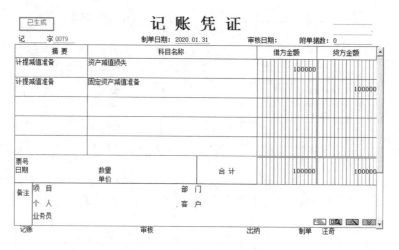

图 7-44 计提减值准备记账凭证

任务四 固定资产期末处理

1. 计提本月折旧

↘ 任务资料

月底计提本月固定资产折旧。

↘ 岗位说明

操作时间：2020-01-31，操作员【W02】登录企业应用平台，计提固定资产折旧并生成会计凭证。

↘ 操作细则

在【业务工作】|【财务会计】|【固定资产】|【处理】选项卡下执行【计提本月折旧】命令，系统提示【是否要查看折旧清单？】，单击【是】，系统提示【本操作将计提本月折旧，并花费一定时间，是否要继续？】，如图 7-45 所示。

计提本月折旧

图 7-45 固定资产折旧提示框

单击【是】，打开【折旧清单】窗口，如图 7-46 所示。
单击【退出】按钮，系统提示【计提折旧完成！】，如图 7-47 所示。
单击【确定】按钮，打开【折旧分配表】窗口，如图 7-48 所示。

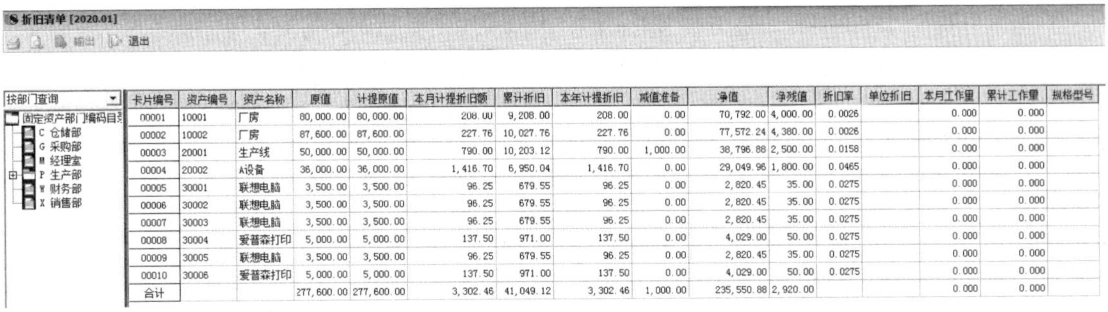

折旧清单 [2020.01]

输出 退出

按部门查询

固定资产部门编码目录：C 仓储部；G 采购部；M 经理室；P 生产部；W 财务部；X 销售部

卡片编号	资产编号	资产名称	原值	计提原值	本月计提折旧额	累计折旧	本年计提折旧	减值准备	净值	净残值	折旧率	单位折旧	本月工作量	累计工作量	规格型号
00001	10001	厂房	80,000.00	80,000.00	208.00	9,208.00	208.00	0.00	70,792.00	4,000.00	0.0026		0.000	0.000	
00002	10002	厂房	87,600.00	87,600.00	227.76	10,027.76	227.76	0.00	77,572.24	4,380.00	0.0026		0.000	0.000	
00003	20001	生产线	50,000.00	50,000.00	790.00	10,203.12	790.00	1,000.00	38,796.88	2,500.00	0.0158		0.000	0.000	
00004	20002	A设备	36,000.00	36,000.00	1,416.70	6,950.04	1,416.70	0.00	29,049.96	1,800.00	0.0465		0.000	0.000	
00005	30001	联想电脑	3,500.00	3,500.00	96.25	679.55	96.25	0.00	2,820.45	35.00	0.0275		0.000	0.000	
00006	30002	联想电脑	3,500.00	3,500.00	96.25	679.55	96.25	0.00	2,820.45	35.00	0.0275		0.000	0.000	
00007	30003	联想电脑	3,500.00	3,500.00	96.25	679.55	96.25	0.00	2,820.45	35.00	0.0275		0.000	0.000	
00008	30004	爱普森打印	5,000.00	5,000.00	137.50	971.00	137.50	0.00	4,029.00	50.00	0.0275		0.000	0.000	
00009	30005	联想电脑	3,500.00	3,500.00	96.25	679.55	96.25	0.00	2,820.45	35.00	0.0275		0.000	0.000	
00010	30006	爱普森打印	5,000.00	5,000.00	137.50	971.00	137.50	0.00	4,029.00	50.00	0.0275		0.000	0.000	
合计			277,600.00	277,600.00	3,302.46	41,049.12	3,302.46	1,000.00	235,550.88	2,920.00			0.000	0.000	

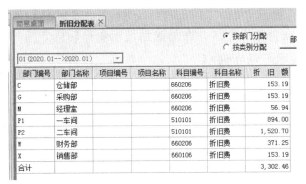

图 7-46 【折旧清单】窗口

图 7-47 计提折旧完成提示框

简易桌面 折旧分配表

按部门分配 按类别分配

01 (2020.01-->2020.01)

部门编号	部门名称	项目编号	项目名称	科目编号	科目名称	折旧额
C	仓储部			660206	折旧费	153.19
G	采购部			660206	折旧费	153.19
M	经理室			660206	折旧费	56.94
P1	一车间			510101	折旧费	894.00
P2	二车间			510101	折旧费	1,520.70
W	财务部			660206	折旧费	371.25
X	销售部			660106	折旧费	153.19
合计						3,302.46

图 7-48 【折旧分配表】窗口

单击工具栏中的【凭证】按钮，生成一张计提折旧记账凭证，修改凭证字为【记 记账凭证】，单击【保存】按钮，凭证保存成功，如图 7-49 所示。

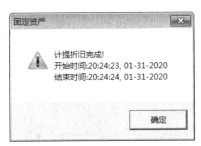

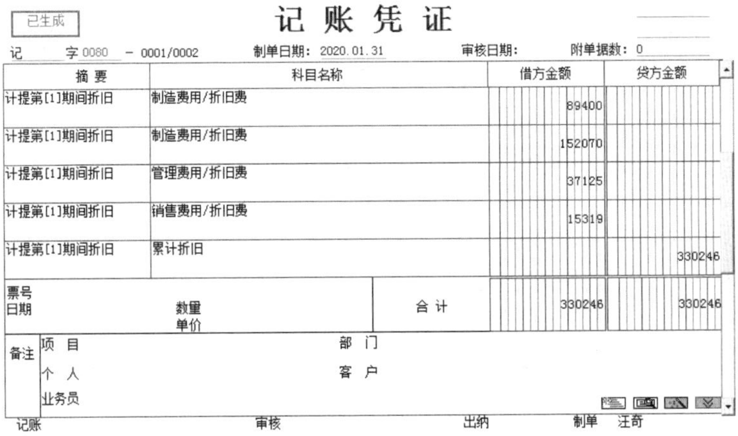

已生成

记账凭证

记 字 0080 － 0001/0002 制单日期：2020.01.31 审核日期： 附单据数：0

摘要	科目名称	借方金额	贷方金额
计提第[1]期间折旧	制造费用/折旧费	89400	
计提第[1]期间折旧	制造费用/折旧费	152070	
计提第[1]期间折旧	管理费用/折旧费	37125	
计提第[1]期间折旧	销售费用/折旧费	15319	
计提第[1]期间折旧	累计折旧		330246
票号 日期 数量 单价	合计	330246	330246

备注 项目 部门

个人 客户

业务员

记账 审核 出纳 制单 汪奇

图 7-49 计提折旧记账凭证

➲温馨提示

*当月新增的固定资产当月不计提折旧，下月开始计提折旧；当月减少的固定资产当月照提折旧，下月停止计提折旧。

*操作员在一个期间内可以多次计提折旧，每次计提系统只会将新计提的折旧累加到月初的累计折旧，不会重复累计。

*若在计提折旧后又对账套进行了影响折旧计算或分配的操作,则必须重新计提折旧,否则系统不允许结账。如果计提折旧已经制单,则必须删除该凭证后才能重新计提折旧。

2．资产减少

➡ 任务资料

2020 年 1 月 31 日,财务部将使用的编号 30005 计算机捐赠给希望工程。该计算机市场价 2 000.00 元,增值税率 13%。

➡ 岗位说明

操作时间：2020-01-31,操作员【W02】登录企业应用平台,减少固定资产,生成相应会计凭证,并在总账系统填制结转固定资产清理的会计凭证。

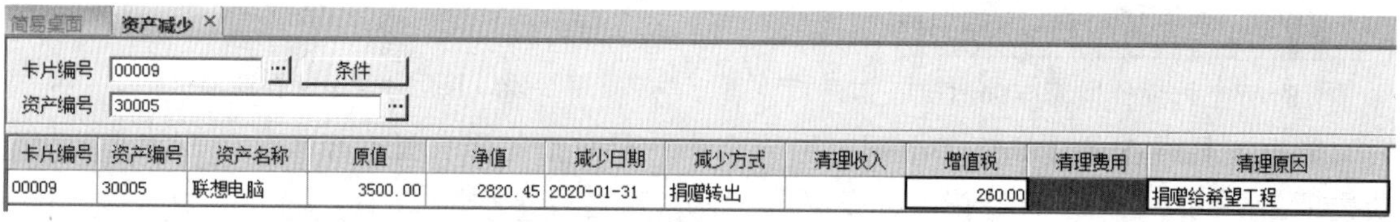

➡ 操作细则

在【业务工作】|【财务会计】选项卡下执行【固定资产】|【卡片】|【资产减少】命令,打开【资产减少】窗口。在【资产编号】栏选择【30005/联想电脑】,单击【增加】按钮；【减少方式】栏选择【捐赠转出】,【增值税】栏输入【260.00】,【清理原因】栏输入【捐赠给希望工程】,如图 7-50 所示。

图 7-50 【资产减少】窗口

单击【确定】按钮,系统提示【所选卡片已经减少成功！】。单击【确定】按钮,系统自动弹出一张资产减少记账凭证,修改凭证字为【记 记账凭证】,【资产减少—增值税】的贷方科目选择【22210102】。单击【保存】按钮,凭证保存成功,如图 7-51 所示。

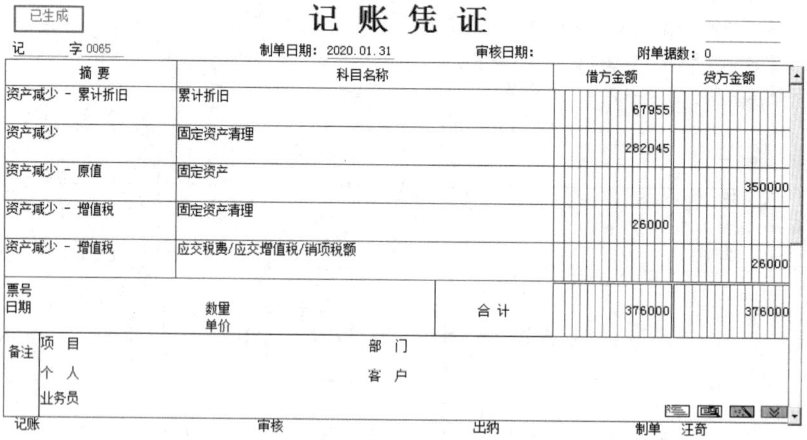

图 7-51 资产减少记账凭证

执行【总账】|【凭证】|【填制凭证】命令,打开填制凭证界面。单击【增加】按钮,填制结转固定资产清理净损益的记账凭证并保存,如图 7-52 所示。

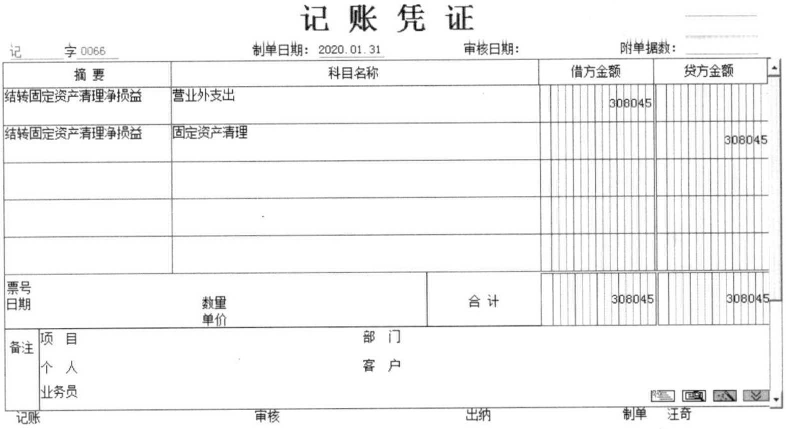

记 账 凭 证

记　字 0066　　制单日期：2020.01.31　　审核日期：　　附单据数：

摘要	科目名称	借方金额	贷方金额
结转固定资产清理净损益	营业外支出	308045	
结转固定资产清理净损益	固定资产清理		308045
票号 日期　　数量 单价	合计	308045	308045

备注　项目　　部门
个人　　客户
业务员

记账　　审核　　出纳　　制单　汪奇

图 7-52　结转固定资产清理净损益记账凭证

➲温馨提示

*在上述任务中录入减少固定资产卡片时，增值税=2 000.00×13%=260.00（元）。

➘ 课堂思考

未计提折旧的资产可以执行资产减少操作吗？

3．资产盘点

➘ 任务资料

2020 年 1 月 31 日，对电脑类办公设备进行盘点，发现财务部编号为 30009 的电脑丢失。经查，损失由部门负责人李红负责，经批准由其赔偿。

➘ 岗位说明

操作时间：2020-01-31，操作员【W02】登录企业应用平台，盘点固定资产，生成相应会计凭证，并在总账系统填制结转固定资产清理的会计凭证。

➘ 操作细则

在【业务工作】|【财务会计】选项卡下执行【固定资产】|【卡片】|【资产盘点】命令，打开【资产盘点】窗口。单击【增加】按钮，打开【新增盘点单—数据录入】窗口，单击【范围】按钮，打开【盘点范围设置】对话框。在【资产类别】栏选择【办公设备[3]】，如图 7-53 所示。

资产盘点

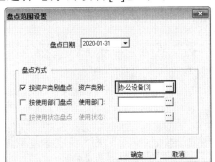

图 7-53 【盘点范围设置】对话框

单击【确定】按钮，系统显示全部办公设备类固定资产列表，双击【30009】号资产的【选择】栏，显示【Y】字样，如图 7-54 所示。

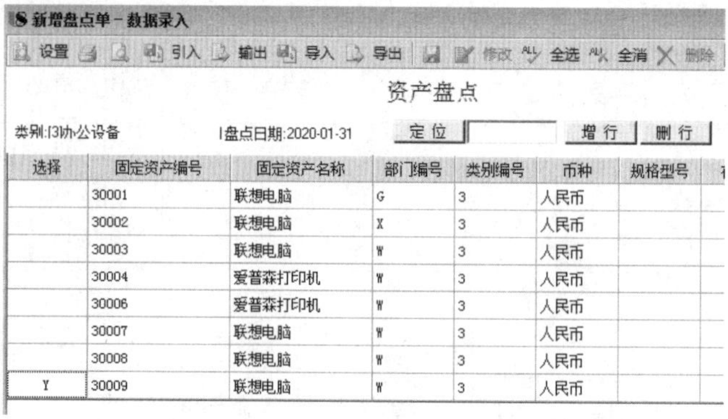

选择	固定资产编号	固定资产名称	部门编号	类别编号	币种	规格型号
	30001	联想电脑	G	3	人民币	
	30002	联想电脑	X	3	人民币	
	30003	联想电脑	W	3	人民币	
	30004	爱普森打印机	W	3	人民币	
	30006	爱普森打印机	W	3	人民币	
	30007	联想电脑	W	3	人民币	
	30008	联想电脑	W	3	人民币	
Y	30009	联想电脑	W	3	人民币	

图 7-54　办公设备类固定资产列表

单击【删行】按钮，【30009】号资产被删除。单击【退出】按钮，系统提示【本盘点单数据已变更，是否保存？】，单击【是】，提示【盘点单保存成功！】。单击【确定】按钮，完成资产盘点操作，如图 7-55 所示。

盘点日期	盘点编号	盘点范围	录入人
2020-01-31	00001	类别(3)	汪奇

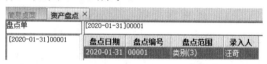

图 7-55　完成资产盘点操作

关闭【资产盘点】窗口，执行【卡片】|【盘点盈亏确认】命令，双击选中【30009】号资产的【选择】栏，【审核】栏选择【同意】，【处理意见】栏录入【由财务部李红赔偿】，如图 7-56 所示。

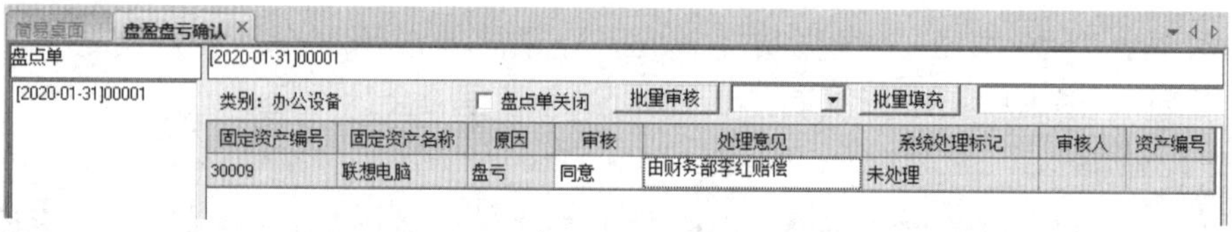

固定资产编号	固定资产名称	原因	审核	处理意见	系统处理标记	审核人	资产编号
30009	联想电脑	盘亏	同意	由财务部李红赔偿	未处理		

图 7-56　【盘点盈亏确认】窗口

单击【保存】按钮，提示【保存成功！】，单击【确定】按钮，关闭【盘点盈亏确认】窗口。

执行【固定资产】|【卡片】|【资产盘亏】命令，打开【资产盘亏】窗口，双击【30009】号资产的【选择】栏。

单击工具栏中的【盘亏处理】按钮，打开【资产减少】窗口。在【清理原因】栏输入【资产盘亏】，如图 7-57 所示。

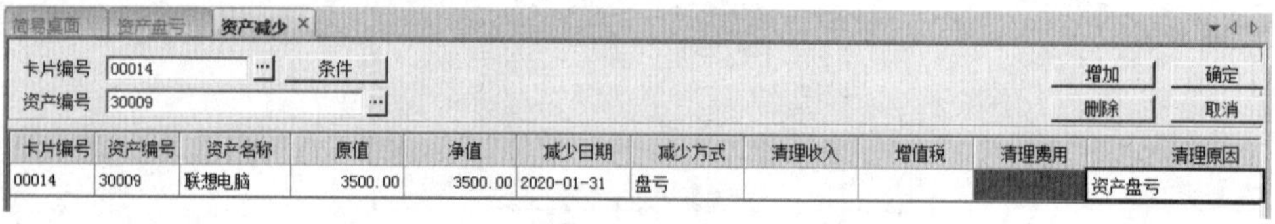

卡片编号	资产编号	资产名称	原值	净值	减少日期	减少方式	清理收入	增值税	清理费用	清理原因
00014	30009	联想电脑	3500.00	3500.00	2020-01-31	盘亏				资产盘亏

图 7-57　【资产减少】窗口

单击【确定】按钮，系统提示【所选卡片已经减少成功！】。单击【确定】按钮，弹出一张资产减少会计凭证，修改凭证字为【记 记账凭证】，将【固定资产清理】科目修改为【1901/待处理财产损溢】。单击【保存】按钮，凭证保存成功，如图 7-58 所示。

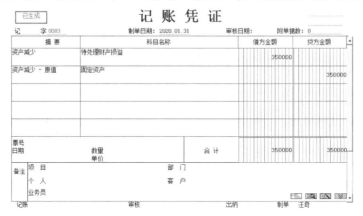

图 7-58　资产减少记账凭证

执行【总账】|【凭证】|【填制凭证】命令，打开填制凭证界面。单击【增加】按钮，填制盘亏处理结果凭证并保存，如图 7-59 所示。

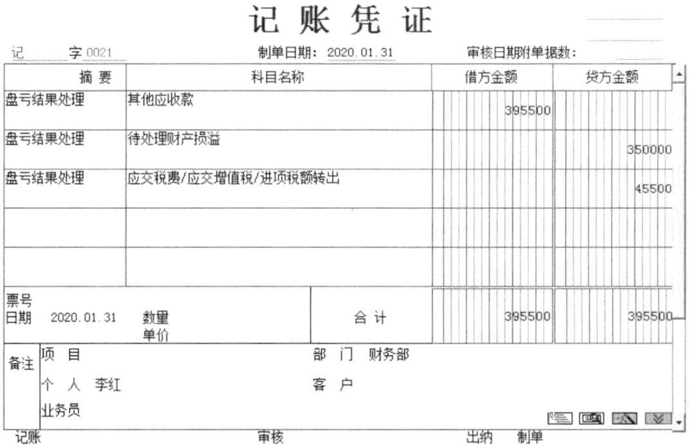

图 7-59　盘亏结果处理记账凭证

4．月末对账

📌 任务资料

2020 年 1 月 31 日，将固定资产系统与总账系统进行对账。

📌 岗位说明

操作时间：2020-01-31，操作员【W02】登录企业应用平台，将固定资产系统与总账系统进行对账。

📌 操作细则

在【业务工作】|【财务会计】|【固定资产】|【处理】选项卡下执行【对

月末对账

账】命令,打开【与账务对账结果】对话框。提示【结果:不平衡】,如图 7-60 所示。

操作员【W03】对所有凭证进行出纳签字,操作员【A01】对所有凭证进行审核、记账。

操作员【W02】再次执行【对账】命令,打开【与账务对账结果】对话框。提示【结果:平衡】,如图 7-61 所示,单击【确定】按钮。

图 7-60 【与账务对账结果】对话框(不平衡)　　图 7-61 【与账务对账结果】对话框(平衡)

5. 月末结账

▶ 任务资料

对固定资产系统进行月末结账。

▶ 岗位说明

操作时间:2020-01-31,操作员【W02】登录企业应用平台,进行固定资产系统的月末结账。

▶ 操作细则

在【业务工作】|【财务会计】|【固定资产】|【处理】选项卡下执行【月末结账】命令,打开【月末结账】窗口。单击【开始结账】,弹出【与账务对账结果】对话框,单击【确定】按钮,系统提示【月末结账成功完成!】,如图 7-62 所示。

单击【确定】按钮,弹出如图 7-63 所示的提示框。

 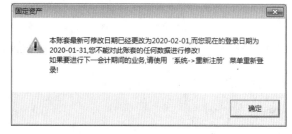

图 7-62 完成月末结账操作　　　　　图 7-63 固定资产系统提示

➲ 温馨提示

*月末结账每月进行一次,结账后当期的数据不能再进行修改。若想修改须先恢复月末结账前状态,即进行反结账。

*反结账应以待恢复月份的月末时间登录,执行【处理】|【恢复月末结账前状态】命令即可。

*恢复成功后,上一次结账后所做的所有操作都将无痕迹删除。

6. 账表查询

➘ 任务资料

查询固定资产原值一览表。

➘ 岗位说明

操作时间：2020-01-31，操作员【W02】登录企业应用平台，查询固定资产原值一览表。

➘ 操作细则

在【业务工作】|【财务会计】|【固定资产】|【账表】|选项卡下执行【我的账表】命令，打开【报表】窗口。执行【账簿】|【分析表】|【价值结构分析表】命令，打开【条件—价值结构分析表】对话框，单击【确定】按钮，打开【价值结构分析表】，如图 7-64 所示。

简易桌面 | 报表 | 价值结构分析表

恢复缺省格式 | 保存格式 | 锁定格式 | 格式锁定状态:未锁定

价值结构分析表

使用单位:浙江天翼家居设备有限公司　　期间: 2020.01

资产类别	数量	计量单位	期末原值	期末累计折旧	期末减值准备	期末净值	累计折旧占原值百分比%	减值准备原值百分比%	净值率%
房屋及建筑物(1)	2		167,600.00	19,235.76		148,364.24	11.48		88.52
生产设备(2)	3		138,000.00	17,153.16	1,000.00	119,846.84	12.43	0.72	86.85
办公设备(3)	7		27,500.00	3,980.65		23,519.35	14.48		85.52
合计	12		333,100.00	40,369.57	1,000.00	291,730.43	12.12	0.30	87.58

图 7-64 价值结构分析表

关闭【价值结构分析表】，执行【账簿】|【统计表】|【价值结构分析表】命令，打开【条件—（固定资产原值）一览表】对话框，单击【确定】按钮，打开【（固定资产原值）一览表】，如图 7-65 所示。

简易桌面 | 报表 | (固定资产原值)一览表

锁定格式 | 格式锁定状态:未锁定

(固定资产原值)一览表

使用单位:浙江天翼家居设备有限公司　　期间: 2020.01

部门级次1--1

部门名称	合计				房屋及建筑物				生产设备		
	原值	累计折旧	减值准备	净值	原值	累计折旧	减值准备	净值	原值	累计折旧	减值准备
仓储部(C)	21,900.00	2,506.94		19,393.06	21,900.00	2,506.94		19,393.06			
采购部(G)	25,400.00	3,186.49		22,213.51	21,900.00	2,506.94		19,393.06			
经理室(M)	21,900.00	2,506.94		19,393.06	21,900.00	2,506.94		19,393.06			
生产部(P)	218,000.00	26,361.16	1,000.00	190,638.84	80,000.00	9,208.00		70,792.00	138,000.00	17,153.16	1,000.00
财务部(W)	20,500.00	2,621.55		17,878.45							
销售部(X)	25,400.00	3,186.49		22,213.51	21,900.00	2,506.94		19,393.06			
合计	333,100.00	40,369.57	1,000.00	291,730.43	167,600.00	19,235.76		148,364.24	138,000.00	17,153.16	1,000.00

图 7-65 （固定资产原值）一览表

问题与讨论

1. 本月增加的固定资产是否计提折旧？
2. 固定资产系统与总账系统对账不平衡的原因有哪些？

项目八

总账系统期末处理

学习目标

知识目标

1. 掌握总账系统的主要功能。
2. 了解总账系统与 U8 其他子系统的数据传递关系。
3. 熟悉总账系统期末处理流程。

能力目标

1. 能够熟练运用自定义转账常用函数。
2. 能够进行期末汇兑损益结转、销售成本结转、期间损益结转设置及生成期末结转凭证。
3. 能够进行期末对账与结转工作。

重点难点

1. 自定义转账。
2. 期末结转。

操作流程

本项目操作流程如图 8-1 所示。

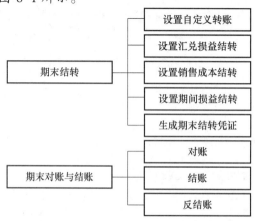

图 8-1　总账系统期末处理流程

项目八　总账系统期末处理

任务一　期末结转

1. 设置自定义转账

📥 任务资料

根据表 8-1 完成总账系统的自定义转账设置。

表 8-1　自定义转账设置

转账序号	摘要	科目编码	方向	金额公式
0001	结转本月应交未交增值税	22210104	借	QM(222101，月)
		222102	贷	JG()
0002	计提应交城建税、教育费附加和地方教育附加	6403	借	JG()
		222103	贷	FS(22210102，月，贷)*0.07
		222104	贷	FS(22210102，月，贷)*0.03
		222105	贷	FS(22210102，月，贷)*0.02
0003	计提本月企业所得税	6801	借	(FS(4103，月，贷)-FS(4103，月，借))*0.25
		222106	贷	JG()
0004	结转本月企业所得税	4103	借	JG()
		6801	贷	QM(6801，月)
0005	结转本年实现的净利润	4103	借	QM(4103，月)
		410411	贷	JG()

📥 岗位说明

操作时间：2020-01-31，操作员【A01】登录企业应用平台，进行总账系统的自定义转账设置。

📥 操作细则

在【业务工作】|【财务会计】|【总账】|【期末】|【转账定义】选项卡下执行【自定义转账】命令，打开【自定义转账设置】窗口。

单击工具栏中的【增加】按钮，弹出【转账目录】对话框，根据任务资料（表 8-1），【转账序号】栏录入【0001】，【转账说明】栏录入【结转本月应交未交增值税】，【凭证类别】栏选择【记 记账凭证】，如图 8-2 所示。

图 8-2　【转账目录】对话框

自定义转账

单击【确定】按钮，返回【自定义转账设置】窗口。单击工具栏中的【增行】按钮，【科目编码】栏参照选择【22210104 应交税费/应交增值税/转出未交增值税】，双击【金额公式】栏，按【F2】键打开【公式向导】对话框，选择【QM（）】（期末余额），如图 8-3 所示。

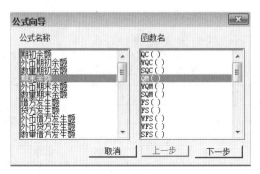

图 8-3 【公式向导】对话框（选择函数）

单击【下一步】按钮，将【科目】修改为【222101 应交税费/应交增值税】，如图 8-4 所示。

图 8-4 【公式向导】对话框（修改科目）

单击【完成】按钮，完成自定义转账凭证借方的设置。单击工具栏中的【增行】按钮，【科目编码】栏参照选择【222102 应交税费/未交增值税】，双击【方向】栏改为【贷】，双击【金额公式】栏，按【F2】键打开【公式向导】对话框，选择【JG（）】（取对方科目计算结果）。

单击【下一步】按钮，再单击【完成】按钮，结果如图 8-5 所示。

转账序号 0001 转账说明 结转本月应交未交增值税 凭证类别 记账凭证

摘要	科目编码	部门	个人	客户	供应商	项目	方向	金额公式
结转本月应交未交增...	22210104						借	QM(222101,月)
结转本月应交未交增...	222102						贷	JG()

图 8-5 自定义转账—结转本月应交未交增值税

参照上述方法，完成【计提应交城建税、教育费附加和地方教育附加】、【计提本月企业所得税】、【结转本月企业所得税】及【结转本年实现的净利润】的自定义结转设置，如图 8-6～图 8-9 所示。

转账序号 0002 转账说明 计提应交城建税、教育费附加和地 凭证类别 记账凭证

摘要	科目编码	部门	个人	客户	供应商	项目	方向	金额公式
计提应交城建税、教...	6403						借	JG()
计提应交城建税、教...	222103						贷	FS(22210102,月,贷)*0.07
计提应交城建税、教...	222104						贷	FS(22210102,月,贷)*0.03
计提应交城建税、教...	222105						贷	FS(22210102,月,贷)*0.02

图 8-6 自定义转账—计提应交城建税、教育费附加和地方教育附加

转账序号 0003 转账说明 计提本月企业所得税 凭证类别 记账凭证

摘要	科目编码	部门	个人	客户	供应商	项目	方向	金额公式
计提本月企业所得税	6801						借	FS(4103,月,贷)-FS(4103,月,借)...
计提本月企业所得税	222106						贷	JG()

图 8-7 自定义转账—计提本月企业所得税

转账序号 0004 转账说明 结转本月企业所得税 凭证类别 记账凭证

摘要	科目编码	部门	个人	客户	供应商	项目	方向	金额公式
结转本月企业所得税	4103						借	JG()
结转本月企业所得税	6801						贷	QM(6801,月)

图 8-8 自定义转账—结转本月企业所得税

转账序号 0005 转账说明 结转本年实现的净利润 凭证类别 记账凭证

摘要	科目编码	部门	个人	客户	供应商	项目	方向	金额公式
结转本年实现的净利润	4103						借	QM(4103,月)
结转本年实现的净利润	410411						贷	JG()

图 8-9 自定义转账—结转本年实现的净利润

➲温馨提示

*系统提供以下八种转账定义功能：

自定义转账、对应结转、销售成本结转、售价（计划价）销售成本结转、汇兑损益结转、期间损益、自定义比例转账、费用摊铺和预提。

*除上述的自定义转账，以下情况也可考虑使用该功能：

工资等薪酬分配与支付的处理；税金的缴纳；计提借款利息；分配制造费用；客户、供应商、

项目等辅助核算的结转。

*在进行自定义转账设置时可在【金额公式】栏直接输入转账函数公式。

> **课堂思考**
>
> 自定义公式设置比较烦琐,是否有更方便简洁的办法进行公式编辑设置?

2. 设置汇兑损益结转

> **任务资料**

设定美元汇率为1美元=6.30人民币。

> **岗位说明**

操作时间:2020-01-31,操作员【A01】登录企业应用平台,调整汇率,并进行汇兑损益结转设置。

设置汇兑损益结转

> **操作细则**

在【基础设置】|【基础档案】|【财务】选项卡下执行【外币设置】命令,打开【外币设置】对话框。选中【浮动汇率】选项,根据任务资料,在1月31日的【调整汇率】栏输入【6.30】,如图8-10所示。单击【增加】按钮确认保存,单击【退出】按钮退出该对话框。

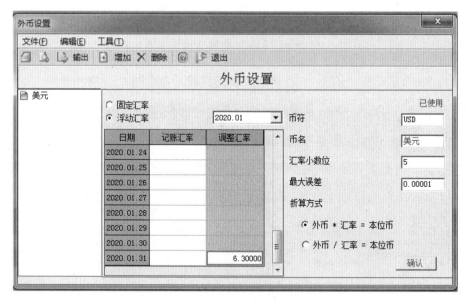

图8-10 【外币设置】对话框

执行【业务工作】|【财务会计】|【总账】|【期末】|【转账定义】|【汇兑损益】命令,打开【汇兑损益结转设置】对话框。

在【凭证类别】下拉框中选择【记 记账凭证】,【汇兑损益入账科目】栏参照选择【6603 财务费用】,双击第一行的【是否计算汇兑损益】栏,显示Y字样,如图8-11所示。单击【确定】按钮。

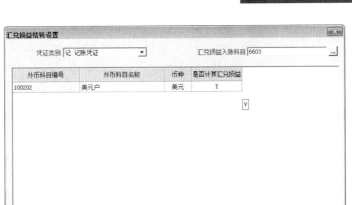

图 8-11 【汇兑损益结转设置】对话框

3. 设置销售成本结转

↘ 任务资料

设置结转销售商品成本的转账凭证。

↘ 岗位说明

操作时间：2020-01-31，操作员【A01】登录企业应用平台，进行总账系统的销售成本结转设置。

↘ 操作细则

在【业务工作】|【财务会计】|【总账】|【期末】|【转账定义】选项卡下执行【销售成本结转】命令，打开【销售成本结转设置】对话框。在【库存商品科目】栏下拉框中选择【1405 库存商品】，【商品销售收入科目】栏下拉框中选择【6001 主营业务收入】，【商品销售成本科目】栏下拉框中选择【6401 主营业务成本】，其他信息默认，如图 8-12 所示。单击【确定】按钮，完成销售成本结转设置。

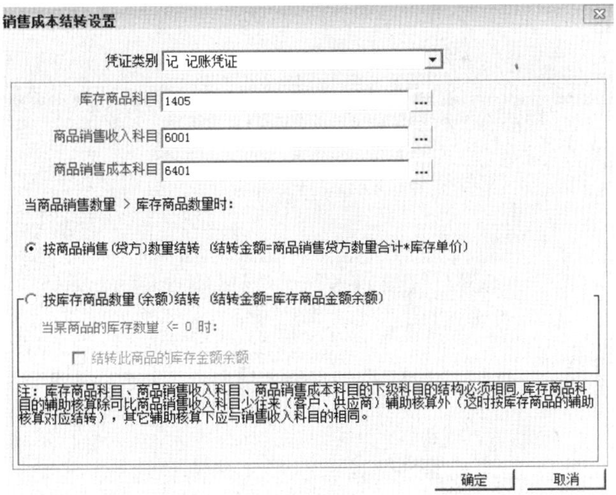

图 8-12 【销售成本结转设置】对话框

4．设置期间损益结转

➥ **任务资料**

设置期间损益结转凭证的凭证类别为【记账凭证】，本年利润科目为【4103】。

➥ **岗位说明**

操作时间：2020-01-31，操作员【A01】登录企业应用平台，进行总账系统的期间损益结转设置。

设置期间损益结转

➥ **操作细则**

在【业务工作】|【财务会计】|【总账】|【期末】|【转账定义】选项卡下执行【期间损益】命令，打开【期间损益结转设置】对话框。

在【凭证类别】下拉框中选择【记 记账凭证】，【本年利润科目】栏参照选择【4103】，如图8-13所示。单击【确定】按钮。

损益科目编号	损益科目名称	损益科目账类	本年利润科目编码	本年利润科目名称	本年利润科目账类
6001	主营业务收入	项目核算	4103	本年利润	
6011	利息收入		4103	本年利润	
6021	手续费及佣金收入		4103	本年利润	
6031	保费收入		4103	本年利润	
6041	租赁收入		4103	本年利润	
6051	其他业务收入		4103	本年利润	
6061	汇兑损益		4103	本年利润	
6101	公允价值变动损益		4103	本年利润	
6111	投资收益		4103	本年利润	
6201	摊回保险责任准备金		4103	本年利润	
6202	摊回赔付支出		4103	本年利润	
6203	摊回分保费用		4103	本年利润	
6301	营业外收入		4103	本年利润	
6401	主营业务成本	项目核算	4103	本年利润	

图8-13 【期间损益结转设置】对话框

5．生成期末结转凭证

➥ **任务资料**

完成2020年1月所有会计凭证的出纳签字、审核、记账。

生成期末结转的记账凭证并对其进行出纳签字、审核、记账。流程如图8-14所示。

项目八　总账系统期末处理

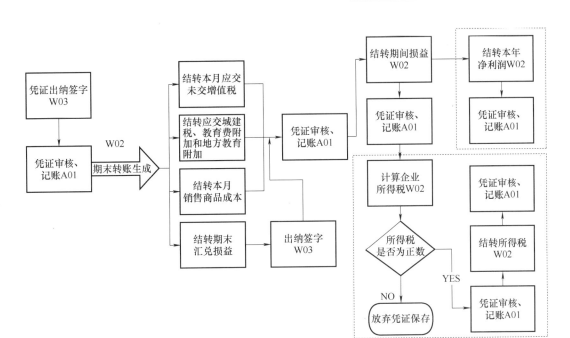

图 8-14　生成期末结转凭证操作流程

➡ 岗位说明

操作时间：2020-01-31，操作员【W03】登录企业应用平台，对所有凭证进行出纳签字，操作员【A01】审核、记账，操作员【W02】在【业务工作】|【财务会计】|【总账】|【期末】选项卡下执行【转账生成】命令，生成期末结转凭证。【W03】出纳签字，【A01】审核、记账。

生成期末结转凭证

➡ 操作细则

（1）完成本月所有凭证的出纳签字、审核、记账

操作员【W03】在总账系统的【凭证】选项卡下执行【出纳签字】命令，对所有凭证完成出纳签字。

操作员【A01】执行【审核凭证】、【记账】命令，对所有凭证完成审核和记账处理。

（2）结转本月应交未交增值税

操作员【W02】在总账系统的【期末】选项卡下执行【转账生成】命令，打开【转账生成】对话框，双击【0001】号自定义转账凭证的【是否结转】栏，显示 Y 字样，如图 8-15 所示。

单击【确定】按钮，弹出填制凭证界面，单击【保存】按钮，如图 8-16 所示。

> ⊃ 温馨提示
>
> *在进行月末转账前，应将所有记账凭证审核记账，否则可能导致转账生成的记账凭证数据错误。

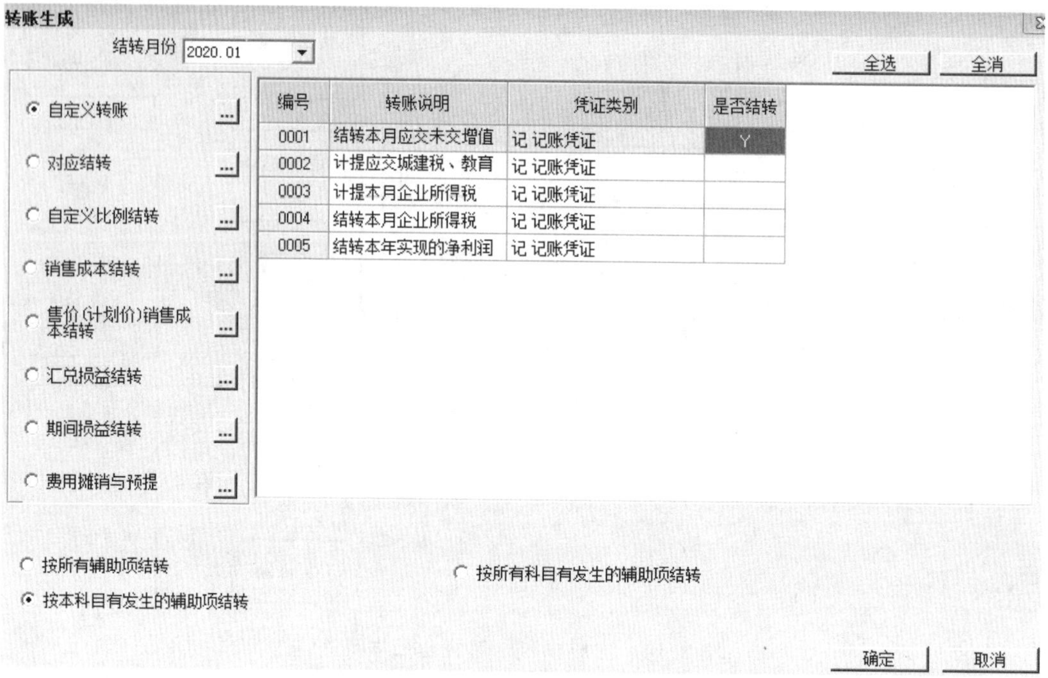

图 8-15 【转账生成】对话框

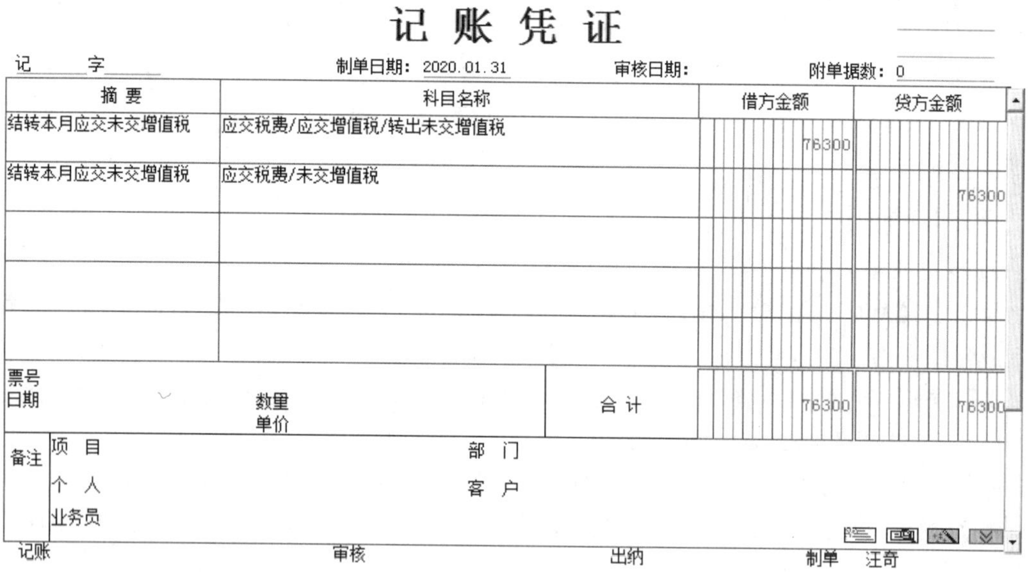

图 8-16 结转增值税记账凭证

(3) 计提应交城建税、教育费附加和地方教育附加

参照步骤（2）完成【计提应交城建税、教育费附加和地方教育附加】的凭证生成操作，如图 8-17 所示。

项目八 总账系统期末处理

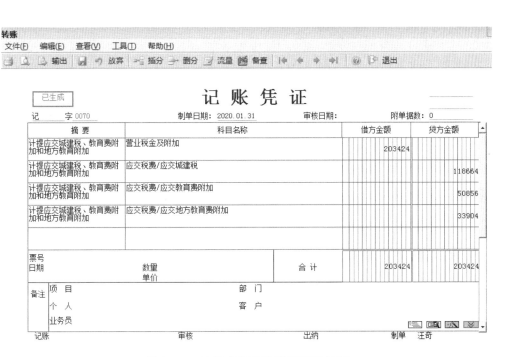

图 8-17 计提应交城建税等记账凭证

（4）结转本月销售商品成本

操作员【W02】执行【转账生成】命令，勾选【销售成本结转】单选框，单击【确定】，打开【转账生成】对话框，单击【确定】按钮，打开【销售成本结转一览表】对话框，如图 8-18 所示。

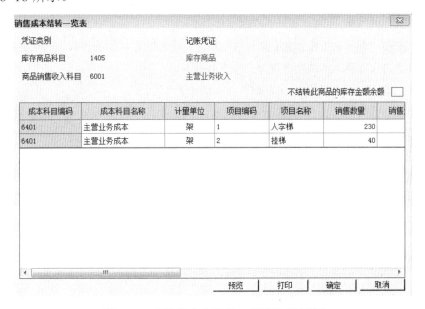

图 8-18 【销售成本结转一览表】对话框

单击【确定】按钮，生成销售成本结转记账凭证。单击【保存】按钮，如图 8-19

所示。

记 账 凭 证

记　　字	制单日期：2020.01.31	审核日期：	附单据数：0
摘　要	科目名称	借方金额	贷方金额
2020.01销售成本结转	库存商品		11040000
2020.01销售成本结转	主营业务成本	11040000	
2020.01销售成本结转	库存商品		1800000
2020.01销售成本结转	主营业务成本	1800000	
票号日期	数量　230.00架　单价　480.00	合　计　12840000	12840000
备注	项目 人字梯　　部门　个人　　　　客户　业务员		
记账	审核　　出纳　　制单 汪奇		

图 8-19　销售成本结转记账凭证

> ○ 温馨提示
>
> *关于结转已销商品成本的处理，不同 ERP 系统的做法不同。同一 ERP 系统启用的模块不同，做法也不同。
>
> *在启用供应链系统的情况下，结转已销商品成本的处理应根据不同的存货计价方法，在存货核算系统中完成。
>
> *若未启用供应链系统，可考虑以下两种处理方法：
>
> ① 满足以下条件，可到总账系统【期末→转账定义→销售成本结转】进行设置，在【转账生成】界面生成结转已销商品成本的记账凭证：
>
> a. 企业发出存货成本的计价方法为全月一次加权平均法；
>
> b.【库存商品】、【主营业务收入】、【主营业务成本】三个科目的明细科目结构相同，且一一对应；
>
> c. 上述三个科目及其明细科目均设置了数量核算；
>
> d. 除数量核算外，上述三个科目及其明细科目还设置了相同的其他辅助账类（如项目核算）。
>
> ② 如果不满足以上条件，且未启用供应链系统，则可在 ERP 系统以外借助其他工具（如 Excel、WPS 等）完成销售成本的计算，根据计算结果直接在总账系统中填制凭证即可。

▶ 课堂思考

利用 Excel 进行销售成本计算时，该如何设计表单和公式？

（5）结转期末汇兑损益

操作员【W02】执行【转账生成】命令，勾选【汇兑损益结转】单选框，双击美元户【是否结转】栏，显示 Y 字样，如图 8-20 所示。

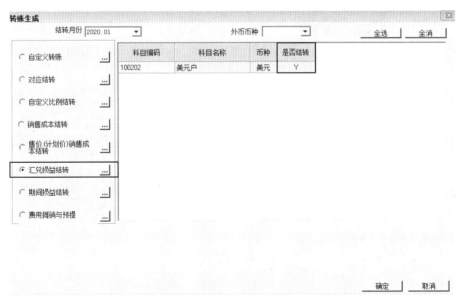

图 8-20　汇兑损益转账生成窗口

单击【确定】按钮，弹出【汇兑损益试算表】对话框，单击【确定】按钮，生成汇兑损益结转记账凭证。单击【保存】按钮，如图 8-21 所示。

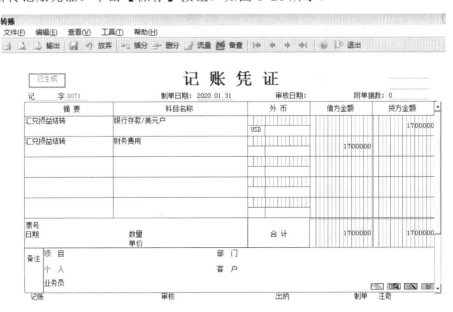

图 8-21　汇兑损益结转记账凭证

由操作员【W03】对汇兑损益凭证进行出纳签字。由操作员【A01】对尚未审核的凭证进行审核、记账。

（6）结转期间损益

操作员【W02】执行【转账生成】命令，勾选【期间损益结转】单选框，单击【全选】按钮，单击【确定】生成期间损益结转凭证，如图 8-22 所示，保存凭证。

记账凭证

记 字 0071 - 0001/0006　制单日期：2020.01.31　审核日期：　附单据数：0

摘要	科目名称	借方金额	贷方金额
期间损益结转	本年利润		13688052
期间损益结转	主营业务收入		11040000
期间损益结转	主营业务收入		1800000
期间损益结转	营业外收入		280000
期间损益结转	主营业务成本		11040000
	合计	26808052	26808052

图 8-22　期间损益结转记账凭证

由操作员【A01】对尚未审核的凭证进行审核、记账处理。

（7）结转企业所得税

参照步骤（6）完成【计提本月企业所得税】的凭证生成操作，如图 8-23 所示。由于该记账凭证的金额为负数，退出填制界面不保存该凭证。

记账凭证

记 字　制单日期：2020.01.31　审核日期：　附单据数：0

摘要	科目名称	借方金额	贷方金额
计提本月企业所得税	所得税费用	3422013	
计提本月企业所得税	应交税费/应交企业所得税		3422013
	合计	3422013	3422013

图 8-23　计提本月企业所得税记账凭证

➲温馨提示

*当本年累计利润为负数时，不需计提所得税；当本年累计利润为正数时，需要计提本月所得税费用，审核凭证并记账，同时结转本月所得税费用，生成凭证，进行审核并记账。

（8）结转本年净利润

参照步骤（6）完成【结转本年实现的净利润】的凭证生成操作，如图 8-24 所示。

记账凭证

记 字 0072 制单日期：2020.01.31 审核日期： 附单据数：0

摘要	科目名称	借方金额	贷方金额
结转本年实现的净利润	本年利润	13688052	
结转本年实现的净利润	利润分配/未分配利润		13688052
票号 日期 数量 单价	合计	13688052	13688052
备注 项目 个人 业务员	部门 客户		

记账 审核 出纳 制单 汪奇

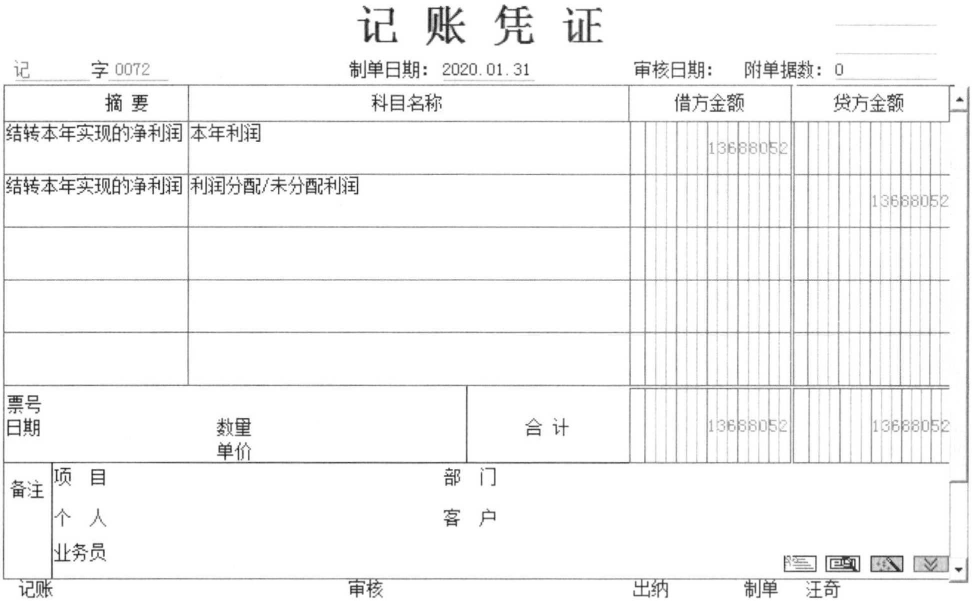

图 8-24 本年实现净利润结转记账凭证

由操作员【A01】对凭证进行审核、记账处理。

任务二 期末对账与结账

1．对账

➘ 任务资料

进行总账系统的月末对账。

➘ 岗位说明

操作时间：2020-01-31，操作员【A01】登录企业应用平台，进行总账系统的月末对账。

➘ 操作细则

在【业务工作】|【财务会计】|【总账】|【期末】选项卡下执行【对账】命令，打开【对账】对话框。单击【选择】按钮，再单击【对账】按钮，系统开始自动对账，如图 8-25 所示。

图 8-25 【对账】对话框

2. 结账

➥ 任务资料

进行总账系统的月末结账。

➥ 岗位说明

操作时间：2020-01-31，操作员【A01】登录企业应用平台，进行总账系统的月末结账。

➥ 操作细则

在【业务工作】|【财务会计】|【总账】|【期末】选项卡下执行【结账】命令，打开【结账—开始结账】界面，如图 8-26 所示。

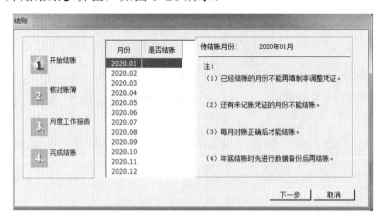

图 8-26 【结账—开始结账】界面

单击【下一步】按钮，转至【结账—核对账簿】界面，如图 8-27 所示。

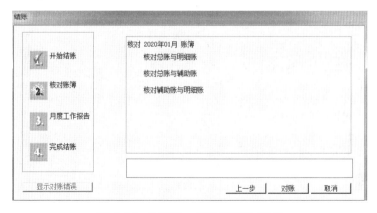

图 8-27 【结账—核对账簿】界面

单击【对账】按钮,系统进行对账。对账完毕后,单击【下一步】按钮,转至【结账—月度工作报告】界面,如图 8-28 所示。

图 8-28 【结账—月度工作报告】界面

单击【下一步】按钮,转至【结账—完成结账】界面,如图 8-29 所示。

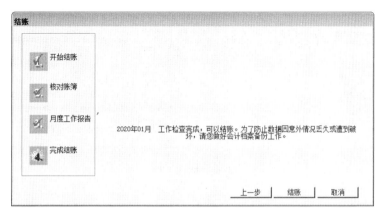

图 8-29 【结账—完成结账】界面

单击【结账】按钮,完成 2020 年 1 月的结账。

> **温馨提示**
>
> *已结账月份不能再填制凭证，但可以查询凭证账表等。
>
> *以下情况不允许进行月末结账：
>
> ① 上月未结账（但本月可以填制、审核凭证）。
>
> ② 本月还有未记账凭证。
>
> ③ 总账与明细账对账不符。
>
> ④ 总账系统与其他系统联合使用时，其他系统未结账。

▶ 课堂思考

在结账之前，需要进行哪些检查？

3．反结账

▶ 任务资料

由于操作需要，进行总账系统的反结账。

▶ 岗位说明

操作时间：2020-01-31，操作员【A01】登录企业应用平台，在总账系统中进行反结账。

▶ 操作细则

在【业务工作】|【财务会计】|【总账】|【期末】选项卡下执行【结账】命令，打开【结账—开始结账】界面。

单击选择要取消结账的月份。按【Ctrl】+【Shift】+【F6】组合键，在弹出的对话框中输入当前操作员【A01】的密码。如图 8-30 所示。

单击【确定】按钮，反结账成功，如图 8-31 所示。

图 8-30 【输入口令】对话框

图 8-31 完成反结账操作

问题与讨论

1．总账系统期末处理的主要工作有哪些？

2．期末业务有哪些特点和规律？

项目九
UFO 报表系统

学习目标

知识目标

1. 掌握用友 ERP-U8V10.1 平台的 UFO 报表工作。
2. 掌握调用报表模板生成资产负债表、利润表的操作流程。
3. 掌握自定义报表的设计方法。
4. 掌握报表取数公式设置。

能力目标

1. 能够进行报表模板应用。
2. 能够进行自定义报表设置及数据计算。
3. 能够进行财务指标公式定义及数据处理。
4. 能够进行数据筛选和分析。

重点难点

1. 应用报表模板生成报表。
2. 自定义报表设计。
3. 报表公式定义。
4. 表间取数公式设置。

操作流程

本项目操作流程如图 9-1 所示。

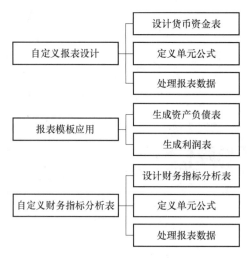

图 9-1　UFO 报表系统操作流程

任务一　自定义报表设计

1．设计货币资金表

▶ 任务资料

根据表 9-1 设计天翼设备的货币资金表。

表 9-1　货币资金表

单位名称：		年　月　日		（单位：元）
会计科目	期初余额	本期借方发生额	本期贷方发生额	期末余额
库存现金				
银行存款				
其他货币资金				
合计				

要求：
① 报表行高 10 毫米，列宽 30 毫米。
② 标题【货币资金表】设为黑体，14 号，居中。
③ 表体中文字设为宋体，12 号，居中。
④ 将单位名称和年、月、日设为关键字。
⑤ 将文件命名【货币资金表】，保存到【D:\学生姓名】文件夹。

设计货币资金表的操作流程如图 9-2 所示。

项目九 UFO报表系统

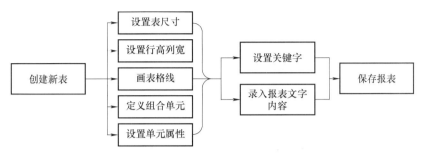

图 9-2 设计货币资金表操作流程

▶ **岗位说明**

操作时间：2020-01-31，操作员【A01】登录企业应用平台，在 UFO 报表系统新建货币资金表。

▶ **操作细则**

（1）创建新表

执行【业务工作】|【财务会计】|【UFO 报表】命令，打开【UFO 报表】窗口。

设计货币资金表

单击【新建】按钮，生成一张空白报表。

（2）设置表尺寸

执行【格式】|【表尺寸】命令，打开【表尺寸】对话框，输入报表行数为【7】，列数为【5】，如图 9-3 所示，单击【确认】按钮。

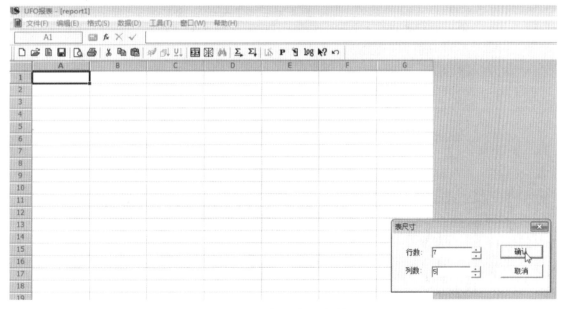

图 9-3 【表尺寸】对话框

（3）设置行高、列宽

选定整张表，执行【格式】|【行高】命令，打开【行高】对话框，录入报表行高

【10】，如图9-4所示，单击【确认】按钮。

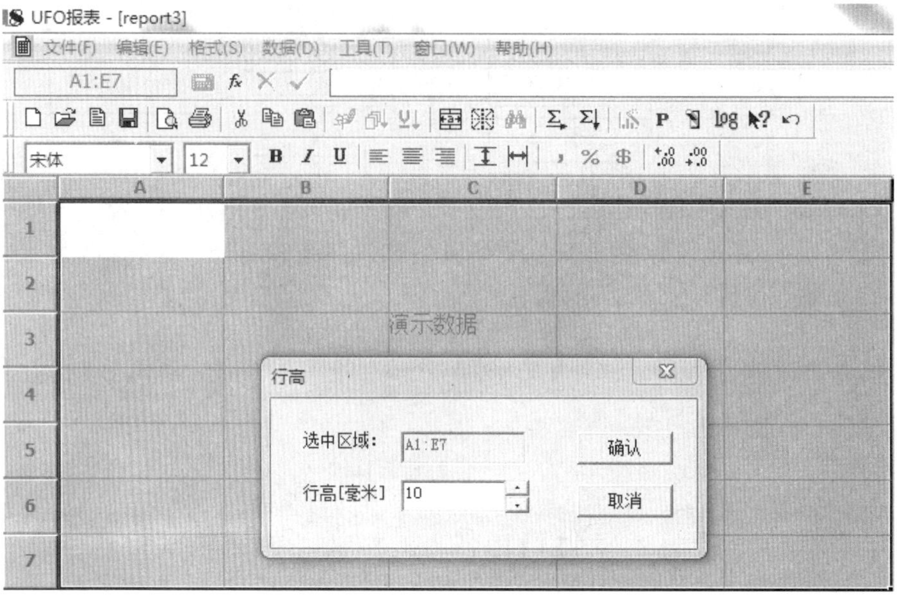

图9-4 【行高】对话框

执行【格式】|【列宽】命令，打开【列宽】对话框，录入报表列宽【30】，单击【确认】按钮。

（4）画表格线

选中画线区域A3:E7单元格，执行【格式】|【区域画线】命令，打开【区域画线】对话框，勾选【网线】选项，如图9-5所示，单击【确认】按钮。

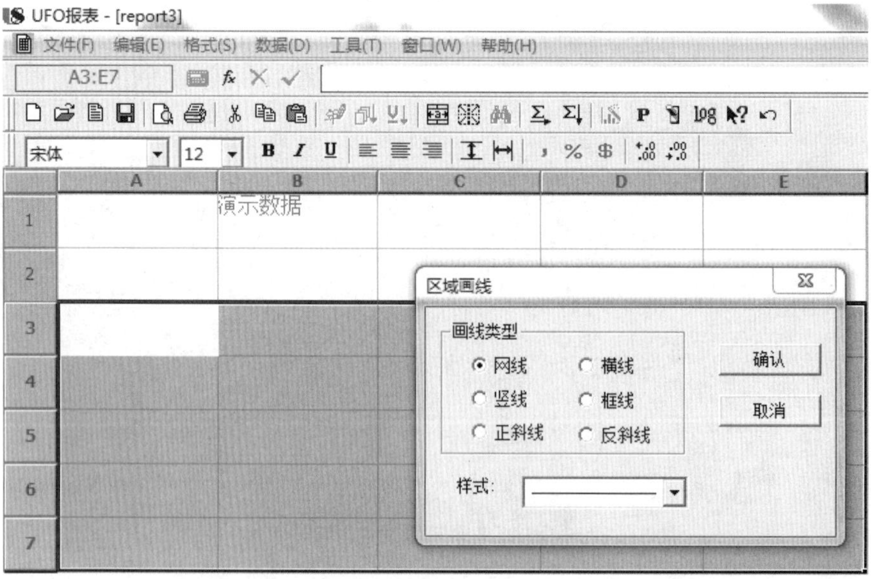

图9-5 【区域画线】对话框

（5）定义组合单元

选中第一行 A1:E1 单元格，执行【格式】|【组合单元】命令，打开【组合单元】对话框，如图 9-6 所示，单击【整体组合】按钮，该行选中的单元格即合并为一个组合单元。

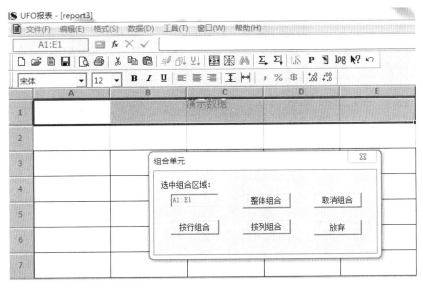

图 9-6 【组合单元】对话框

（6）设置单元属性

选中第一行，执行【格式】|【单元属性】命令，打开【单元格属性】对话框，在【字体图案】选项卡下，将字体改为【黑体】，字号改为【14】，如图 9-7 所示。

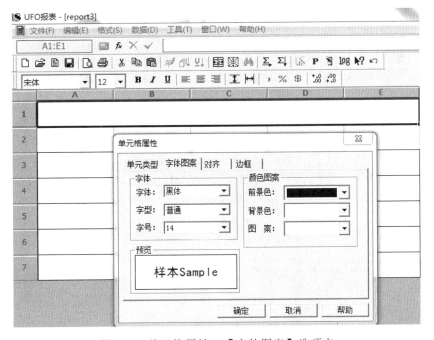

图 9-7 单元格属性—【字体图案】选项卡

在【对齐】选项卡下,水平和垂直方向的对齐方式均选择【居中】,如图9-8所示。

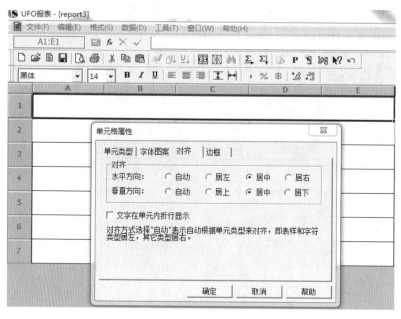

图9-8 单元格属性—【对齐】选项卡

选中B3:E7单元格,执行【格式】|【单元属性】命令,打开【单元格属性】对话框,在【单元类型】选项卡下,系统默认单元类型为【数值】,勾选格式中的【逗号】选项,如图9-9所示,单击【确定】按钮。

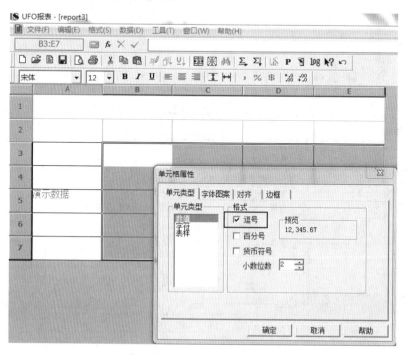

图9-9 单元格属性—【单元类型】选项卡

依次完成字体【宋体】、字号【12号】、对齐方式【居中】等单元属性设置。

（7）设置关键字

组合 A2:B2 单元格，选中组合后的单元格，执行【数据】|【关键字】|【设置】命令，打开【设置关键字】对话框，选中【单位名称】选项，如图 9-10 所示，单击【确定】按钮。

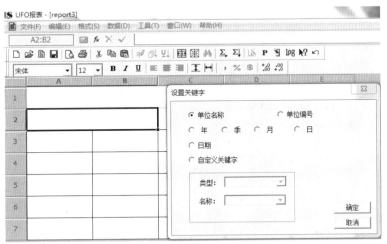

图 9-10 【设置关键字】对话框

组合 C2:D2 单元格，选中组合后的单元格，重复上述操作，设置关键字【年】、【月】、【日】。

执行【数据】|【关键字】|【偏移】命令，打开【定义关键字偏移】对话框，在【年】、【月】、【日】栏分别输入偏移量【-90】、【-60】、【-30】，如图 9-11 所示，单击【确定】按钮。

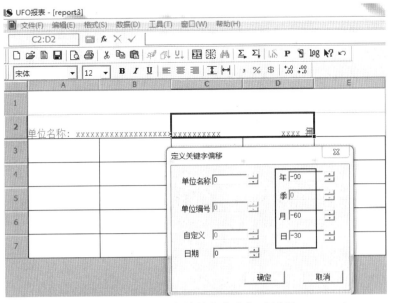

图 9-11 【定义关键字偏移】对话框

（8）录入报表文字内容

根据任务资料（表9-1）录入报表文字，如图9-12所示。

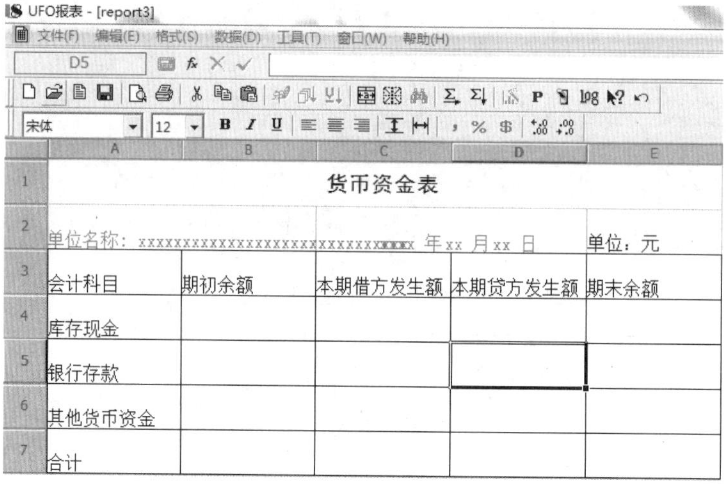

图9-12　完成货币资金表设计

（9）保存报表

执行【文件】|【保存】命令，打开【另存为】对话框，选择保存路径【D:\学生姓名】文件夹，录入文件名【货币资金表】，保存文件。

> **温馨提示**
>
> *创建报表后，可以进行表样设计，即设置表尺寸、行高列宽、表格线、组合单元、单元属性、项目内容和关键字等。表样设计都是在【格式】状态下进行。
>
> *所谓表尺寸，是指报表的行数和列数。需要注意的是，在设定报表行数时，须将表头表尾部分一并计入行数。
>
> *在定义报表行高或列宽时，须先选定待定义的行或列，否则系统只对光标当前所在单元格的行或列进行定义。若要选定整张表进行行高列宽的设置，可以使用【Ctrl+A】快捷键。
>
> *在【格式】状态下输入内容的单元格均默认为表样单元，未输入内容的单元格则默认为数据单元，在【数据】状态下可录入数据。若希望在【数据】状态下录入字符，则应先在【格式】状态下将其定义为字符单元。字符单元和数据单元定义后只对本表页有效，表样单元输入后则对所有表页有效。
>
> *关键字的偏移量大小决定其所在位置，负数偏移量表示偏左，正数偏移量表示偏右。若要修改或取消关键字设置，可以执行【数据】|【关键字】|【取消】命令，选择待取消设置的关键字即可。

课堂思考

设置关键字的意义是什么？

2. 定义单元公式

➢ 任务资料

定义货币资金表的单元公式,流程如图9-13所示。

图9-13 定义单元公式操作流程

➢ 岗位说明

操作时间:2020-01-31,操作员【A01】登录企业应用平台,打开货币资金表,定义单元公式。

➢ 操作细则

(1)直接录入公式

执行【业务工作】|【财务会计】|【UFO报表】命令,在【UFO报表】窗口执行【文件】|【打开】命令,打开【货币资金表】。

选定待定义的B4单元格,即库存现金的【期初余额】。执行【数据】|【编辑公式】|【单元公式】命令,打开【定义公式】对话框,直接录入库存现金总账期初余额公式【QC("1001",月)】,如图9-14所示,单击【确认】按钮。依次录入B5单元格银行存款的期初余额公式【QC("1002",月)】、B6单元格其他货币资金的期初余额公式【QC("1012",月)】。

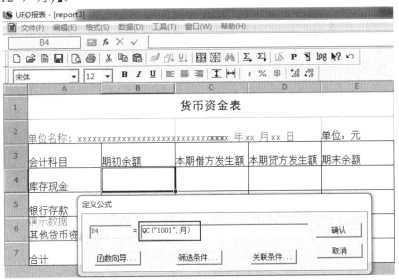

图9-14 定义期初余额公式

选中B7单元格,执行【数据】|【编辑公式】|【单元公式】命令,打开【定义公式】对话框,录入合计公式【B4+B5+B6】,如图9-15所示。

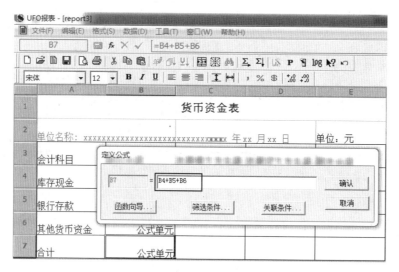

图 9-15　定义合计公式

参照上述方法录入 C7 单元公式【C4+C5+C6】、D7 单元公式【D4+D5+D6】、E7 单元公式【E4+E5+E6】。

选中待定义的 E4 单元格，即库存现金的【期末余额】。单击【fx】按钮，打开【定义公式】对话框，直接录入总账期末余额公式【QM("1001",月)】，单击【确认】按钮。依次录入 E5 单元公式【QM("1002",月)】、E6 单元公式【QM("1012",月)】。

（2）引导输入公式

选定 C4 单元格，即库存现金的【本期借方发生额】。单击【fx】按钮，打开【定义公式】对话框。单击【函数向导】按钮，打开【函数向导】对话框。在左侧【函数分类】列表框中选择【用友账务函数】，右侧【函数名】列表框中选择【发生（FS）】，单击【下一步】，打开【用友账务函数】对话框。单击【参照】按钮，打开【账务函数】对话框，系统显示：【账套号】默认，【会计年度】默认，选择科目【1001】，【期间】为【月】，【方向】为【借】，其余项默认，单击【确定】按钮，返回【用友账务函数】对话框，单击【确定】按钮，返回【定义公式】对话框，如图 9-16 所示，单击【确认】按钮。

参照上述方法录入 C5 单元公式【FS("1002",月,"借",,,,,)】、C6 单元公式【FS("1012",月,"借",,,,,)】。

选定 D4 单元格，即库存现金的【本期贷方发生额】。单击【fx】按钮，打开【定义公式】对话框。单击【函数向导】按钮，打开【函数向导】对话框。在左侧【函数分类】列表框中选择【用友账务函数】，右侧【函数名】列表框中选择【发生（FS）】，单击【下一步】，打开【用友账务函数】对话框。单击【参照】按钮，打开【账务函数】对话框，系统显示：【账套号】默认，【会计年度】默认，选择科目【1001】，【期间】为【月】，【方向】为【贷】，其余项默认，单击【确定】按钮，返回【用友账务函数】对话框，单击【确定】按钮，返回【定义公式】对话框，单击【确认】按钮。

参照上述方法录入 D5 单元公式【FS("1002",月,"贷",,,,,)】、D6 单元公式【FS("1012",

月,"贷",,,,)】。单击【保存】按钮,保存货币资金表。

（3）定义舍位平衡公式

执行【数据】|【编辑公式】|【舍位公式】命令,打开【舍位平衡公式】对话框。确认信息：舍位表名【SW1】,舍位范围【B4:E7】,舍位位数【3】,平衡公式【B7=B4+B5+B6,C7=C4+C5+C6,D7=D4+D5+D6,E7=E4+E5+E6】,如图9-17所示,单击【完成】按钮。

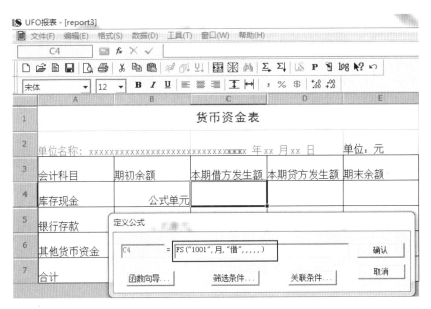

图9-16 定义发生额公式

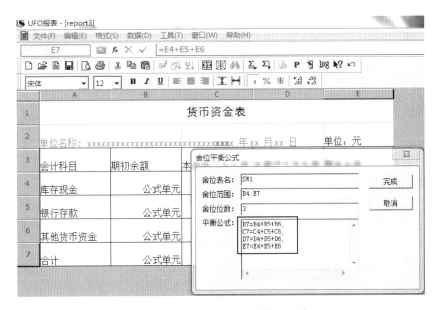

图9-17 【舍位平衡公式】对话框

> **温馨提示**
>
> *单元公式中涉及的符号均为英文半角字符。单击【fx】按钮或双击某公式单元或按【=】键，都可以打开【定义公式】对话框。
>
> *公式【QC("1001",月)】，表示取会计科目库存现金（1001）某月的期初余额；公式【QM("1001",月)】，表示取会计科目库存现金（1001）某月的期末余额；公式【FS("1001",月,"借"...)】，表示取会计科目库存现金（1001）某月的借方合计发生额；公式【FS("1001",月,"贷"...)】，表示取会计科目库存现金（1001）某月的贷方合计发生额。
>
> *舍位平衡公式是用来重新调整报表数据进位后的小数位平衡关系的公式。每个公式一行，各公式之间用逗号【,】（半角）隔开。最后一行公式后不加任何标点。等号左边只能是一个单元格，不带表名和页号。舍位平衡公式中只能使用【+】、【-】符号。

📌 课堂思考

举例说明舍位平衡公式中舍位位数【3】的含义。

3．处理报表数据

📌 任务资料

将报表数据重算后保存到【D:\学生姓名】文件夹，文件名为【货币资金表.rep】。处理报表数据的操作流程如图9-18所示。

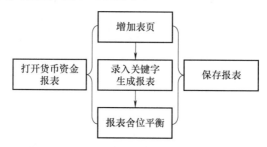

图9-18　处理报表数据操作流程

📌 岗位说明

操作时间：2020-01-31，操作员【A01】登录企业应用平台，打开货币资金表并生成报表数据。

📌 操作细则

（1）打开报表

执行【业务工作】|【财务会计】|【UFO报表】命令，在【UFO报表】窗口执行【文件】|【打开】命令，选择保存的【货币资金表】，单击报表左下角【格式/数据】按钮，切换为【数据】状态。

（2）增加表页

执行【编辑】|【追加】|【表页】命令，打开【追加表页】对话框。输入需要增加的表页【2】，单击【确认】按钮。

（3）录入关键字并生成报表

执行【数据】|【关键字】|【录入】命令，打开【关键字】对话框。录入年【2020】、月【1】、日【31】。单击【确认】按钮，弹出【是否重算第1页？】提示框，单击【是】按钮，系统自动计算 2020 年 1 月 31 日货币资金表数据，结果如图 9-19 所示。

货币资金表				
单位名称：		2020 年 1 月 31 日		单位：元
会计科目	期初余额	本期借方发生额	本期贷方发生额	期末余额
库存现金	8,000.00	872.00	2,468.00	6,404.00
银行存款	207,992.16	886,724.89	324,944.68	769,772.37
其他货币资金				
合计	215,992.16	887,596.89	327,412.68	776,176.37

图 9-19 完成报表数据处理

（4）报表舍位操作

执行【数据】|【舍位平衡】命令，系统自动根据前面定义的舍位公式进行舍位操作，并将计算结果保存在【SW1.REP】文件中。

> ➲ 温馨提示
>
> *报表数据处理必须在【数据】状态下进行。
>
> *【追加表页】是在最后一张表页后追加 N 张空表页，【插入表页】是在当前表页后插入一张空表页。一份报表最多只能管理 99 999 张表页，演示版报表最多只能管理 4 张表页。

任务二 报表模板应用

应用报表模板生成财务报表的操作流程如图 9-20 所示。

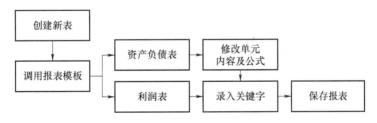

图 9-20 应用报表模板生成财务报表操作流程

1. 生成资产负债表

➤ 任务资料

应用报表模板生成资产负债表，将报表数据重算后保存到【D:\学生姓名】文件夹，文件名为【资产负债表.rep】。

岗位说明

操作时间：2020-01-31，操作员【A01】登录企业应用平台，在UFO报表系统中应用模板生成资产负债表。

生成资产负债表

操作细则

执行【业务工作】|【财务会计】|【UFO报表】命令，在【UFO报表】窗口执行【文件】|【新建】命令，新建一张空白报表，如图9-21所示。

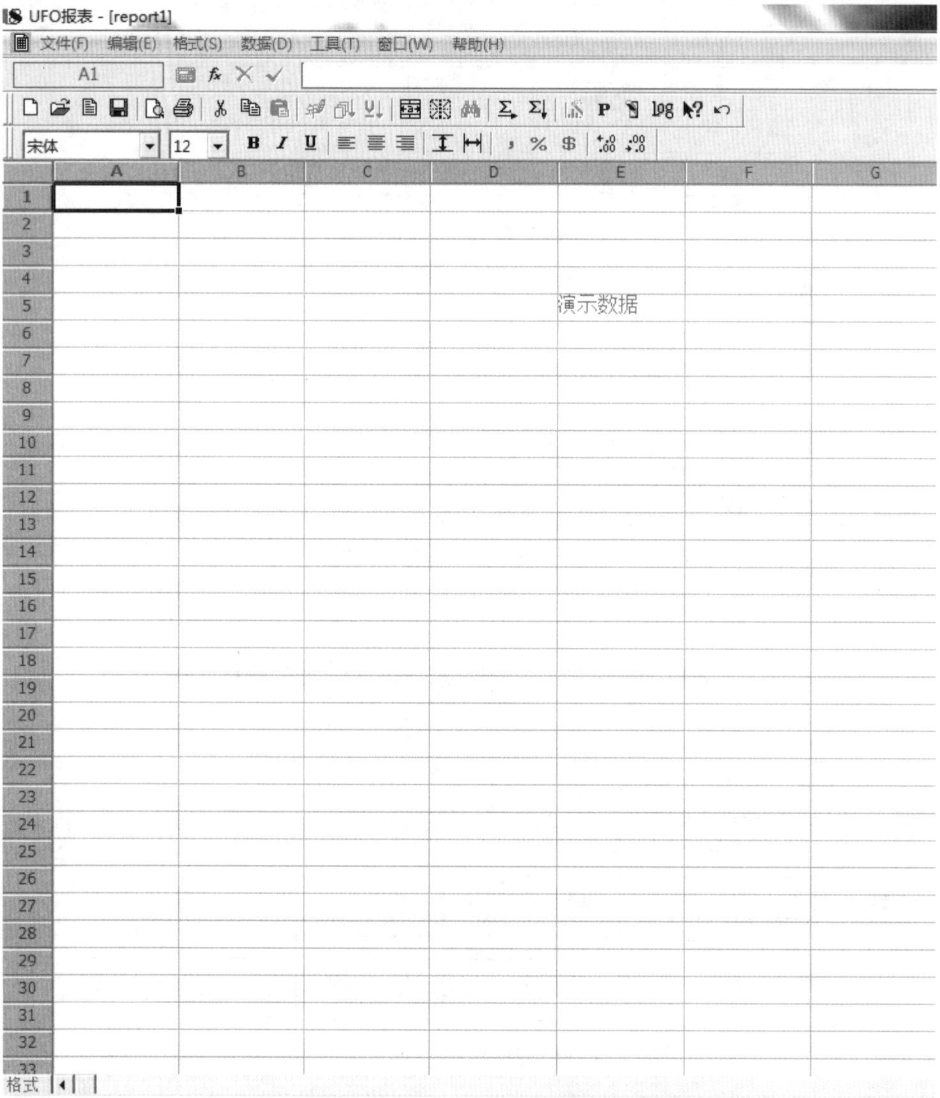

图 9-21　新建UFO报表

执行【格式】|【报表模板】命令，打开【报表模板】对话框，在【您所在的行业：】下拉栏中选择【2007年新会计制度科目】，在【财务报表】下拉栏中选择【资产负债表】，如图9-22所示。

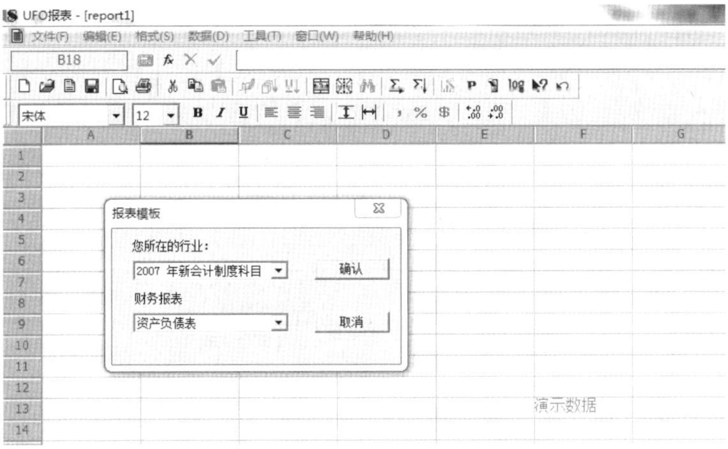

项目九 UFO报表系统

图 9-22 【报表模板】对话框

单击【确定】按钮，系统提示【模板模式将覆盖本表格式！是否继续？】，单击【确定】，生成资产负债表模板，如图 9-23 所示。

图 9-23 资产负债表模板

根据最新会计准则调整报表项目，同时选中【工程物资】所在单元格 A26、B26、C26、D26，执行【编辑】|【清除】命令，清除选中单元格内容。据此依次清除【固定

资产清理】、【专项应付款】单元格内容。

选中【盈余公积】单元格,执行【编辑】|【插入】|【行】命令,弹出【插入行】对话框,录入插入行数量【1】,即在【盈余公积】所在行上方插入一空白行,在【盈余公积】上方的单元格中录入【其他综合收益】,如图9-24所示。

资产负债表

演示数据

编制单位:		xxxx年	xx月		xx日	会企01表 单位:元	
资产	行次	期末余额	年初余额	负债和所有者权益（或股东权益）	行次	期末余额	年初余额
流动资产:				流动负债:			
货币资金	1	公式单元	公式单元	短期借款	32	公式单元	公式单元
交易性金融资产	2	公式单元	公式单元	交易性金融负债	33	公式单元	公式单元
应收票据	3	公式单元	公式单元	应付票据	34	公式单元	公式单元
应收账款	4	公式单元	公式单元	应付账款	35	公式单元	公式单元
预付款项	5	公式单元	公式单元	预收款项	36	公式单元	公式单元
应收利息	6	公式单元	公式单元	应付职工薪酬	37	公式单元	公式单元
应收股利	7	公式单元	公式单元	应交税费	38	公式单元	公式单元
其他应收款	8	公式单元	公式单元	应付利息	39	公式单元	公式单元
存货	9	公式单元	公式单元	应付股利	40	公式单元	公式单元
一年内到期的非流动资产	10	公式单元	公式单元	其他应付款	41	公式单元	公式单元
其他流动资产	11	公式单元	公式单元	一年内到期的非流动负债	42	公式单元	公式单元
流动资产合计	12	公式单元	公式单元	其他流动负债	43	公式单元	公式单元
非流动资产:				流动负债合计	44	公式单元	公式单元
可供出售金融资产	13	公式单元	公式单元	非流动负债:			
持有至到期投资	14	公式单元	公式单元	长期借款	45	公式单元	公式单元
长期应收款	15	公式单元	公式单元	应付债券	46	公式单元	公式单元
长期股权投资	16	公式单元	公式单元	长期应付款	47	公式单元	公式单元
投资性房地产	17	公式单元	公式单元				
固定资产	18	公式单元	公式单元	预计负债	49	公式单元	公式单元
在建工程	19	公式单元	公式单元	递延所得税负债	50	公式单元	公式单元
				其他非流动负债	51		
				非流动负债合计	52	公式单元	公式单元
生产性生物资产	22	公式单元	公式单元	负债合计	53	公式单元	公式单元

图9-24 资产负债表项目调整

选中 C25 单元格【固定资产】,单击【fx】按钮,打开【定义公式】对话框,直接录入总账期末余额公式【QM("1601",月)-QM("1602",月)-QM("1603",月)+QM("1606",月)】,单击【确认】按钮。同理录入 D25 单元格【固定资产】的总账期初余额公式【QC("1601",月)-QC("1602",月)-QC("1603",月)+QC("1606",月)】。

选中 C26 单元格【在建工程】,单击【fx】按钮,打开【定义公式】对话框,直接录入总账期末余额公式【QM("1604",月)+QM("1605",月)】,单击【确认】按钮。同理录入 D26 单元格【在建工程】的总账期初余额公式【QC("1604",月)+QC("1605",月)】。

选中 G23 单元格【长期应付款】,单击【fx】按钮,打开【定义公式】对话框,直接录入总账期末余额公式【QM("2701",月)-QM("2702",月)+QM("2711",月)】,单击【确认】按钮。同理录入 H23 单元格【长期应付款】的总账期初余额公式【QC("2701",月)-QC("2702",月)+QC("2711",月)】。

单击报表左下角的【格式】按钮,提示【是否确定全表重算?】,单击【否】,将报表切换为【数据】状态。

执行【数据】|【关键字】|【录入关键字】命令,录入【2020年1月31日】,如图9-25所示。

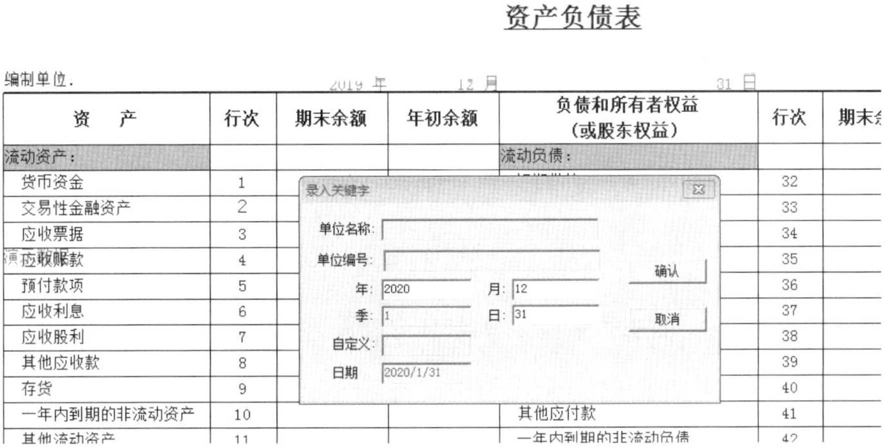

资产负债表

图 9-25 录入资产负债表关键字

单击【确认】按钮，系统提示【是否重算第 1 页？】，单击【是】，结果如图 9-26 所示。

图 9-26 资产负债表

单击【另存为】按钮，将文件以【资产负债表.rep】命名，保存到【D:\学生姓名】文件夹。

> 温馨提示
>
> *一个 UFO 报表最多可容纳 99 999 张报表页。

课堂思考

如何添加表页以保存不同月份的资产负债表?

2. 生成利润表

任务资料

利用报表模板生成利润表,将报表数据重算后保存到【D:\学生姓名】文件夹,文件名为【利润表.rep】。

岗位说明

操作时间:2020-01-31,操作员【A01】登录企业应用平台,在 UFO 报表系统中应用模板生成利润表。

生成利润表

操作细则

执行【业务工作】|【财务会计】|【UFO 报表】命令,在【UFO 报表】窗口执行【文件】|【新建】命令,新建一张空白报表。

执行【格式】|【报表模板】命令,打开【报表模板】对话框,在【您所在的行业:】下拉栏中选择【2007 年新会计制度科目】,在【财务报表】下拉栏中选择【利润表】,如图 9-27 所示。

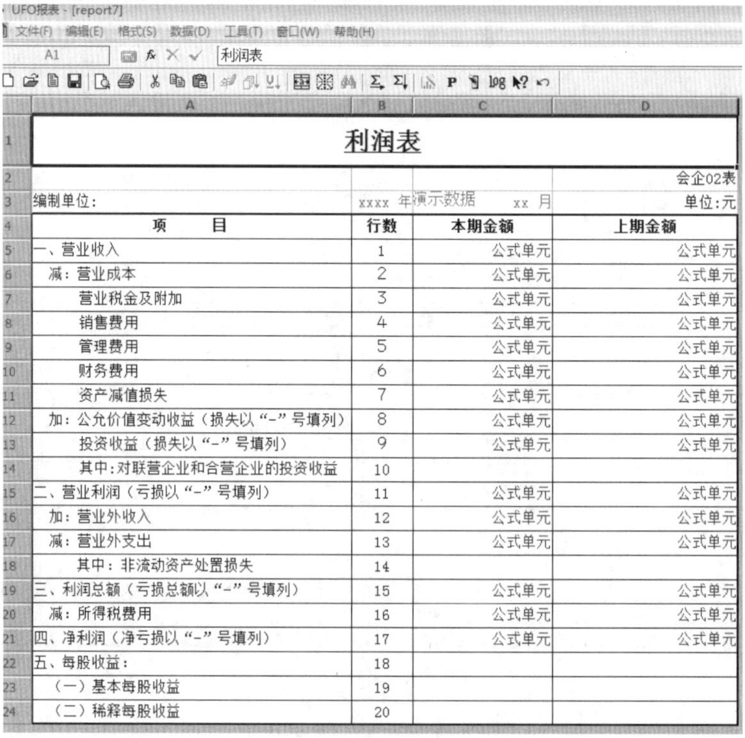

图 9-27 利润表模板

修改【营业税金及附加】为【税金及附加】。

单击报表左下角的【格式】按钮,将报表切换为【数据】状态。

执行【数据】|【关键字】|【录入关键字】命令,录入【2020年1月】,进行整表重算,结果如图9-28所示。

利润表

会企02表

编制单位:		2020 年	1 月	单位:元
项 目	行数	本期金额		上期金额
一、营业收入	1	128,400.00		
减:营业成本	2	128,400.00		
税金及附加	3	2,034.24		
销售费用	4	21,362.89		
管理费用	5	80,582.22		
财务费用	6	18,696.11		
资产减值损失	7	532.61		
加:公允价值变动收益(损失以"-"号填列)	8			
投资收益(损失以"-"号填列)	9			
其中:对联营企业和合营企业的投资收益	10			
二、营业利润(亏损以"-"号填列)	11	-123208.07		
加:营业外收入	12	2,800.00		
减:营业外支出	13	16,472.45		
其中:非流动资产处置损失	14			
三、利润总额(亏损总额以"-"号填列)	15	-136880.52		
减:所得税费用	16			
四、净利润(净亏损以"-"号填列)	17	-136880.52		
五、每股收益:	18			
(一)基本每股收益	19			
(二)稀释每股收益	20			

图 9-28 利润表

单击【另存为】按钮,将文件以【利润表.rep】命名,保存到【D:\学生姓名】文件夹。

> **温馨提示**
>
> *UFO报表有两种工作状态,即【格式】状态和【数据】状态。两种状态可通过单击左下角的【格式/数据】按钮进行转换。
>
> *资产负债表中的数据提取的是资产、负债、所有者权益等项目在期初和期末两个时点的数据,对应的函数分别为【QC】和【QM】;而利润表中数据提取的是损益类账户的发生额数据,对应的函数为【FS】。

> **课堂思考**
>
> 如何在【格式】状态下完成利息费用、利息收入项目的计算公式设置?

任务三 自定义财务指标分析表

自定义财务指标分析表的操作流程如图9-29所示。

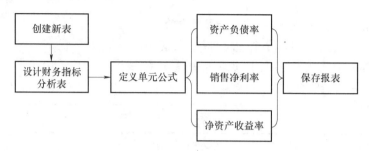

图 9-29 自定义财务指标分析表操作流程

1. 设计财务指标分析表

➥ 任务资料

根据表 9-2 设计天翼设备的财务指标分析表。

表 9-2 财务指标分析表

单位名称：		年 月 日
分析指标	指标公式	计算结果
资产负债率	总负债/总资产	
销售净利率	净利润/销售收入	
净资产收益率	净利润/平均净资产	

要求：
① 表体区域画线：网线。
② 报表行高 10 毫米，列宽 40 毫米。
③ 标题【财务指标分析表】设为黑体，14 号，居中。
④ 将单位名称和年、月、日设为关键字，其中年、月、日分别偏移-90、-60、-30，并录入【2020 年 1 月 31 日】。
⑤ 表体中文字设为宋体，12 号，居中。

➥ 岗位说明

操作时间：2020-01-31，操作员【A01】登录企业应用平台，在 UFO 报表系统新建并设计财务指标分析表。

设计财务指标分析表

➥ 操作细则

参照任务一【自定义报表设计】的操作细则，执行【业务工作】|【财务会计】|【UFO 报表】命令，在【UFO 报表】窗口中制作【财务指标分析表】。

2. 定义单元公式

➥ 任务资料

根据表 9-2 定义财务指标分析表的单元公式。

➥ 岗位说明

操作时间：2020-01-31，操作员【A01】登录企业应用平台，在 UFO 报表系统定义财务指标公式。

项目九 UFO 报表系统

> **操作细则**

（1）设置资产负债率

执行【业务工作】|【财务会计】|【UFO 报表】命令，在【UFO 报表】窗口执行【文件】|【打开】命令，打开财务指标分析表。

定义财务指标
分析表单元公式

选中 C4 单元格，单击【fx】按钮，打开【定义公式】对话框。单击【关联条件】按钮，在【关联条件】对话框的【当前关键值】右侧下拉列表中选择【月】，打开【关联表名】右侧文件窗口，选择对应的资产负债表文件，【关联关键值】右侧下拉列表中选择【月】，单击【确认】按钮回到【定义公式】对话框，公式显示【Relation 月 with "D:\资产负债表.rep"->月】；修改公式为【"D:\资产负债表.rep"->G29@1/ "D:\资产负债表.rep"->C39@1】，如图 9-30 所示。单击【确认】按钮，完成资产负债率的公式设置。

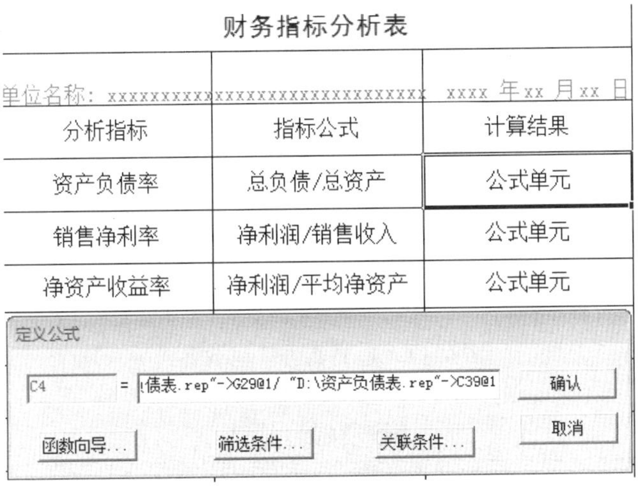

图 9-30　定义资产负债率公式

（2）设置销售净利率

选中 C5 单元格，单击【fx】按钮，打开【定义公式】对话框，单击【关联条件】按钮，在【关联条件】对话框的【当前关键值】右侧下拉列表中选择【月】，打开【关联表名】右侧文件窗口，选择对应的利润表文件，【关联关键值】右侧下拉列表中选择【月】，单击【确认】按钮回到【定义公式】对话框，公式显示【Relation 月 with "D:\利润表.rep"->月】，修改公式为【"D:\利润表.rep"->C21@1/"D:\利润表.rep"->C5@1】，如图 9-31 所示。单击【确认】按钮，完成销售净利率的公式设置。

（3）设置净资产收益率

选中 C6 单元格，单击【fx】按钮，打开【定义公式】对话框，单击【关联条件】按钮，在【关联条件】对话框的【当前关键值】右侧下拉列表中选择【月】，打开【关联表名】右侧文件窗口，选择对应的利润表文件，【关联关键值】右侧下拉列表中选择【月】，单击【确认】按钮回到【定义公式】对话框，公式显示【Relation 月 with "D:\利润表.rep"->月】，修改公式为【"D:\利润表.rep"->C21@1/(("D:\资产负债表.rep"->G39

@1+"D:\资产负债表.rep"->H39@1)/2)】,如图 9-32 所示。单击【确认】按钮,完成净资产收益率公式设置。

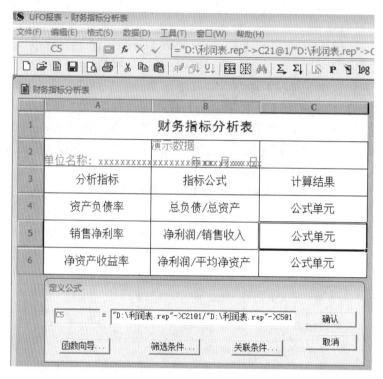

图 9-31 定义销售净利率公式

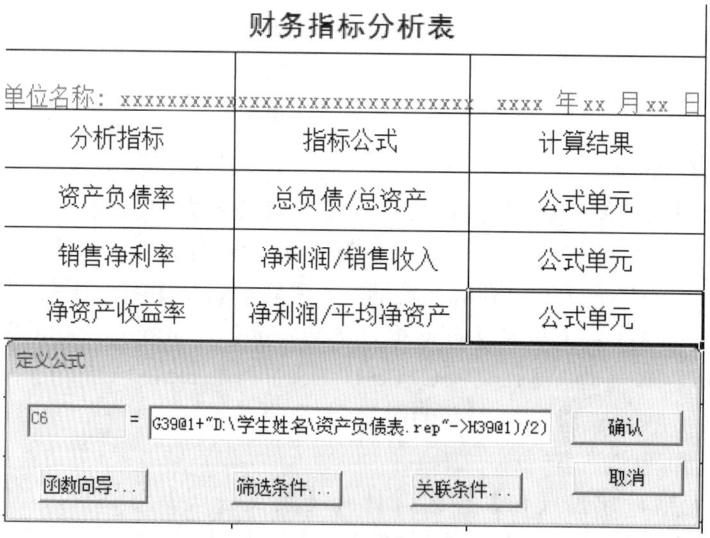

图 9-32 定义净资产收益率公式

单击【另存为】按钮,将文件以【财务指标分析表.rep】命名,保存到【D:\学生姓名】文件夹。

⊃ 温馨提示

*公式【"D:\利润表.rep"->C21@1/(("D:\资产负债表.rep"->G37@1|"D:\资产负债表.rep"->H37@1)/2)】，表示取 D 盘目录下【利润表.rep】文件表页 1 中的 C21 单元格数值（净利润），除以 D 盘目录下【资产负债表.rep】文件表页 1 中的 G37、H37 单元格的平均数值（平均所有者权益），得到净资产收益率。

↘ 课堂思考

如何通过公式实现表间取数？

3．处理报表数据

↘ 任务资料

将财务指标分析表数据重算后保存到【D:\学生姓名】文件夹，文件名为【1 月财务指标分析表.rep】。

↘ 岗位说明

操作时间：2020-01-31，操作员【A01】登录企业应用平台，在 UFO 报表系统中处理报表数据。

↘ 操作细则

执行【业务工作】|【财务会计】|【UFO 报表】命令，在【UFO 报表】窗口执行【文件】|【打开】命令，打开财务指标分析表。

单击报表左下角的【格式/数据】按钮，切换到【数据】状态。

执行【数据】|【关键字】|【录入】命令，打开【录入关键字】对话框，关键字【年】、【月】、【日】分别录入【2020】、【1】、【31】，单击【确认】按钮，系统提示【是否重算第 1 页？】，单击【是】。计算结果如图 9-33 所示。

财务指标分析表

单位名称：		2020 年 1 月 31 日
分析指标	指标公式	计算结果
资产负债率	总负债/总资产	0.14
销售净利率	净利润/销售收入	-1.07
净资产收益率	净利润/平均净资产	-0.06

图 9-33 财务指标分析表计算结果

将计算结果保存在 D 盘根目录下的【1 月财务指标分析表.rep】文件中。

问题与讨论

1．报表的格式状态和数据状态有什么区别？
2．试述报表设置中设置关键字的功能。

附录　财务指标公式

分析内容	具体指标	计算公式	具体说明
偿债能力指标分析	流动比率	流动资产/流动负债	用期末数计算
	速动比率	速动资产/流动负债	速动资产=货币资金+交易性金融资产+应收账款+应收票据+应收股利+应收利息
	现金比率	（货币资金+交易性金融资产）/流动负债	用期末数计算
	资产负债率	负债总额/资产总额×100%	用期末数计算
	产权比率	负债总额/所有者权益总额	用期末数计算
	权益乘数	总资产/股东权益	用期末数计算
	长期资本负债率	非流动负债/（非流动负债+股东权益）	用期末数计算
	利息保障倍数	息税前利润/利息费用=（净利润+利息费用+所得税费用）/利息费用	利息费用以利润表中的财务费用为准
营运能力指标分析	存货周转率（周转次数）	营业成本/平均存货余额	①平均存货余额=（存货余额期初数+存货余额期末数）/2 ②存货是资产负债表中扣除存货跌价准备后的余额
	应收账款周转率（周转次数）	营业收入/平均应收账款余额	①平均应收账款余额=（应收账款余额期初数+应收账款余额期末数）/2 ②公式中的应收账款包括会计核算中"应收账款"和"应收票据"等全部赊销账款在内 ③公式中的应收账款和应收票据是资产负债表中扣除坏账准备后的金额
	流动资产周转率（周转次数）	营业收入/平均流动资产	取利润表中的当期营业收入和资产负债表中的流动资产期初数和期末数的平均值
	营运资本周转率（周转次数）	营业收入/营运资本	①营运资本=流动资产−流动负债 ②流动资产和流动负债均按期初、期末平均值计算
	总资产周转率	营业收入/平均总资产	总资产为资产负债表中的期初、期末总资产的平均数
盈利能力指标分析	营业净利率	净利润/营业收入×100%	
	总资产净利率	净利润/总资产×100%	净利润为利润表当期净利润，总资产为资产负债表期初、期末总资产的平均数
	总资产报酬率	息税前利润总额/平均总资产×100%	①息税前利润总额=利润总额+利息支出 或=净利润+所得税费用+利息支出 ②平均总资产=（资产总额期初数+资产总额期末数）/2 ③利息支出为当期利润表中的财务费用
	净资产收益率	净利润/平均净资产×100%	平均净资产=（所有者权益期初数+所有者权益期末数）/2

（续）

分析内容	具体指标	计算公式	具体说明
管理会计指标分析	边际贡献率	边际贡献/销售收入×100%	或单位边际贡献/单位售价×100% 或 1−变动成本率 变动成本率=变动成本/销售收入×100% 或变动成本率=单位变动成本/单位售价×100%
	盈亏平衡点销售量	固定成本/(单位售价−单位变动成本)	或固定成本/单位边际贡献
	盈亏平衡点销售额	单位售价×盈亏平衡点销售量	或固定成本/边际贡献率
	加权平均边际贡献率	各种产品边际贡献合计/全部产品销售收入合计	或Σ（各种产品的边际贡献率×各种产品销售比重）
	综合盈亏平衡点销售额	固定成本/加权平均边际贡献率	
	安全边际量	实际销售量−盈亏平衡点销售量	或预计销售量−盈亏平衡点销售量
	安全边际额	实际销售额−盈亏平衡点销售额	或预计销售额−盈亏平衡点销售额
	安全边际率	安全边际量/实际或预计销售量	或安全边际额/实际或预计销售额
	实现目标利润的销售量	（固定成本+目标利润）/单位边际贡献	或(固定成本+目标利润)/(单位售价−单位变动成本)
	实现目标利润的销售额	（固定成本+目标利润）/边际贡献率	

参 考 文 献

[1] 宋红尔. 会计信息化——财务篇（用友 ERP-U8V10.1 版）[M]. 大连：东北财经大学出版社，2018.

[2] 牛永芹，刘大斌，喻竹. ERP 财务管理系统实训教程（用友 U8V10.1 版）[M]. 北京：高等教育出版社，2015.

[3] 王新玲，李孔月，康丽. 用友 ERP 财务管理系统实验教程（U8V10.1 版）[M]. 北京：清华大学出版社，2013.

[4] 用友软件股份有限公司. ERP 供应链管理系统应用专家培训教程：上[M]. 北京：中国物资出版社，2003.

[5] 用友软件股份有限公司. ERP 供应链管理系统应用专家培训教程：下[M]. 北京：中国物资出版社，2003.

[6] 王顺金. 会计信息化[M]. 北京：高等教育出版社，2018.

[7] 庄胡蝶，刘玥. 会计信息化[M]. 2 版. 北京：高等教育出版社，2017.